Forschendes Lernen mit digitalen Medien. Ein Lehrbuch

DIGITALE MEDIEN

IN DER HOCHSCHULLEHRE

Eine Publikationsreihe des ELAN e.V.

herausgegeben vom

ELAN e.V.

Band 4

Der gemeinnützige Verein E-Learning Academic Network e.V. (ELAN e.V.) wirkt als Impulsgeber zur stetigen Qualitätsverbesserung der medienbasierten Lehre an niedersächsischen Hochschulen und befördert durch seine Unterstützungsmaß-nahmen die Kooperation der Mitgliedshochschulen und weiterer Mitglieder im Bereich standortübergreifender und E-Learning-gestützter Lehre.

David Kergel, Birte Heidkamp

Forschendes Lernen mit digitalen Medien. Ein Lehrbuch

#theorie
#praxis
#evaluation

Waxmann 2015
Münster • New York

Bibliografische Informationen der Deutschen Nationalbibliothek
Die Deutsche Nationalbibliothek verzeichnet diese Publikation in der
Deutschen Nationalbibliografie; detaillierte bibliografische Daten
sind im Internet über http://dnb.d-nb.de abrufbar.

Digitale Medien in der Hochschullehre, Band 4

ISSN 2199-7667
Print-ISBN 978-3-8309-3383-0
E-Book-ISBN 978-3-8309-8383-5

© Waxmann Verlag GmbH, 2015
Postfach 8603, 48046 Münster

www.waxmann.com
info@waxmann.com

Umschlaggestaltung: Steffen Ottow
Umschlagabbildung: © WavebreakMediaMicro / fotolia.com
Druck: Hubert & Co., Göttingen
Gedruckt auf alterungsbeständigem Papier, säurefrei gemäß ISO 9706

Printed in Germany

Wir möchten uns bei allen Studierenden für die spannende Zusammenarbeit bedanken. Unser Dank gilt weiter unserer studentischen Mitarbeiterin für ihre Arbeit und unseren Familien, die uns mit Weisheit und Essen durch das Buchprojekt begleitet haben. Unseren Freunden sowie Kolleg/inn/en danken wir für ihre Geduld und ihr Verständnis.

Inhalt

1 Einleitung

1.1 Ausgangspunkt

In einer Zeit des medialen Wandels steht auch das forschende Lernen als hochschuldidaktischer Ansatz vor Herausforderungen. Das wissenschaftliche Feld und damit auch der Bildungsraum Universität sind tiefgreifenden Änderungen und Transformationsprozessen ausgesetzt. In den verschiedensten Bereichen des Forschens, Lehrens und Lernens werden zunehmend digitale Medien eingesetzt, so dass sich auch die Anforderungen an eine zeitgemäße akademische Medienkompetenz ändern (vgl. Kergel & Heidkamp 2016). Mit dem digitalen Wandel im wissenschaftlichen Feld setzt sich das FLiF-Teilprojekt *e-Science und e-Didaktik* der Carl von Ossietzky Universität Oldenburg auseinander. Als Qualitätspakt-Lehre-Projekt initiierte und verstätigt FLiF (*Forschungsbasiertes Lernen im Fokus*) einen Lernkulturwandel an der Carl von Ossietzky Universität Oldenburg, der hin zu einem forschungsbasierten Lernen führt. Das Aufgabenprofil des Teilprojektes sieht vor, innovative e-Didaktik und das Phänomen e-Science – im Sinne einer zunehmenden Digitalisierung der Wissenschaft (vgl. Heidkamp 2014) – für Ansätze des forschenden Lernens nutzbar zu machen.

Zentrale Zielsetzungen des Teilprojektes bestehen in der ...

- Konzeptionierung, Implementierung und Evaluation von e-didaktischen Ansätzen für das forschende Lernen,
- Dissemination der gewonnenen Erkenntnisse in Form von Schulungen, Beratungsangeboten und internationalen Kooperationen sowie in der Sicherung der Ergebnisse,
- Systematischen und nachhaltigen Verankerung der e-didaktischen Erkenntnisse in dem hochschuldidaktischen Profil der Carl von Ossietzky Universität Oldenburg.

Das Buch trägt die Ergebnisse zusammen, die vor dem Hintergrund dieser Zielsetzung von September 2013 bis September 2015 erarbeitet worden sind. In diesem Kontext setzt sich das Buch gezielt mit dem forschenden Lernen in einer Zeit des digitalen Wandels und somit mit einem forschenden Lernen mit digitalen Medien auseinander. Entstanden ist ein Buch, das eine dreifache Lesart anbietet:

1. Als Einladung, einen Diskurs über ein angemessenes Verständnis von Möglichkeiten und Grenzen eines forschenden Lernens mit digitalen Medien zu führen.

2. Als Buch, das Ergebnisse der eigenen e-didaktischen Forschung in Form von theoretisch fundierten didaktischen Strategien sowie evaluierte Beispiele für ein forschendes Lernen mit digitalen Medien präsentiert.

3. Als Lehrbuch, das praxisorientiert zentrale theoretische Überlegungen und konkrete Handlungsstrategien zur Realisierung eines forschenden Lernens mit digitalen Medien integrativ zusammenführt.

1.2 Aufbau des Buches

Eine grundlegende These, die im Rahmen des Buches entwickelt wird, besteht darin, dass es der Ansatz des forschenden Lernens mit digitalen Medien ermöglicht, den medialen Wandel im Feld der Hochschuldidaktik angemessen aufarbeiten zu können. Angesichts der zunehmenden Bedeutung der digitalen Medien im Bildungsraum Universität, erscheint ein forschendes Lernen *ohne* den Einsatz digitaler Medien zumindest kaum denkbar. Entwickelt man diesen Gedanken konsequent weiter, lassen sich die Überlegungen zum forschenden Lernen mit digitalen Medien *nicht* als Spielart des forschenden Lernens verstehen, sondern als konsequente Überführung des forschenden Lernens in das digitale Zeitalter.

Um dem Anspruch gerecht zu werden forschendes Lernen sinnvoll durch digitale Medien zu stützen, erscheint eine Begriffsklärung was unter „forschendem Lernen" zu verstehen ist als relevant (Kapitel *2 Was ist forschendes Lernen?*). Theoriegeleitet wird am Ende dieses Kapitels ein didaktisches Rahmenmodell zum forschenden Lernen entwickelt, das Orientierungspunkte für die Entwicklung von Lehr-/Lernszarien für forschendes Lernen anbietet. Im Anschluss (Kapitel *3 Forschendes Lernen mit digitalen Medien*) wird u.a. aus einer lern-, einer medientheoretischen sowie einer konzeptionell didaktischen und handlungsorientierten Perspektive nach den Möglichkeiten eines forschenden Lernens mit digitalen Medien gefragt. Im darauffolgenden Kapitel werden Überlegungen zu gegenstandsangemessenen Evaluationsstrategien dargestellt (Kapitel *4 Qualität des forschenden Lernens. Von der Evaluation zum Design Based Research*). Im fünften Kapitel werden Praxisbeispiele aus dem Feld der Bildungswissenschaften vorgestellt, die zeigen, wie digitale Medien für das forschende Lernen nutzbar gemacht werden können (Kapitel *5 Forschendes Lernen mit digitalen Medien in Practice*).

Sowohl ein angemessenes Verständnis des forschenden Lernens sowie ein zeitgemäßer Umgang mit digitalen Medien in formalen Bildungskontexten, stellen in einer Zeit des digitalen Wandels schon jeweils für sich allein genommen komplexe Herausforderungen dar. Die Herausforderung erscheint als umso grö-

ßer, wenn forschendes Lernen und der Einsatz digitaler Medien in der Hochschullehre synergetisch miteinander verknüpft werden sollen. Um die Komplexität, die
ein forschendes Lernen mit digitalen Medien erfordert, angemessen wissenschaftlich aufarbeiten zu können, wird eine Erkenntnisstrategie gewählt,

- die epistemologische und
- lerntheoretische Überlegungen mit
- didaktischen Ansätzen sowie
- konkreten Realisierungsstrategien

integrativ miteinander verknüpft.

Diese Erkenntnisstrategie ist der These verpflichtet, dass Lernen (egal ob for-
schend und/oder mit digitalen Medien) zugleich ein epistemologischer Prozess ist.
Die erkenntnistheoretische Konstellation „(lernendes) Individuum/Relation zur
Welt/Welterfahrung" kann aus dieser Perspektive als Grundstruktur von Lernpro-
zessen verstanden und analysiert werden (vgl. Nörreklit 2015). Vor dem Hinter-
grund dieses Lernverständnisses lassen sich epistemologisch fundierte didaktische
Strategien für ein forschendes Lernen mit digitalen Medien entwickeln und in die
Praxis umsetzen.

2 Was ist forschendes Lernen?

Eine begriffliche Annährung an das forschende Lernen leistet John Dewey, der als pragmatischer Philosoph sich mit dem Lernen auseinandersetzt und im Rahmen dessen Ideen für das Lernkonzept des forschenden Lernens präfiguriert. Lernen und Forschen werden von Dewey als korrespondierende Begriffslogiken gefasst; Lernen wie Forschen ermöglichen es, die Welt in Ordnungskategorien zu systematisieren. Forschung definiert Dewey 1937 in seinem Werk *Logik – die Theorie der Ordnung* hierbei als „die gesteuerte oder gelenkte Umformung einer unbestimmten Situation in eine Situation, die in ihren konstitutiven Merkmalen und Beziehungen so bestimmt ist, daß die Elemente der ursprünglichen Situation in ein einheitliches Ganzes umgewandelt werden" (Dewey 2008, S. 131).

Im Anschluss an Dewey kann Forschung als handlungs- sowie produktionsorientierter, explorativ fundierter Erkenntnisprozess begriffen werden, in dem suk-zessiv Wissen generiert wird. Dieser Erkenntnisprozess ist gemäß Dewey nicht ausschließlich auf Studierende begrenzt:

> Wir drücken uns oft so aus, als ob eigenes Forschen ein besonderes Vorrecht der Forscher oder wenigstens der fortgeschrittenen Studierenden wäre. Alles Denken ist jedoch Forschung, alle Forschung ist eigene Leistung dessen, der sie durchführt, selbst wenn das, wonach er sucht, bereits der ganzen übrigen Welt restlos und zweifelsfrei bekannt ist (Dewey 1993, S. 198).

Im Sinne pragmatischer Ansätze betont Dewey Handlungsorientierung als einen Zugang, der es Lernenden ermöglicht, selbstgesteuert und praxisorientiert mit Forschung in Berührung zu kommen. Jahrzehnte später fasst Huber (2013a) diesen Aspekt als ein grundlegendes Merkmal des forschenden Lernens: „Der harte Kern darin ist, dass die Lernenden selbst forschen, Lernen und Forschen auch der Tätigkeitsform nach zusammenfallen" (Huber 2013a, S. 23).

Knapp 30 Jahre später nach Deweys Überlegungen zum forschenden Lernen wird die forschende Eigenaktivität von Lernenden bzw. Studierenden von der BAK-Schrift *Forschendes Lernen – Wissenschaftliches Prüfen* 1970 als ein Kernpunkt forschenden Lernens beschrieben. Der Lehr-/Lernansatz des forschenden Lernens wird hier v.a. als hochschuldidaktische Strategie verstanden. So soll forschendes Lernen „das Studium von Anfang an ganz oder mindestens teilweise in Forschungsprozessen oder mit Beteiligung an solche" (BAK 2009, S. 11) begleiten. Durch die Generierung von Wissen in Forschungsprozessen können Wis-

sensformationen miteinander in Beziehung gesetzt werden. Die studentischen
Forschungsprozesse ermöglichen es, dass „die sonst isolierten Kenntnisse und
Systeme" (ebd.) in einen sinnvollen Zusammenhang gebracht werden können.
Spätestens mit der Schrift der Bundesassistentenkonferenz wird forschendes Lernen neben einer hochschuldidaktischen Perspektive auch aus einer hochschulpolitischen Perspektive in Deutschland verstärkt relevant. So ist seit den 1970er Jahren und vor dem Hintergrund von Bologna forschendes Lernen im Kontext hochschuldidaktischer Diskurse virulent (vgl. Jenkins, Healey & Zetter 2007). Fichten
(2013) betont, dass forschendes Lernen seit „mehr als vierzig Jahren – genauer
gesagt seit dem zentralen Dokument der Bundesassistentenkonferenz ‚Forschendes Lernen – Wissenschaftliches Prüfen' (BAK 1970) zu dem Kanon der Hochschuldidaktik gehört" (Fichten 2013, S. 1). Und auch Reinmann (2011) unterstreicht die konstante Präsenz des forschenden Lernens im hochschuldidaktischen
Diskurs, wenn sie festhält, das „Thema ‚forschendes Lernen' ist gewissermaßen
ein Klassiker: Betrachtet man die letzten vier Jahrzehnte, dann fallen weder große
Hypes um das Thema mit weithin sichtbaren Publikationswellen noch Täler auf,
in denen das forschende Lernen gänzlich in Vergessenheit geriet" (Reinmann
2011, S. 291).

Trotz der beständigen Aktualität und Relevanz des forschenden Lernens erscheint eine allgemein anerkannte, letztgültige Definition noch offen. Neben einer
basalen Definition im Sinne eines kleinsten gemeinsamen Nenners, was unter
forschendem Lernen zu verstehen ist – „Enquiry-Based Learning is a term that
describes any process of learning through enquiry" (Hutchings 2007, S. 11) –
weist Fichten (2013) darauf hin, dass „Schwierigkeiten [...] jedoch hinsichtlich
einer klaren Definition" (Fichten 2013, S. 6) des forschenden Lernens bestehen.
Erschwerend kommt hinzu, dass forschendes Lernen noch weiter in „forschungsorientiertes" Lernen und „forschungsbasiertes" Lernen ausdifferenziert wird. Für
Huber (2013a) besteht dabei „der harte Kern" (Huber 2013a, S. 23) des forschenden Lernens darin,

> dass die Lernenden selbst forschen, Lernen und Forschen auch der Tätigkeit nach
> zusammenfallen. Die Komposita „forschungsbasiert" oder „forschungsorientiert"
> sind m.E. demgegenüber undeutlicher [...] Forschungsbasiert, eine Neuschöp-
> fung nach dem englischen research-based (learning), besagt der sprachlichen
> Form nach (nur), dass das Lernen auf Forschung gegründet ist oder aufruht [...]
> Lernen soll inhaltlich eng an die existente Forschung anschließen, über seine
> Form aber ist damit noch nichts gesagt. „Forschungsorientiert" gibt mit dem
> zweiten Wortteil dem Lernen eine Richtung vor; deutet darauf hin, dass es auf
> Forschung hin ausgerichtet ist. Es soll also, vielleicht möglichst rasch, zu ihr hin-
> führen oder an sie heranführen; wiederum ist damit ein Ziel angegeben, aber
> über die Form nichts gesagt (Huber 2013a, S. 23).

2.1   Epistemologische Annährung an den Begriff des forschenden Lernens

Ohne die Relevanz einer solchen Ausdifferenzierung des forschenden Lernens zu leugnen, soll im Folgenden im Sinne einer begrifflichen Heuristik herausgearbeitet werden, was sich unter forschendem Lernen im weitesten Sinne aus einer epistemologischen Perspektive heraus verstehen lässt.

Anstatt eine letztgültige Definition zu leisten, soll also eine begriffliche Annährung an die konstitutiven Merkmale gegeben werden, die forschendes Lernen aus der Konstellation „forschend Lernende/(beforschte) Wirklichkeit/Erkenntnisprozess" begründen. Anhand einer solchen epistemologischen Analyse lassen sich die Konfigurierungen und Dynamiken des Erkenntnisprozesses beschreiben, die das forschende Lernen auszeichnen.

Aufgrund der programmatischen und bildungspolitischen Relevanz der von der Bundesassistentenkonferenz verfassten Schrift *Forschendes Lernen – Wissenschaftliches Prüfen* wird als Ausgangspunkt der epistemologischen Aufarbeitung des Begriffes „forschendes Lernen" auf die dort benannten Merkmale des forschenden Lernens zurückgegriffen. Durch dieses Vorgehen wird es möglich – vor dem Hintergrund bildungstheoretischer Überlegungen – forschendes Lernen grundlegend als ein Erkenntnismodell zu verstehen, dass ein forschungsmethodisch begründetes sowie wissenschaftlich ausgerichtetes Lernen darstellt.

In Anschluss an Fichten (2013) lassen sich die von der BAK kategorisierten Merkmale des forschenden Lernens in drei Kategorien gliedern:

- Bildungstheoretische Grundlagen (*2.2*),
- Lerntheoretische Begründung (*2.3*, diese Kategorie wird hier mit erkenntnistheoretischen Überlegungen gekoppelt) sowie
- Professionstheoretische Begründung (*2.4*, vgl. Fichten 2013, S. 6f.).

Diese Gliederung bildet den roten Faden für die folgende Analyse des forschenden Lernens aus einer epistemologischen Perspektive.

2.2   Bildungstheoretische Grundlagen

Die bildungstheoretische Dimension des forschenden Lernens begründet sich durch den Rückgriff auf das auf Humboldt zurückgehende Verständnis von Bildung (Reinmann 2011, S. 296). Im Kontext subjektphilosophischer Theoriebildung wurde v.a. von Wilhelm von Humboldt und Johann Gottfried Herder, den „klassischen Bildungstheoretikern" (Hastedt 2012, S. 14), ein „Ideal der Bildung" (Hastedt 2012, S. 9) formuliert, „das in seiner höchsten Form, umfassende persönliche und gesellschaftliche Veränderungen beansprucht" (ebd.). Hierbei sind u.a. die Aspekte „Selbstbildung, Formung und Entwicklung der gesamten Person, anthropologische Bedürftigkeit [...] Steigerung der Individua-

lität bei gleichzeitig überindividueller Verbindlichkeit" (ebd.) von zentraler
Bedeutung.

Ein Bildungsbegriff, der diesen Aspekten eine zentrale Relevanz einräumt, fokussiert programmatisch auf die Aktivität und (Selbst-)Bildungsprozesse des
(bürgerlichen) Individuums im sozialen Kontext (vgl. Fuhrmann 2002, S. 39ff.).
Dem Individuum wird in Bildungsprozessen ein hoher Grad an Eigenaktivität und
damit Selbstbestimmung und Selbststeuerung zugeschrieben. Eine zentrale Bedeutung für die Ausformulierung eines programmatischen Bildungsbegriffes, das
im Kontext des Deutschen Idealismus zu verorten ist, besitzt Wilhelm von Humboldt. Humboldt sieht die Triebfeder von Bildungsprozessen in einer Subjektivität
– also einer Selbstbezüglichkeit des Individuums – die sich selbst aufzuklären
sucht bzw. danach strebt „in sich frei und unabhängig zu werden" (Humboldt in
Hastedt 2012, S. 94):

> Im Mittelpunkt aller besonderen Arten der Thätigkeit nemlich steht der Mensch,
> der ohne alle, auf irgend etwas Einzelnes gerichtete Absicht, nur die Kräfte sei-
> ner Natur stärken und erhöhen, seinem Wesen Werth und Dauer verschaffen
> will. Da jedoch die blosse Kraft einen Gegenstand braucht, an dem sie sich üben,
> und die blosse Form, der reine Gedanke, einen Stoff, in dem sie, sich darin aus-
> prägend, fortdauern könne, so bedarf auch der Mensch einer Welt ausser sich.
> Daher entspringt sein Streben, den Kreis seiner Erkenntnis und seiner Wirksam-
> keit zu erweitern, und ohne dass er sich selbst deutlich dessen bewusst ist, liegt
> es ihm nicht eigentlich an dem, was er von jener erwirbt, oder vermöge dieser
> ausser sich hervorbringt, sondern nur an seiner inneren Verbesserung und Vered-
> lung, oder wenigstens an der Befriedigung der innern Unruhe, die ihn verzehrt.
> Rein und in seiner Endabsicht betrachtet, ist sein Denken immer nur ein Versuch
> seines Geistes, vor sich selbst verständlich, sein Handeln ein Versuch seines Wil-
> lens, in sich frei und unabhängig zu werden (ebd.).

Humboldt etabliert mit seinem Bildungsverständnis einen Begriffsrahmen, der
die Entfaltung des Individuums im sozialen Kontext als Bildungsprozess fasst.
So lässt sich ein Schwerpunkt des Humboldtschen Bildungsverständnisses in
der präskriptiven Ausrichtung sehen, die darin besteht, „zu sich selbst zu finden
und alle Anlagen und Kräfte möglichst in Harmonie und in der richtigen Ver-
hältnismäßigkeit zu entfalten" (Kuhlmann 2013, S. 48). Aus dieser Perspektive
beschreibt Bildung nicht lediglich einen Prozess, sondern formuliert eine Zielvorstellung, da der „Zweck von Bildung [...] allein in seiner Wirkung auf das
Individuum gesehen werden" (Kuhlmann 2013, S. 48) sollte. Im Zuge von Bildungsprozessen reflektiert das Individuum emanzipativ seinen Selbst- und
Weltbezug. So verweisen u.a. Rohlfs et al. (2014) darauf, dass Bildung ein neu-
zeitliches Bildungsverständnis „mit dem Ziel der Befreiung" (Rohlfs et al.
2014, S. 12) formuliert wurde. Bildung kann folglich „nicht [...] auf die Entfaltung fachlicher Kompetenzen" (Rohlfs et al. 2014, S. 12) reduziert werden.
Gerade im deutschsprachigen Raum wird „in Bildungstheorien stärker die um-

fassende Entfaltung individueller Potenziale – einschließlich der Fähigkeit der kritischen Auseinandersetzung mit sozialen Erwartungen und Vorgaben – akzentuiert" (Rohlfs et al. 2014, S. 4). In Auseinandersetzung mit der Welt und gemäß seinen Anlagen entfaltet sich der Mensch im Sinne einer anthropologischen Konstante: *der Mensch bildet sich aus*. Bildung kann aus dieser Perspektive als *Selbst*bildungsprozess im sozialen Kontext beschrieben werden. In diesem Selbstbildungsprozess reflektiert das Individuum seinen Selbst- und Weltbezug. Dies umfasst auch die Positionierung des Individuums im gesellschaftlichen Kontext. (Selbst-)Bildung besteht in der Entfaltung individueller Potenziale vor dem Hintergrund kritischer Reflexion.[1] Wissenschaft[2] – hierin zeigt sich die zentrale Rolle von Universität als Bildungsinstitution in Humboldts bildungstheoretischer Position – fördert wiederum diesen Prozess der individualgenetischen „Aus-Bildung".

---

1   Neben eines solchen emanzipativen Bildungsverständnisses steht ein poststrukturalistischer Subjektbegriff. Reckwitz (2008) hebt hervor, dass die „poststrukturalistischen Analytiken [...] auf Distanz zum Konzept des Subjekts im *klassischen* subjektphilosophischen Sinne" (Reckwitz 2008, S. 77, Hrvh. im Original) gehen. Das Subjekt bzw. Subjektivität wird vielmehr „als ein Produkt historisch spezifischer kultureller und (psychischer) Subjektivierungsformen rekonstruierbar" (Reckwitz 2008, S. 78): „‚Subjection' signifies the process of becoming subordinated by power as well as the process of becoming a subject. Whether by interpellation in Althusser's sense, or by discursive productivity, in Foucault's, the subject is initiated through a primary submission to power" (Butler 1997, S. 2). Im Zentrum poststrukturalistischer Subjektivierungsmodelle steht weniger die analytische Aufarbeitung eines Subjekts im Sinne einer „allgemeingültigen, selbsttransparenten, reflexiven, mentalen Instanz" (Reckwitz 2008, S. 78). Im Fokus der Analyse stehen vielmehr die Einschreibungsprozesse gesellschaftlicher Normen und Wertevorstellungen in die Reflexionsprozesse des Individuums (vgl. exemplar. Butler 1997). Subjektivierung beschreibt aus dieser Perspektive den sozialisatorischen Prozess, im Rahmen dessen sich das Individuum nach normativen gesellschaftlichen Vorgaben und Parametern reflektiert, derart ein Selbstverhältnis schafft und gesellschaftliche Vorgaben sowie Parameter reproduziert. Rollenbilder werden dergestalt im Zuge sozialisatorischer Prozesse inkorporiert und performativ reproduziert.

2   Wissenschaften und deren Regelsysteme, Forschungsgegenstände, Methoden lassen sich als Konstrukte verstehen, die im wissenschaftlichen Feld diskursiv verhandelt und performativ hergestellt werden (vgl. dazu auch Bourdieu 1999). Wenn im Folgenden von „der Wissenschaft", „Autor" und „Leser", „Produzent" und „Rezipient", „Konsument" und „Produzent" etc. gesprochen wird, bezeichnet dies eine Übergeneralisierung, da es „die Wissenschaft", „den Wissenschaftler", „Autor" oder „Leser" etc. als Gattungssingular nicht gibt. Dennoch erscheint diese Übergeneralisierung als notwendig, um eine begriffliche Annäherung zur Frage zu leisten, inwieweit ein medialer Wandel zu einer medialen (Re-)Strukturierung des wissenschaftlichen Feldes führt.

> Es ist ferner eine Eigentümlichkeit der höheren wissenschaftlichen Anstalten, daß sie die Wissenschaft immer als ein noch nicht ganz aufgelöstes Problem behandeln und daher immer im Forschen bleiben, da die Schule es nur mit fertigen und abgemachten Kenntnissen zu tun hat und lernt. Das Verhältnis zwischen Lehrer und Schüler wird daher durchaus ein anderes als vorher [...] Sobald man aufhört, eigentlich Wissenschaft zu suchen, oder sich einbildet, sie brauche nicht aus der Tiefe des Geistes heraus geschaffen, sondern könne durch Sammeln extensiv aneinandergereiht werden, so ist Alles unwiederbringlich und auf ewig verloren [...] Denn nur die Wissenschaft, die aus dem Innern stammt und ins Innere gepflanzt werden kann, bildet auch den Charakter um (Humboldt in Hastedt 2012, S. 101).

Huber (2009) arbeitet heraus, dass forschendes Lernen diese emanzipativen Momente von Bildungsprozessen im Bildungsraum Universität als eine Zielvorstellung zu formulieren hat:

> [D]ie Selbstreflexion der Wissenschaft als Erkenntnismodus, die Selbstreflexion des Subjekts mittels der Wissenschaft und die Reflexion auf das Allgemeinwohl, das durch sie gefördert werden soll. Eigenverantwortlichkeit und Sozialverantwortlichkeit gehören hier als Ziele zusammen (Huber 2009, S. 3).

Im Subtext klingt eine Bildungsethik an, die sich durch eine emanzipative Selbstbezüglichkeit des Individuums (vgl. dazu auch eingehender den Punkt *2.3.3 Emanzipation und kritische Reflexion*) im sozialen Kontext definiert. So stellt Huber (2009) für das forschende Lernen fest, dass Situationen „förderlich" sind, „in denen die eigene Wahl und Strukturierung einem nicht abgenommen ist, in denen Interessen artikuliert und vertieft verfolgt werden können und in denen man sich mit anderen verständigen oder zusammentun muss" (Huber 2009, S. 5).

Aus bildungstheoretischer Überlegung kann das forschende Lernen in erster Linie als eine Erkenntnishaltung verstanden werden:

> Die Dynamik zwischen individuellem selbstgesteuerten Lernen im sozialen Kontext lässt sich aus didaktischer Perspektive weniger als ein Effekt einer Lehrtechnik im Sinne eines Instructional Designs, sondern eher als eine für das forschende Lernen notwendige Erkenntnisstrategie Lernender verstehen, die bildungstheoretisch fundiert ist.

2.3 Lerntheoretische Begründung

Der emanzipative Anspruch bildungstheoretischer Ansätze realisiert sich im forschenden Lernen durch die notwendige wissenschaftliche Auseinandersetzung mit der Welt. Forschend Lernende zeichnen sich u.a. dadurch aus, dass sie eine heuristische Haltung gegenüber der Welt einnehmen und Fragen an sie richten. Dementsprechend kommt auch Fichten (2013) zu dem Schluss, „dass bei Studierenden eine gewisse Offenheit und Risikobereitschaft gegeben sein muss, wenn sie sich auf Forschendes Lernen einlassen" (Fichten 2013, S. 7). Gerade im Akt der Formulierung von Fragen manifestiert sich der Lernende als Forscherpersönlichkeit; dies stützt die These, forschendes Lernen seitens der Studierenden als eine spezifische Erkenntnishaltung zu begreifen, die sich durch forschungsmethodisch gestützter Exploration auszeichnet:

> Perhaps most importantly of all, work on scenarios involves students in posing their own questions. The appropriate questions are either not given, so that students have to tease out what kinds of questions need investigation, or are questions that follow on from an initial given question (Jenkins 2006, S. 2).

Da sich das forschende Lernen als Lehr-/Lernansatz verstehen lässt, ergibt sich die Frage, wie dieser Prozess lerntheoretisch aufgearbeitet werden kann, um vor diesem Hintergrund die epistemologische Konfigurierung des forschenden Lernens in didaktische Strategien umsetzen zu können.

Um den Zusammenhang zwischen Epistemologie, Lerntheorie und Didaktik zu verdeutlichen, lässt sich auf Daalsgard (2005) rekurrieren, die v.a. auf die Relationen zwischen Lerntheorie und Didaktisierungsprozessen hingewiesen hat. Ein Aspekt, den Daalsgaard in diesem Kontext herausarbeitet, ist die konstitutive Bedeutung, die philosophische Reflexionen für ein theoriefundiertes Verständnis von Lernprozessen besitzen:

> A learning theoretical approach is developed on the basis of a philosophical understanding of knowledge and learning. A learning theory can be defined as a conception of the individual, the world, the individual's relation to the world, and knowledge (Dalsgaard 2005, para. 1).

Mit Bezug auf Hannafin et al. (1997) hat Dalsgaard die Beziehung zwischen Lerntheorie, didaktischen Grundüberlegungen und Lerngeschehen in einem Schema skizziert:

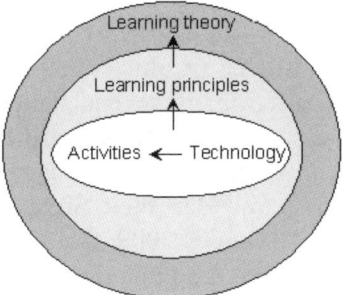

Abbildung 2.1: Die Beziehung zwischen Lerntheorie, didaktischen Grundüberlegungen und Lerngeschehen (Daalsgard 2005, para. 9).

Diese Grafik lässt sich um eine epistemologische Dimension erweitern und wie folgt modifizieren (vgl. Abbildung 2.2).

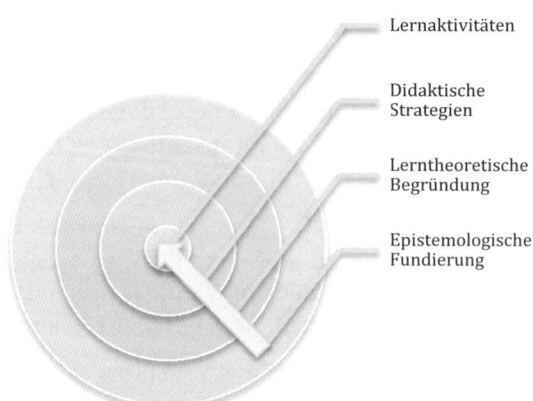

Abbildung 2.2: Zusammenhang zwischen Epistemologie, Lerntheorie, Didaktisierungsstrategien und Lernaktivitäten (eigene Darstellung).

Liegt der Abbildung von Daalsgaard (Abbildung *2.1*) eine induktive Logik zugrunde, die von dem konkreten Lernprozess zu der lerntheoretischen Verortung
führt und die durch den Verlauf der Pfeile markiert ist, wird in Abbildung *2.2*
eine deduktive Strategie abgebildet. Diese wird durch den Pfeil symbolisiert.
Einer solchen deduktiven Argumentation liegt auch der hier verfolgte Argumen-
tationsstrang zugrunde:

> Über epistemologisch fundierte Überlegungen wird es möglich, lerntheore-
> tisch Lernen als *Prozess* zu modellieren und hieraus didaktische Strategien
> abzuleiten, wie ein solches Lernen möglich ist. Diese didaktischen Strategien
> sollen die Lernaktivitäten unterstützen und fördern (vgl. dazu auch Kapitel
> *2.5 Didaktisches Rahmenmodell des forschenden Lernens*).

Eine These, die hier entfaltet werden soll, besteht darin, dass sich forschendes
Lernen als ein konstruktivistisch-subjektorientiertes Lernen verstehen lässt: Vor
dem Hintergrund wissenschaftlicher Qualitätskriterien wie „Reliabilität", „Validität" und „Objektivität" werden im forschenden Lernen Sinnzusammenhänge
im sozialen Kontext vom lernenden Subjekt konstruiert. Mit Bezug auf das eingangs herangezogene Dewey-Zitat ließe sich sagen, dass in einer forschend
lernenden Auseinandersetzung mit der Welt Situationen in ein „einheitliches
Ganzes umgewandelt werden" (Dewey 2008, S. 131). Diese Erkenntnisdynamik
lässt sich mit konstruktivistischen Lerntheorien analytisch aufarbeiten, da die
Lernenden in sozialen Interaktionen aktiv Wissen generieren bzw. konstruieren
sowie Daten und Fakten systematisch ordnen. U.a. Wells (2010) behauptet eine
klare Beziehung zwischen dem lerntheoretischen Ansatz des Konstruktivismus
und dem forschenden Lernen: „The idea of IBL being a process of collaboration
and investigation, and a natural discovery was expressed. Collaboration or
working with others is a key tenet of the social constructivist theory and a vital

part of the learning that occurs" (Wells 2010, S. 13). Um ein epistemologisch fundiertes Verständnis konstruktivistischer Ansätze herauszuarbeiten und diese in Bezug zu bildungstheoretischen Überlegungen sowie Überlegungen zum forschenden Lernen zu setzen, werden im Folgenden die Aspekte

- einer erkenntnistheoretischen Begründung kritischer Subjektkonstruktion (*2.3.1*),

- des kritisches Denkens als erkenntnistheoretische Grundlage des Subjekts und von Bildungsprozessen (*2.3.2*),

- der Emanzipation und kritischen Reflexion (*2.3.3*) sowie

- einer Öffnung des heuristischen Raumes (*2.3.4*, forschendes Lernen als prekäres und selbstgesteuertes Lernen)

erörtert.

2.3.1   Erkenntnistheoretische Begründung kritischer Subjektkonstruktion

Als Lerntheorie betonen konstruktivistische Ansätze die Eigenaktivität des lernenden Subjekts, im Rahmen dessen eine sozial kontextualisierte, individuelle „Bedeutungsverleihung" bzw. Deutung von Welt erfolgt (vgl. dazu auch Reich 2008, S. 103ff.). Im Lernprozess wird in Auseinandersetzung mit der Umwelt Wissen generiert. Die Fokussierung auf die selbstgesteuerte Eigenaktivität des Lerners oder der Lernerin stellt einen lerntheoretischen Perspektivwechsel dar (vgl. Kergel 2014), indem sich „der Akzent von der Welterkenntnis zur Selbsterkenntnis" (Siebert 1998, S. 50) verschiebt.

Es gilt, im Lernprozess *nicht* vorgegebene objektive Wissensstrukturen zu internalisieren, sondern Wissen im sozialen Kontext zu generieren bzw. zu konstruieren.

Ein konstruktivistisches Verständnis von Lernen und damit auch eine konstruktivistisch fundierte Didaktik sind

nicht mehr eine Theorie der Abbildung, der Erinnerung und der wichtigen Rekonstruktion von Wissen und Wahrheit, die nach vorher überlegten und klar geplanten Mustern zu überliefern, anzueignen, anzusozialisieren sind, sondern ein konstruktiver Ort der eigenen Weltfindung (Reich 1996, S. 70).

Aus erkenntnistheoretischer Perspektive verstehen konstruktivistische Ansätze das Wissen um Welt und Wirklichkeit als „Konstrukte" bzw. Wirklichkeitsinterpretationen, die eine Kohärenz der Deutung anstreben.". Ein konstruktivistisches Verständnis von Lernen geht folglich davon aus, dass Sinnstrukturen und damit eine logisches Verständnis von Welt bzw. von Kausalität im sozialen Kontext generiert werden. Jäger (1998) sieht ein Ziel konstruktivistischen Forschens darin „[d]iesen Grundgedanken des Konstruktivismus, Theorien als Konstruktionen zu verstehen und über das Verfahren und den Zweck des Herstellens dieser Konstruktionen deren Sinn aufzuklären" (Jäger 1998, S. 33)

Als eine Konsequenz der erkenntnistheoretischen Prämisse konstruktivistischer Ansätze, dass Wissen nicht objektiv vorhanden ist, sondern im Zuge von Wirklichkeitsinterpretation generiert wird, zeichnen sich konstruktivistische Didaktiken durch eine aktive, partizipative Lernerorientierung aus. Eine solche konstruktivistische Lernerorientierung zeichnen sich durch die Zielsetzung aus, individuelle Konstruktionsleistungen im sozialen Kontext zu initiieren bzw. zu fördern (vgl. Reich 2008). Auch aufgrund einer solchen Lernerzentrierung, die die (selbst-)reflexiven Kompetenzen des Lernenden betont – „Inquiry-based learning is a learning environment focused on the process in which asking questions, thinking critically, and solving problems are encouraged" (Friedman et al. 2010, S. 76) – kann forschendes Lernen als ein konstruktivistisch, bildungstheoretisch fundiertes Lernen begriffen werden. Das selbstgesteuerte Lernen als ein Merkmal des forschenden Lernens (vgl. BAK 2009, S. 23 & 28) bzw. konstruktivistischen Lernens allgemein, weist wiederum eine starke Nähe zum „kritischen Denken" auf, da selbstgesteuertes Lernen u.a. durch den Einsatz von Metareflexionsprozessen definiert ist, die auch konstitutiv für kritisches Denken sind (vgl. dazu auch den Punkt *2.3.5.2 Selbstgesteuertes Lernen*).

Gemäß der BAK-Schrift zeichnet sich forschendes Lernen auch dadurch aus, dass sich ein wissenschaftsspezifisches kritisches Lernen entfaltet.

Dieses wissenschaftsspezifische kritische Denken lässt sich durch „Reflexion auf *Grundfragen der jeweiligen Wissenschaft* und auf *entscheidende Faktoren des Erkenntnisprozesses*" (BAK 2009, S. 26, Hrvh. im Original) im Zuge des forschenden Lernens realisieren.

Die Diskussion, wie kritisches Denken bildungstheoretisch verortet werden kann, ermöglicht es, die epistemologischen Konfigurationen des forschenden Lernens sowie dessen lerntheoretische Fundierung analytisch herauszuarbeiten.

Ein grundlegendes Instrumentarium kritischen Denkens stellt seit Descartes (vgl. Kergel 2011) eine, der neuzeitlichen Philosophie verpflichtete, radikale Prüfung axiomatischer Setzung von Erkenntnis dar. Diese ist im erziehungstheoretischen Diskurs in Anschluss an die Frankfurter Schule in den 60er und 70er Jahren des letzten Jahrhunderts paradigmatisch von Vertreter/inne/n kritischer Erziehungswissenschaft ideologiekritisch formuliert worden (vgl. Hoffmann 1978; Masschelein 2003).

> Die Thematisierung der Selbstbestimmungs- und Selbststeuerungspotenziale des Individuums lässt sich im Sinne kritischer Erziehungswissenschaft als *emanzipativ* verstehen, da das Individuum sich kritisch reflektiert und derart distanziert zu normativen (gesellschaftlichen) Imperativen verhalten kann (vgl. Masschelein 2003).

Im Sinne der kritischen Erziehungswissenschaft betont Masschelein, dass ein solches Verständnis von Bildung eine „kritische Beurteilung" der „gesellschaftlichen Entwicklungen" sowie „beschränkenden Verhältnisse" erlaubt (Masschelein 2003, S. 124f.). Durch diese Form der „kritische Beurteilung" wird Emanzipation bzw. das Einnehmen einer kritischen Distanz zu diesen Verhältnissen möglich (ebd.).

Diesem Emanzipationsbegriff liegt erkenntnistheoretisch eine konstruktivistische Subjektkonstruktion zugrunde, wie sie Kant in der *Kritik der reinen Vernunft* (1781) analytisch beschrieben hat. Kant entfaltet in diesem Werk ein erkenntnistheoretisches Modell, das Jäger (1998) als „Grundthese des Konstruktivismus" (Jäger 1998, S. 147) bezeichnet hat. Horster (1999) weist im Rahmen eines Interviews darauf hin, dass Kant als Konstruktivist zu verstehen sei, da Kant Welterfahrung nicht mit objektiver Welt gleichsetzt und somit eine „unüberwindbare Differenz" (Horster in Siebert 1998, S. 52) zwischen Subjekt und Objekt im Erkenntnisprozess setzt:

> Er (Kant – d.V.) betont auch, dass nichts in der Natur sei, was wir nicht selbst in sie hineingelegt hätten. Diese Einsichten von Kant haben sich in der Philosophie überhaupt nicht so durchgesetzt, dass man im Bereich der Kognitionstheorien damit gearbeitet hätte. Darum ist das Hervorzuhebende am Konstruktivismus, dass seine Vertreter dafür gesorgt haben, dass diese Einsichten Kants wieder breiter diskutiert werden. Das halte ich für ein großes Verdienst des Konstruktivismus (Horster in Siebert 1998, S. 52).

Und auch Jäger verweist in einer Nachzeichnung der geschichtlichen Genese des Konstruktivismus auf die Bedeutung, die Kants erkenntnistheoretisches Modell für konstruktivistische Theoriebildung als „Grundgedanken des Konstruktivismus" (Jäger 1998, S. 33) zukommt. Diesen Grundgedanken sieht Jäger in „Kants Aussage, dass wir [...] ‚von den Dingen nur das a priori erkennen, was wir selbst in sie legen', (Jäger 1998, S. 33).

2.3.2   Kritisches Denken als erkenntnistheoretische Grundlage des Subjekts und von Bildungsprozessen

In seinem Werk *Kritik der reinen Vernunft* (1781/87) erklärt Kant die Notwendigkeit einer kritischen Prüfung von zentralen überindividuellen Sinninstanzen: „Ich kann also Gott, Freiheit und Unsterblichkeit zum Behuf des notwendigen praktischen Gebrauchs meiner Vernunft nicht einmal annehmen, wenn ich nicht der spekulativen Vernunft zugleich ihre Anmaßung überschwenglicher Einsichten benehme" (Kant 1956, S. BXXX).

> Kritik zeichnet sich gemäß Kant durch das gezielte Hinterfragen bzw. einer gezielten Prüfung von Welt aus: „Ein großer Teil, und vielleicht der größte, von dem Geschäfte unserer Vernunft, besteht in Zergliederungen der Begriffe, die wir schon von Gegenständen haben" (Kant 1956, B. 10).

Dementsprechend attestiert auch Bormann (1974) in dem *Handbuch philosophischer Grundbegriffe* dem neuzeitlichen Kritikbegriff, den Kant in der *Kritik der reinen Vernunft* erkenntnistheoretisch entwickelt hat, eine epochale Bedeutung:

> Einen neuen Gehalt und damit erst seine epochale Bedeutung erhält der Begriff [Kritik – d.V.] dadurch, daß Normen selbst in den Brennpunkt der Kritik geraten. Dieser neuzeitliche Begriff der Kritik zeichnet sich dadurch aus, daß er eben nicht nur dienendes Instrument sein will, sondern als Gegeninstanz zu unbezweifelten und selbstverständlichen Normen sowie zu absolut gesetzter Autorität in Religion und Staat auftritt (Borman 1973, S. 811).

> Durch den Akt der Kritik bzw. durch kritische Reflexion ändert sich auch das Selbst- bzw. Weltverhältnis des Individuums. In der kritischen Auseinandersetzung mit der Umwelt konstruiert sich das Subjekt als *selbstreflexive Instanz*.

Kant arbeitet diese Änderung des Selbst- und Weltverhältnisses mittels kritischer Reflexion heraus, wenn er feststellt:

> Lasse ich die Beharrlichkeit (welche ein Dasein zu aller Zeit ist) weg, so bleibt mir zum Begriffe der Substanz nichts übrig, als die logische Vorstellung vom Subjekt, welche ich dadurch zu realisieren vermeine, dass ich mir Etwas vorstelle, welches bloß als Subjekt [...] stattfinden kann (Kant 1956, S. B300f.; A242f.).

Das Subjekt konstruiert sich im Reflexionsakt und entfaltet derart ein prüfendes Verhältnis zur Welt. Und da das Subjekt Teil der Welt ist, auch zu sich selbst: Die kritische Selbstreflexion bzw. „Das: Ich denke, muß alle meine Vorstellungen begleiten können" (Kant 1956, B132).

> Das Subjekt stellt demnach die Instanz der Erkenntnis dar, durch die Weltsichten verobjektiviert werden. Welt wird in ihrer phänomenalen Struktur vom Subjekt durch Anschauung und Sinngebung durch Begriffe geordnet bzw. in ein „einheitliches Ganzes umgewandelt" (vgl. Dewey 2008, S. 131).

Diese Form kritischer Erkenntnis lässt sich als epistemologische Prämisse konstruktivistischer Ansätze verstehen. Konstruktionsleistungen setzen generell ein Subjektmodell voraus, das dem Einzelnen ein spezifisches Bewusstsein als Individuum zuschreibt und das durch kritische Reflexion ein kritisch reflektiertes Selbst- und Weltverhältnis performativ herstellt.

Dieses Subjektmodell wird in Kants Philosophie durch erkenntnistheoretische Setzungen ermöglicht. Kant verlegt die Legitimität von Erkenntnis in das Subjekt und inthronisiert es als erkenntnistheoretische Instanz von Wirklichkeit. Dieser Prozess fußt auf der Möglichkeit transzendentaler Erkenntnis.

Transzendentale Erkenntnis lässt sich als eine Reflexionsstrategie verstehen, durch die sich das Denken bzw. das sich reflektierende Individuum selbst erkennt.

> Daher ist weder der Raum, noch irgendeine geometrische Bestimmung desselben a priori eine transzendentale Vorstellung, sondern nur die Erkenntnis, daß diese Vorstellungen gar nicht empirischen Ursprungs sind, und die Möglichkeit, wie sie sich gleichwohl a priori auf Gegenstände der Erfahrung beziehen könne, kann transzendental heißen (Kant 1956, S. B80f., A56).

Transzendentale Reflexion – das Erkennen, dass Wirklichkeitsverständnisse und Wirklichkeitskonstruktionen sowie -bezüge vom erkennenden Individuum ausgehen – ermöglicht Identität im Sinne einer kohärenten Erfahrung des Selbst, dass sich in Auseinandersetzung mit der Umwelt im Sinne transzendentaler Reflexion in seinem Selbst- und Weltbezug thematisiert. Durch die Konstruktion eines solchen kritisch reflektierten Selbst- und Weltverhältnisses konstituiert sich das Individuum als Subjekt, also als *selbstbezügliche Instanz*. Das Subjekt wird dabei theoretisch als „eine autonome, sich selbst begründende Instanz" (Reckwitz 2008, S. 75) gefasst.

Dieser erkenntnistheoretische Ansatz Kants erweist sich als wirkmächtig. So basiert die postkantianische, klassische Subjektphilosophie (wie der Deutsche Idealismus) „auf Semantiken einer sich selbst begründenden, ihrer selbst transparenten Subjektivität, die als ein Ensemble von Eigenschaften des Mentalen und des individuellen Handelns eingeführt wird" (Reckwitz 2008, S. 76, vgl. dazu auch Kergel 2013a).

Der reflexive (transzendentale) Akt des sich in Bezug-Setzens zu sich selbst und zur Welt konstituiert das Subjekt als Bewusstseinskategorie. Gerade der Ausbau eines kritisch reflektierten Selbst- und Weltverhältnisses wird oftmals als ein Merkmal von Bildung beschrieben; „Bildung ist Transformation von Welt- und Selbstverhältnissen" (Meyer 2014, S. 156).

Kants Begründung des Subjekts als autoreferentielle, kritische Erkenntnisinstanz kann als erkenntnistheoretische Grundlegung von Humboldts Bildungsbegriff verstanden werden: In Auseinandersetzung mit der Welt entfaltet sich das Subjekt im Zuge von Bildungsprozessen. Hierbei bleibt das Subjekt, das in Konstruktionsleistungen „Allheit" herstellt, Ausgangspunkt von Erkenntnis in Bildungsprozessen.

Nur um der zerstreuenden und verwirrenden Vielheit zu entfliehen, sucht man Allheit; um sich nicht auf eine leere und unfruchtbare Weise ins Unendliche hin zu verlieren, bildet man einen, in jedem Punkt leicht übersehbaren Kreis; um an jeden Schritt, den man vorrückt, auch die Vorstellung des letzten Zwecks anzuknüpfen, sucht man das zerstreute Wissen und Handeln in ein geschlossenes, die blosse Gelehrsamkeit in eine gelehrte Bildung, das blosse unruhige Streben in eine weise Thätigkeit zu verwandeln. (Humboldt in Hastedt 2012, S. 97)

2.3.3   Emanzipation und kritische Reflexion

Die kritische Prüfung von Welt lässt sich als ein emanzipativer Akt verstehen, da normative Wertevorstellungen hinterfragt werden. Kritik erhält aus dieser Perspektive gemäß Bormann ein ethisches Moment: „Kritik ist mehr als nur Reflexion oder gar Urteil, in ihr mischt sich ein ethisches Moment mit dem theoretischen" (Bormann 1974, S. 811). Bormann betont, dass „der kritische Geist der Wahrheitssuche um jeden Preis, auch um den Preis, daß alles Geltende zerstört wird" (ebd.) normative Vorgaben zugunsten eines „freien Handelns" (Bormann 1974, S. 812) unterminiert. Dadurch, dass kritisches Denken als *emanzipatives Denken* verstanden werden kann, wird es zu einem pädagogischen Gegenstand, wie sich paradigmatisch an der Etymologie des Wortes „Emanzipation" festmachen lässt:

Bezeichnet das lateinische Verb „emancipare" ursprünglich das Entlassen eines Sklaven oder Sohns aus dem Mancipum (Besitz) in die Eigenständigkeit, lässt sich im Rahmen neuzeitlicher Begriffsbildung eine Bedeutungsverschiebung feststellen: Emanzipation bezeichnet nunmehr den Akt der Selbstbefreiung.

Das Adjektiv „emanzipativ" ist aus dieser Perspektive und im Anschluss an die kritische Erziehungstheorie in einer Ambivalenz zu verorten, die sich aus der Semantik einer „angeleiteten Selbstbefreiung" ergibt. „Emanzipativ" ließe sich folglich als eine Zusammenführung der beiden Wortbedeutungen (Befreiung und Selbstbefreiung) unter pädagogischen Gesichtspunkten verstehen.

Gerade in der kritischen Pädagogik wird Emanzipation im Sinne eines pädagogisch angeleiteten Entfaltens kritischer Reflexion thematisiert (vgl. exempl. Freire 1973). Das Verständnis vom kritisch-emanzipativen Subjekt beziehungsweise der Prozess der Subjektwerdung lässt sich aus entwicklungspsychologischer Perspektive wiederum als organisierter Ausbau reflexiv organisierter, autoreferentieller, kognitiver Fähigkeiten (bzw. formal operationale Denkstrategien) verstehen. Der Erwerb kritisch-emanzipativer Reflexionskompetenzen kann derart als entwicklungspsychologisch bedingter Lernprozess der Subjektwerdung konzeptionalisiert werden (vgl. Schmidt 1998).

> Zusammenfassend lässt sich festhalten, dass eine programmatische emanzipative Thematisierung des Lerners oder der Lernerin im forschenden Lernen sich in der Tradition konstruktivistischer Traditionen verorten lässt und erkenntnistheoretisch auf Kants Beschreibung der kritisch-reflexiven Konstruktion des Subjekts im Erkenntnisprozess zurückzuführen ist. Das kritische Reflektieren, durch das sich das forschende Subjekt aus bildungstheoretischer Perspektive performativ realisiert, bildet die emanzipative Dimension des forschenden Lernens und begründet zugleich dessen bildungstheoretisch fundierte Lernerzentrierung.

2.3.4   Öffnung des heuristischen Raumes – Forschendes Lernen als prekäres und selbstgesteuertes Lernen

Unter anderem auf Grund der emanzipativen Lernerzentrierung, die ihre erkenntnistheoretische Begründung in Kants Konzept der Subjektkonstitution durch kritische Reflexion findet, lässt sich forschendes Lernen als ein Lehr-/Lernansatz begreifen, der einem konstruktivistischen Lernverständnis verpflichtet ist. Wenn Wissen nicht objektiv vorgegeben ist, sondern von dem/der Lerner/in im Zuge des Lernprozesses generiert wird, besteht ein Merkmal eines konstruktivistisch forschenden Lernens in einem selbstgesteuerten Lernen, in dem sich der oder die Lernende als forschendes – und damit auch als kritisches – Subjekt konstituiert (vgl. Kergel 2014 sowie den Punkt *2.4 Professionstheoretische Begründung*). Die konstruktivistische Relevanz des selbstgesteuerten Lernens liegt u.a. in der Offenheit/Unbestimmtheit des Wissens bzw. in der Offenheit von Wissensgerierungsprozessen/Lernprozessen begründet. Eine solche Offenheit/Unbestimmtheit des forschenden Lernens erfordert es,

- dass der/die Lernende einen hohen Grad der Motivation aufweist bzw. intrinsisch motiviert ist (vgl. exempl. BAK 2009, S. 21),
- dass ein selbstgesteuertes, offenes Lernen im sozialen Kontext möglich ist (vgl. u.a. BAK 2009, S. 23; Reinmann 2009; Huber 2013a u. 2013b, S. 247) und
- dass der Lernprozess als Erkenntnisprozess forschungsmethodisch fundiert und durch die Nutzung wissenschaftlicher Reflexionsstrategien definiert ist (vgl. BAK 2009). Durch den Bezug auf diese Merkmale können epistemologisch fundierte didaktische Orientierungspunkte herausgearbeitet werden, die lerntheoretisch orientiert

- die Relation konstruktivistisches Erkennen/forschendes Lernen für die Praxis aufarbeiten und
- dabei die emanzipative Dimension des forschenden Lernens sowie
- eine Offenheit/Unbestimmtheit des Wissens (vgl. *2.3.4.1*) bzw. von Wissensgerierungsprozessen/Lernprozessen
- berücksichtigen.

2.3.4.1   Offenheit des Wissens

Forschendes Lernen als konstruktivistisches Lernen stellt ein nicht determinierbares Lernen dar; der Lernprozess lässt sich nicht durch gezielte didaktische Strategien in Gänze von der Lehrperson antizipieren (vgl. dazu auch Reich 2008, S. 207). Paradigmatisch soll dies an dem Prozess der Formulierung der Forschungsfrage aufgezeigt werden:

> Durch die Möglichkeit, eine eigene Forschungsfrage formulieren zu können, wird eine Offenheit des Wissens geleistet, die ein signifikantes Merkmal konstruktivistischen Lernens darstellt (vgl. Kergel 2014). Der Zugang zum Forschungsthema ist im Idealfall nicht bereits durch thematische Vorgaben normativ präfiguriert, sondern offen für heuristische Reflexionen. Das Formulieren einer Forschungsfrage seitens der Lernenden, das metonymisch die Lernerzentrierung des forschenden Lernens markiert, stellt für Lehrende wie für Lernende einen Prozess dar, in dem Forschungsfoki eruiert, diskutiert und ggf. verworfen oder zu einer Forschungsfrage ausgearbeitet werden.

Dieses Beispiel zeigt auf, wie unvorhersehbar forschendes Lernen ist, da sich stets mit Unwägbarkeiten, multiplen Möglichkeitsoptionen („Was für eine Forschungsfrage wird gewählt?"; „Welches Forschungsdesign könnte wie warum zum Einsatz kommen?" etc.) auseinandergesetzt werden muss. Hier liegt das Prekäre, das ständig offene, das Forschungsprozesse wie auch konstruktivistische Lernprozesse auszeichnet. Metonymisch zeigt sich diese Offenheit des forschenden Lernens auch in einer Öffnung des Arbeitsraumes, die dem forschenden Lernen inhärent ist. Paradigmatisch arbeitet Reinmann (2009) diesen Aspekt heraus, wenn sie das forschende Lernen als eine spezifische Form des „situierten Lernens" begreift.

2.3.4.2   Öffnung des Arbeitsraumes – Forschendes Lernen als situiertes Lernen

Die räumliche Dimension des forschenden Lernens zeigt sich neben der Öffnung des Lernprozesses hin zu noch unbestimmten Räumen des Fragens, der Erstellung des Methodendesigns etc. auch in einer institutionellen Öffnung (vgl. Rachwal 2015). Forschendes Lernen ist eine Öffnung des Arbeitsraumes zu eigen, da es dem Feldzugang bedarf. Sichtbar wird diese Öffnung, wenn Reinmann (2009) Parallelen des forschenden Lernens zum situierten Lernen herausarbeitet: Der/die forschend Lernende ist auf den Feldzugang angewiesen, da er/sie „ohne ein echtes oder aufbereitetes Forschungsfeld, auf dem er[/sie] sich bewegen kann – nicht funktioniert" (Reinmann 2010, S. 9). Reinmann betont die Erlebensdimension des forschenden Lernens durch den Feldzugang, was wiederum die affektive Dimension des forschenden Lernens aktualisiert; „Man muss sich in eine Forschungssituation direkt hinein begeben und den Forschungsprozess erleben" (Reinmann 2010, S. 9). Forschendes Lernen zeichnet sich in diesem Kontext durch eine kritische Meta- bzw. Selbstreflexion aus; „Zum Eintauchen in das praktische Forschungshandeln müssen also eine kritische Fragehaltung und Reflexion der Ergebnisse wie auch der eigenen Person (in der Forscherrolle) kommen" (Reinmann 2010, S. 9). Aus dieser Perspektive lässt sich das forschende Lernen als „ein situiertes Lernen mit einer *kritisch-reflexiven Grundhaltung*" (ebd., Hrvh. im Original) verstehen.

Der Feldzugang und die Betonung des reflexiven Charakters kann als ein Merkmal situierten Lernens gedeutet werden: „Forschendes Lernen – so die weitere Erkenntnis – stellt ein situiertes Lernen dar, das sich durch inhaltliches Erkenntnisinteresse, eine kritisch-reflexive Grundhaltung und individuelle Autonomie auszeichnet" (Reinmann 2010, S. 10). Diese kritisch-reflexive Grundhaltung durchzieht einen konstruktivistischen Lernprozess, der

- bildungstheoretisch auf Humboldt und
- erkenntnistheoretisch auf Kant zurückgeführt werden kann

und im Zuge dessen aus der Forschungssituation heraus

- Lerninhalte konkretisiert, begrifflich fasst und so
- definiert bzw. konstruiert.

Der Verlauf des Forschungs- bzw. Lernprozesses ist allerdings nicht vorhersagbar, was in Konsequenz auch die spezifischen Lerninhalte betrifft, die im Prozess des forschenden Lernens generiert werden.

2.3.5   Zwei Merkmale des forschenden Lernens

Eine epistemologisch fundierte Perspektive auf die Rolle der Lernenden in dem konstruktivistischen Erkenntnisprozess des forschenden Lernens lässt sich auch an den sich gegenseitig bedingenden Merkmalen der „intrinsischen Motivation" und dem „selbstgesteuerten Lernen" paradigmatisch festmachen. Diese beiden Merkmale können theoretisch aus der epistemologischen Konfiguration des forschenden Lernens logisch hergeleitet werden und zeichnen das „Erleben (des forschenden) Lernens" aus.

2.3.5.1   *Intrinsische Motivation*

Intrinsische Motivation lässt sich als eine Handlungstendenz begreifen, die sich dadurch auszeichnet, dass etwas um seiner selbst willen getan wird: „Intrinsically motivated behaviors are performed out of interest and thus require no ‚reward' other than the spontaneous experience of interest and enjoyment that accompanies them" (Rigby et al. 1992, S. 167, zur Rekonstruktion der Genese des Modells „intrinsische Motivation" siehe Rheinberg & Vollmeyer 2012; Leitz 2015, S. 147ff.). Intrinsische Motivation wird hierbei oftmals dichotomisch von der extrinsischen Motivation abgegrenzt. Grotlüschen (2010) problematisiert, dass die Begriffe intrinsische und extrinsische Motivation „oft alltäglich verwendet und diffus mit ‚innerer' und ‚äußerer' Motivation gleichgesetzt [werden], womit unterstellt wird, alles, was irgendwie ‚von innen' oder ‚aus einem selbst heraus' käme, zu höherer Leistung führen würde" (Grotlüschen 2010, S. 29). Dagegen schlägt Grotlüschen 2010 in Anschluss an die Person-Gegenstands-Konzeption des Interesses von Krapp (vgl. Krapp 1992) eine Definition des Interesses vor, die den Erkenntnisgegenstand stärker fokussiert: „Interesse wird im gegenwärtigen Konzept als spezifische Person-Gegenstands-Relation definiert, die sowohl emotionale Valenzen als auch wertbezogene Valenzen enthält" (Grotlüschen 2010, S. 33).

Emotionalität meint in diesem Kontext, dass eine Auseinandersetzung mit interessanten Phänomenen/Aspekten/Prozessen „zu positiven Stimmungen" (ebd.) führt. Dies gilt auch, wenn „die Beschäftigung als anstrengend erlebt wird" (ebd.). Die wertebezogene Valenz fasst die persönliche Relevanz, die dem jeweiligen Phänomen/Aspekt/Prozess vom Einzelnen zugeschrieben wird: Interesse bedeutet in diesem Zusammenhang,

> dass der Gegenstand des Interesse mit positiven Gefühlen assoziiert ist, eine hohe subjektive Bedeutung und Sinnhaftigkeit besitzt und zudem frei ist von äußeren Einflüssen, Zwängen oder Belohnungserwartungen. Selbstintentionalität impliziert, dass Handlungsziele ohne instrumentelle Anreize, also autotelisch verfolgt werden; sie sind mit zentralen Aspekten des Selbst (Einstellungen, Erwartungen, Werte) kompatibel und sorgen für eine dauerhafte motivationale Energie (Leitz 2015, S. 147f.).

Intrinsische Motivation lässt sich hierbei als „ein wesentlicher Bestandteil von Interessen" (Spinath 2011, S. 47) verstehen.

Aus subjektphilosophischer Perspektive lässt sich diese Form des Interesses als eine Ausdifferenzierung der Beschreibung der Autotelie (des Selbstzwecks einer Handlung) von Bildungsprozessen verstehen, in denen sich das Subjekt in Auseinandersetzung mit der Umwelt im Zuge von Lernprozessen entfaltet. Lernprozesse sind hier nicht lediglich als kognitive, sondern auch als emotional durchdrungene Prozesse zu verstehen und weisen daher eine Erlebnisdimension auf.

Auf diese Erlebnisdimension weisen auch Winkel, Petermann und Petermann (2006) hin, wenn sie feststellen, dass „[m]otivationale und emotionale Grundlagen des Lernens […] eng miteinander verknüpft" (Winkel, Petermann & Petermann 2006, S. 63) sind. „[E]motionale Faktoren wie Überraschung, Freude, Stolz und Angst wirken sich bedeutsam auf die Lernmotivation aus" (ebd., vgl. dazu auch Spinath 2011; Rosendahl 2010).

Ohne die Komplexität der Motivationsforschung hier eingehender zu diskutieren, lässt sich festhalten, dass intrinsische Motivation bzw. interessensgeleitetes Lernen eine emanzipative Selbstverortung des lernenden Subjekts darstellt, da das Lernen als Teil des eigenen Bildungsprozesses *erlebt* wird. Vor diesem Hintergrund wundert es nicht, dass der intrinsischen Motivation im Rahmen des forschenden Lernens eine zentrale Bedeutung zukommt. Durch die studentische Formulierung von Forschungsfragen und Erkenntniszielen, die ein konstitutives Merkmal des forschenden Lernens darstellen, können die Studierenden ihre Interessen miteinbringen bzw. im Sinne von Grotlüschen einen interessanten Erkenntnisgegenstand wählen, was sich im Idealfall positiv auf die intrinsische Motivation der Studierenden auswirkt. Die Lernenden sind durch die Anforderung, eine Formulierung einer Forschungsfrage zu leisten, dazu aufgefordert, aktiv ihr Erkenntnisinteresse in den Lernprozess einzubringen.

Vor dem Verständnis einer dem Bildungsinteresse entspringenden intrinsischen Motivation, zeichnet sich diese folglich durch ein exploratives Interesse an der Aufgabenstellung bzw. dem Lerngegenstand und nicht an externen Faktoren wie einer guten Note aus. Corpus, McClinitic-Gilbert & Hayenga (2009) weisen darauf hin, dass eine solch verstandene intrinsische Motivation zu einem positiven Lernerleben und dem Anwenden von – der Lernaufgabe angepassten – Lernstrategien führt, während bei extrinsischer Motivation ein Zusammenhang zwischen negativen Emotionen und schwachen Leistungen sowie dem Einsatz nicht passender Lernstrategien zu bestehen scheint.

Hieraus ergibt sich die Relevanz für ein Lernverständnis, das zentral die Eigenaktivität der Lernenden adressiert, intrinsische Motivation zu fördern. Dementsprechend wird auch in der BAK-Schrift herausgearbeitet, dass das Konzept der intrinsischen Motivation eine zentrale Bedeutung für das forschende Lernen besitzt: „Als eine der wesentlichsten Voraussetzungen impliziert die Vorstellung vom Forschenden Lernenden eine hohe intrinsische Motivation" (BAK 2009, S. 20). Zugleich wird ein „Zirkel" (ebd.) konstatiert, „insofern Forschendes Lernen zwar als das beste Verfahren erscheint, um höhere Motivation hervorzubringen […] zugleich aber ein Minimum solcher Motivation bereits voraussetzt" (ebd.).

Hidi und Renninger (2006) entwickeln ein vier-Phasen-Modell des Interesses, das es ermöglicht, die Relevanz der heuristischen Phase des forschenden Lernens analytisch aufzuarbeiten. Bei diesem Modell wird empfohlen, dass zu Beginn der

Auseinandersetzung mit dem Lerngegenstand Fragen an das betreffende Themenfeld herangetragen werden. Diese Strategie ermöglicht es nach Hidi und Renninger, kontextspezifisch intrinsische Motivation zu fördern, die sukzessive zu einer tiefergehenden Auseinandersetzung mit dem Lerngegenstand führen kann.

> Hier zeigt sich die zentrale Bedeutung der studentischen Formulierung einer Forschungsfrage im forschenden Lernen. Als Teil der heuristischen Phase des Forschungsprozesses vermag das interessengeleitete Formulieren einer Forschungsfrage die Herausbildung intrinsischer Motivation zu forcieren und den Zirkel intrinsischer Motivation zu initiieren. Denkt man diesen Gedanken weiter, zeigt sich damit zugleich die Unvorhersehbarkeit von Prozessen des forschenden Lernens, da die Formulierung der Forschungsfrage von der Interessensdisposition der Studierenden abhängt.

Forschendes Lernen ist aus dieser Perspektive ein Lernen, dass konstitutiv der intrinsischen Motivation der Studierenden bedarf und diese im Idealfall im Durchlaufen der einzelnen Phasen des Forschungsprozesses performativ (re-)produziert. Die intrinsische Lernermotivation bedingt die Offenheit und Unvorhersehbarkeit des forschenden Lernens.

> Da das forschende Lernen von den Fragen und Erkenntnisstrategien der Lernenden bzw. deren Konstruktionen im Zuge des Lernprozesses abhängt, ist ein forschendes Lernen als ein konstruktivistisches Lernen zu verstehen. Um die Unwägbarkeiten eines konstruktivistischen Lernprozess konstruktiv für das forschende Lernen zu nutzen, erscheint konstitutiv ein partizipatives, aktives, selbstgesteuertes Lernen als relevant, das sich interessensgeleitet am Forschungsgegenstand festmacht.

2.3.5.2 Selbstgesteuertes Lernen

Dietrich (1999) weist darauf hin, dass für „den Begriff ‚Selbstgesteuertes Lernen' keine einheitliche Definition" (Dietrich 1999, S. 14) existiert.

> Vielmehr kursieren eine Reihe weiterer Begriffe in der Diskussion, die ebenfalls nicht einheitlich definiert sind: selbstorganisiert, selbstbestimmt, selbstreguliert, autonom, nicht-organisiert, autodidaktisch, selbstgestaltet oder einfach Selbstlernen. Teilweise werden die Begriffe synonym benutzt, teilweise wird unter dem gleichen Begriff Unterschiedliches verstanden. (ebd., vgl. dazu auch Kraft 1999, S. 833f.)

Kraft (1999) vermutet gerade in dieser begrifflichen Unbestimmtheit einen Grund für die Strahlkraft des Konzept des „selbstgesteuerten Lernens", wenn sie festhält: „Attraktiv erscheint das Konzept selbstgesteuertes Lernen nicht zuletzt deswegen, weil es unscharf gefaßt ist" (Kraft 1999, S. 833). Konrad (2014) wiederum führt die Begriffsvielfalt auf unterschiedliche Gründe zurück.

Zum einen auf die fachwissenschaftlich bedingten theoretischen Entwürfe sowie auf die

> kommunikative Praxis in der Wissensgemeinschaft. Während sich Forscher-gruppen regional in ihrer Begrifflichkeit aufeinander beziehen, ignorieren sich weiter entfernte Forscherkollegen im Wesentlichen. (Konrad 2014, S. 38).

Aus epistemologischer Perspektive lässt sich festhalten, dass im selbstgesteu-erten Lernen ein konstruktivistisches Verständnis eines Lehr-/Lernprozesses zum Ausdruck kommt, das im Gegensatz zu einer instruktiven Perspektive die Autonomie des/der Lernenden betont.

Konrad (2014) weist dementsprechend darauf hin, dass eine Hinwendung zum selbstgesteuerten Lernen „seit Anfang der 1970er Jahre im Zuge der Debatte um die Entschulung der Gesellschaft sowie der Abkehr von behavioristischen Mo-dellen und gleichzeitiger Hinwendung zu kognitiven und sozio-kognitiven Denkansätzen" (Konrad 2014, S. 37) stattfindet. Dies zeigt sich auch, wenn in der Literatur jeweils auf Faktoren hingewiesen wird, die Aspekte wie das Orga-nisieren der Lernkoordination bzw. Aufgabenbearbeitung, dem Einsatz von Lernressourcen, Selbstbestimmung des Inhalts u.ä. listet (vgl. Kraft 1999; Greif & Kurtz 1998; Berg 2006; Konrad & Traub 2011), die signifikant Merkmale konstruktivistischen Lernens auszeichnen (siehe exempl. Reich 2008, S. 192). Kraft verweist darauf, dass dem selbstgesteuerten Lernen eine Erlebnisdimensi-on zu eigen ist, wenn sie als einen weiteren Punkt des selbstgesteuerten Lernens die „Subjektive Interpretation der Lernsituation" nennt: „Der Lernende sieht, definiert und empfindet sich als selbständig im Lernprozeß" (Kraft 1999, S. 835).

Mit Bezug auf Kraft lässt sich die These aufstellen, dass eine analytische Lis-tung von äußerlich zu erfüllenden Merkmalen (z.B. „Ist dem/der Lernenden Raum zur Bestimmung des Lernzieles gegeben?") nicht ausreicht, um selbstge-steuertes Lernen zu definieren bzw. zu identifizieren. Vielmehr ist auch die sub-jektive Erlebensdimension des selbstgesteuerten Lernens angemessen zu berück-sichtigen (ein Punkt der v.a. bei der Entwicklung eines gegenstandsangemessenen Evaluationsdesigns des forschenden Lernens mit digitalen Medien relevant wird, vgl. Kapitel *4 Qualität des forschenden Lernens. Von der Evaluation zum Design Based Research*).

Die Relevanz des Erlebensprozesses des selbstgesteuerten Lernens zeigt sich auch an der Dimension der intrinsischen Motivation in Prozessen des selbst-gesteuerten Lernens. Die Dimension der intrinsischen Motivation verweist auf das positiv konnotierte Erleben des Lernprozesses, das Notwendig ist, um die Komplexität des selbstgesteuerten Lernens erfolgreich zu meistern (vgl. dazu auch Nenninger 2011).

Dementsprechend spielt für das selbstgesteuerte Lernen „die motivationale
Komponente zur Aufrechterhaltung und zielgerichteten Steuerung des Lernprozesses eine herausragende Rolle" (Nenninger et al. 1999, S. 251).

> Aus didaktischer Perspektive ergibt sich die Konsequenz, Strukturen zu
> schaffen, in denen der/die Lernende sich in Anschluss an Kraft (1999) als
> „selbstständig sieht, definiert und empfindet" und im Zuge dessen intrinsi-
> sche Motivation für den Lernprozess generieren kann.

Mit dieser didaktischen Perspektive erodiert auch ein dichotomes Verhältnis
zwischen dem fremd- und selbstgesteuerten Lernen (u.a. Kraft 1999, Dietrich
1999 gehen dementsprechend jeweils von einem Kontinuum aus, das sich zwischen den Polen fremd- und selbstgesteuertes Lernen entfaltet). Vielmehr geht
es darum, didaktische Strategien für eine „strukturierte Offenheit" zu entwickeln, in denen sich sukzessive das selbstgesteuerte Lernen anhand eines gelei-
teten Rahmens entfalten kann (vgl. dazu *3.5.1.1 Praxistransfer I: Die Rolle des
Lerners oder „das Paradox der normativen Selbsttätigkeit"* und *3.5.1.2 Praxistransfer II: Die Rolle des Lehrenden oder „das Paradox der unwissenden
Lehrperson"*).

> Vor dem Hintergrund dieses Verständnisses vom selbstgesteuerten Lernen
> lässt sich das forschende Lernen als eine „Spielart" des selbstgesteuerten
> Lernens bzw. als ein Lehr-/Lernansatz verstehen, dem das selbstgesteuerte
> Lernen konstitutiv zu eigen ist. Dementsprechend sollte im Idealfall intrinsi-
> sche Motivation die emotional-kognitive Grundhaltung Studierender prägen
> und als Handlungstreiber des forschenden Lernens fungieren.

In seinen *Principles of Enquiry-Based Learning* (2006) definiert Hutchings
selbstgesteuertes Lernen dementsprechend als konstitutiv für das forschende
Lernen: „The learning is self-directed because it is driven by students' own
decisions about appropriate ways in which an issue or scenario might be ap-
proached" (Hutchings 2006, S. 2).

Lernende sind Akteure ihres eigenen Lernens. Selbststeuerung zeichnet sich
u.a. durch eine zielorientierte Aktualisierung von Verhaltensstrategien und Emo-
tionsregulierung aus (Zimmermann & Schunk 2011) bzw. ermöglicht die zielgerichtete Mobilisierung von Ressourcen (vgl. Bandura 1993). Selbststeuerung in
Bezug auf Lernprozesse ermöglicht es, metakognitiv das eigene Lernen zu steuern, d.h. dass Lernende präferierte Lernstrategien erkennen und gezielt einsetzen
können. Da dies auch eine hohe Lernmotivation und Volition (also eine bewusste,
willentlich gesteuerte Umsetzung von Zielen auch gegen Hindernisse) sowie die
Kompetenz erfordert, das eigene Lernen zu steuern, wird das Individuum zumindest im Lernprozess als selbstbestimmt begriffen. Aus dieser Perspektive lässt
sich selbstgesteuertes Lernen auch als ein „emanzipatives Lernen" verstehen, da
es auf die *selbstbestimmte Handlungsfähigkeit* des Lernenden setzt. Um selbstge-

steuertes Lernen zu ermöglichen, erscheint es als relevant, dass die Lernenden ihren eigenen Lernprozess weitestgehend kontrollieren, auch wenn dieser so komplex ist, wie der Lernprozess, den das forschende Lernen initiiert. Komplex ist dieser Lernprozess, da verschiedene Herausforderungen zusammenwirken wie beispielsweise wissenschaftstheoretische, forschungsmethodische Reflexion, Aufgaben des Projektmanagements etc. Verschiedentlich wurde herausgearbeitet, dass aber gerade das Lösen von komplexen Aufgaben bzw. Herausforderungen auch einen positiven Einfluss auf die Selbstwirksamkeit des Lernenden hat (vgl. McCaslin & Good 1998; Rohkemper & Corno 1998; Turner 1997).

Die Komplexität des forschenden Lernens und die Relevanz einer *Offenheit des Lernraumes*, die ein intrinsisch motiviertes, selbstgesteuertes Lernen ermöglicht, lässt sich aus didaktischer Perspektive als eine Besonderheit konstruktivistischen Lernens verstehen und hat die Konsequenz, dass Lernen nicht im Sinne eines Instructional Designs didaktisch determinierbar ist. So ist konstruktivistisches Lernen bzw. eine konstruktivistische Didaktik nach Reich (1996)

> nicht mehr eine erhoffte Selbstbestimmung, eine Mitbestimmung, die die Lehrer oder Didaktiker organisieren, planen und mit soziologischer Fantasie und organisatorischem Talent vorgeben können, sondern allenfalls eine Konstruktion, die in Beziehungen ausgehandelt, im Nach- und Nebeneinander verschiedener Beobachter betrachtet und analysiert werden kann, die sich jedoch ad absurdum führt, wenn sie dies mit klarem Auftrag *vor* jedem Prozeß, mit bestimmtem Ziel *vor jedem Weg, mit klar vorgeschriebener* Hierarchie zwischen Lehrern und Schülern tun soll (Reich 1996, S. 70, Hrvh. im Original).

> Zusammenfassend lässt sich forschendes Lernen als ein bildungstheoretisch fundiertes, konstruktivistisches und damit auch als ein intrinsisch motiviertes, selbstgesteuertes Lernen verstehen. Eine Besonderheit des forschenden Lernens besteht darin, dass es ein Lernen darstellt, dass forschungsmethodisch basiert ist und wissenschaftliche Reflexionsstrategien gezielt für den Erkenntnisprozess einsetzt.

Im Idealfall durchlaufen Studierende dabei einen vollständigen Forschungszyklus. Dieser reicht von „der Entwicklung der Fragen und Hypothesen über die Wahl und Ausführung der Methoden bis zur Prüfung und Darstellung der Ergebnisse in selbstständiger Arbeit oder in aktiver Mitarbeit in einem übergreifenden Projekt" (Huber 2009, S. 11). In diesem Kontext stellt sich die Frage, was genau unter „wissenschaftlichen Reflexionsstrategien" zu verstehen ist und wie durch den Einsatz wissenschaftlicher Reflexionsstrategien eine professionstheoretische Ausbildung forschend Lernender geleistet wird.

2.4 Professionstheoretische Begründung

Arbeiteten die bislang angestellten bildungstheoretischen Überlegungen sowie
lerntheoretischen und erkenntnistheoretischen Reflexionen Merkmale konstruktivistischer Lernprozesse generell heraus, so besteht ein spezifisches Merkmal
des forschenden Lernens darin, dass die Teilhabe an Wissenschaft den Lernprozess determiniert und so den/die Lernende/n zum/zur Wissenschaftler/in ausbil-
det. Reinmann (2010) verweist auf diese professionstheoretische Akzentsetzung
der BAK-Schrift:

> Die Prämisse dieser Schrift von 1970 ist, dass wissenschaftliche Ausbildung eine
> Ausbildung *durch* Wissenschaftler, *in* einer Wissenschaft, *für* einen auf Wissen-
> schaft angewiesenen Beruf ist. Die Ausbildung muss folglich durch Teilnahme
> an der Wissenschaft erfolgen – und das knüpft an das eben genannte Ideal von
> vor 200 Jahren an (Reinmann 2009, S. 3, Hervh. im Original).

Da Forschung einen wesentlichen Teil des Praxisvollzugs von Wissenschaft
darstellt, erscheint es für ein angemessenes Verständnis des forschenden Lernens als relevant zu definieren, *was* Wissenschaft ist und wie durch forschendes
Lernen eine wissenschaftliche Haltung eingeübt wird. Ein Zugang hierzu liegt
in der Auseinandersetzung mit wissenschaftlichen Reflexionsstrategien (vgl.
Huber 2009, S. 3).

Es lässt sich die These aufstellen, dass Wissenschaftlichkeit disziplinüber-
greifend durch Reflexionsstrategien gekennzeichnet ist, die sich als Manifestationen eines *strategischen Erkenntnisskeptizismus* verstehen lassen, während die Wahl der Methoden und deren epistemologischen Fundierungen dis-
ziplin- und gegenstandsadäquat angepasst werden können.

Dieser Erkenntnisskeptizismus kann wissenschaftstheoretisch exemplarisch mit
Poppers Modell des „Falsifikationsprinzips" gefasst werden, (vgl. Popper
1974), das kurz skizziert werden soll: Eine erkenntnistheoretische Ausgangsthe-
se des kritischen Rationalismus besteht darin, dass *Wissen als prekär* verstanden
wird. Wissenschaftlich generiertes Wissen wird als provisorisch angesehen und
systematisch angezweifelt, also Falsifikationsversuchen unterworfen. Die kritische, rational basierte Prüfung von wissenschaftlich generiertem Wissen geht
von der Prämisse aus, Theorien nicht beweisen, sondern widerlegen bzw. falsi-
fizieren zu wollen.

Das Theorien potentiell jederzeit widerlegt werden können, zeichnet den Charakter von wissenschaftlichem Wissen aus und unterscheidet sich qualitativ vom Glauben, dessen Prämisse nicht der strategische Zweifel, sondern die „*un*bedingte Affirmation" ist. Vor diesem Hintergrund lässt sich der *strategische Zweifel* des kritischen Rationalismus als eine wissenschaftstheoretische Ausdifferenzierung Kantscher Kritik verstehen. Mit Bezug auf diese These lässt sich eine Verbindung zwischen konstruktivistischem Lernen und wissenschaftlichem Erkenntnisskeptizismus schlagen.

Gemäß dem erkenntnisskeptischen Ansatz des Falsifikationsprinzips werden lediglich Vermutungen von Zusammenhängen zwischen (verschiedenen) Phänomenen als Erklärungsmodelle theoretisch formuliert. Diese Erklärungsmodelle besitzen allerdings lediglich den Status von Hypothesen, die es im Sinne des Falsifikationsprinzips zu widerlegen gilt. Dies führt zum „logischen Zirkel" (Giddens 1976, S. 170), durch den Wissenschaft definiert ist. Es wird Wissen aufgrund der erkenntniskritischen Frage: *„Es könnte ja anders sein"* generiert. Der Wahrheitsanspruch von Wissen wird derart subversiv unterlaufen und macht Wissenschaft im Sinne kritischen Denkens als Praxis des *rationalen, systematischen Zweifelns* erst möglich. Der Zweifel an Wissen, der sich intersubjektiv und methodisch gegenstandsangemessen zu formulieren hat, stellt im Forschen performativ Wissenschaft und wissenschaftlich fundiertes Wissen her.

Wissenschaft vollendet sich im zweifelnden Forschen und nicht in der Formulierung von finalen Forschungsergebnissen.

Das „Spiel der Wissenschaft" hat grundsätzlich kein Ende: „wer eines Tages beschließt, die wissenschaftlichen Sätze nicht weiter zu überprüfen, sondern sie etwa als endgültig verifiziert zu betrachten, der tritt aus dem Spiel aus" (Popper 1974, S. 26). Der *konstitutive Zweifel*, der an Methoden, Erkenntnissen, Wissen herangetragen wird, lässt sich provisorisch als ein Wesensmerkmal wissenschaftstheoretischer Positionen für das forschende Lernen annehmen (vgl. Kergel 2016).

Durch das Entwickeln eigener Forschungsfragen seitens der Studierenden, dem Entwickeln passender Versuchsanordnungen bzw. eines methodischen Designs, durch das eigene Erheben und Auswerten von Daten (vgl. exemplarisch Huber 2009) ist forschendes Lernen ein handlungs- sowie produktionsorientiertes Lehr-/Lernkonzept.

Unter lerntheoretischer Perspektive (vgl. Kergel 2014) gilt es, im Rahmen dieses Prozesses emanzipativ die Selbstreflexivität und die Selbstorganisation der Lernenden zu fördern, so dass Lernen und (studentisches) Forschen integrativ ineinander übergehen.

> Aus professionstheoretischer Perspektive ist es relevant, den strategischen Erkenntnisskeptizismus, den wissenschaftliche Reflexionsstrategien auszeichnen, zu trainieren und durch den produktions- sowie handlungsorientierten Erwerb von Methodenkompetenz weiter auszubauen.

Nur durch eine profunde Methodenkompetenz wird es möglich, strategischen Zweifel gemäß wissenschaftlicher Gütekriterien, die eine intersubjektive und ratiobasierte Auseinandersetzung mit der Welt ermöglichen, zu formulieren. Auch der wissenschaftliche Erkenntnisskeptizismus, mit dem wissenschaftlich gesichertes Wissen strategisch in Frage gestellt wird, lässt sich als eine wissenschaftstheoretische Ausprägung konstruktivistischer Ansätze verstehen.

> Der strategische Erkenntnisskeptizismus, den Popper im Falsifikationsprinzip formuliert hat und wissenschaftlich generiertes Wissen lediglich als provisorisches Wissen begreift, welches auch jederzeit widerlegt werden kann, zeichnet die *Unsicherheit* von Forschung aus und lässt wissenschaftlich generiertes Wissen als *Konstruktionsleistungen* verstehen.

Die Unsicherheit und Offenheit von Forschung und Wissenschaft prägen auch das forschende Lernen, dass einem konstruktivistischen Lernverständnis sowie konstruktivistisch-erkenntnisskeptischen wissenschaftlichen Reflexionsstrategien verpflichtet ist. Hieraus lässt sich ableiten, dass eine konstruktivistische Perspektive auf den/die Lerner/in sowie der wissenschaftstheoretische Erkenntnisskeptizismus des Falsifikationsprinzips es ermöglichen, die ambivalente Positionierung des forschenden Lernens zwischen Lernen und Forschen aus epistemologischer Perspektive als ein kohärentes Projekt zu begreifen.

> Aufgrund der Erkenntnisskepsis konstruktivistischer lerntheoretischer Ansätze und wissenschaftstheoretischer Überlegung des kritischen Rationalismus kann forschendes Lernen als ein Ansatz verstanden werden, der dialektisch bildungstheoretisch fundiert Lernen und Forschen als „Konstruktionspraktiken" zusammenführt.

Zusammenfassend lässt sich forschendes Lernen wie folgt definieren:

> Forschendes Lernen lässt sich als eine Bewusstseinshaltung Lernender und Lehrender verstehen, die auf der Grundlage von bildungstheoretischen Überlegungen entwickelt wurden. Diese Bewusstseinshaltung lässt sich zusammenfassend wie folgt formulieren: Forschend Lernende zeichnen sich dadurch aus, dass Studierende in flexibler Begleitung von Lehrenden anhand wissenschaftlicher Reflexionsstrategien und Methodeneinsatz weitestgehend selbstformulierten Forschungsfragen nachgehen.

Dieses Forschen soll sich auf Grundlage einer explorativen Neugier in einem machtfreien Raum vollziehen (vgl. dazu *3.8.1 Feedback zwischen Subjektivierung und machtfreiem Raum*).

2.5   Didaktisches Rahmenmodell des forschenden Lernens

Im Folgenden wird auf Grundlage der entfalteten Überlegungen zum forschenden Lernen ein didaktisches Rahmenmodell für das forschende Lernen entworfen. Dieses Rahmenmodell soll es Lehrenden ermöglichen bei der elementaren Planung (vgl. Reich 2008, S. 239) von Lehr-/Lernszenarien des forschenden Lernens auf basale Orientierungspunkte zurückzugreifen. Reich beschreibt die Zielsetzung solcher elementaren Planungsmodelle wie folgt:

> Zwar wissen wir aus der Lehr-Lernforschung, dass es hier keine eindeutige Schablone für das Lernen aller Lerner gibt, aber wir wissen auch, dass zumindest bestimmte Eck- oder Grenzpunkte beachtet werden müssen, die es Lernern in der Regel erleichtern, ihren Lernprozess erfolgreich durchzuführen (Reich 2008, S. 239).

Im Folgenden soll nun das didaktische Rahmenmodell als elementares Planungsmodell für das forschende Lernen vorgestellt werden.

Ein Wesensmerkmal des forschenden Lernens besteht darin, dass das konstruktivistische Lernen ein Lernen mit bzw. anhand von wissenschaftlichen Erkenntnisstrategien darstellt. Im forschenden Lernen wird Wissen strategisch und gezielt anhand der Nutzung von Forschungsmethodiken selbst erkannt bzw. konstruiert. Im Idealfall soll durch das forschende Lernen auch für Dritte neues Wissen generiert werden (vgl. Huber 2013a, S. 24). Eine Konsequenz forschendes Lernen umzusetzen besteht darin, Forschung und Lehre stärker auf ihr wechselseitiges Verhältnis hin zu thematisieren; „Um nachhaltige Unterstützungsformen für den Forschungsdiskurs an Universitäten anbieten zu können, muss insbesondere die wechselseitige Verzahnung von Forschung und Lehre betrachtet werden" (Schulte, Keil & Oberhoff S. 81f.).

Die konstruktivistische Lernzentrierung zeigt sich u.a. in der intrinsischen Motivation und dem selbstgesteuerten Lernen, die sich epistemologisch begründet als Merkmale forschenden Lernens verstehen lassen. Professionstheoretisch zeigt sich der handlungs- sowie produktionsorientierte Erwerb von Methodenkompetenz und wissenschaftlichen Reflexionsvermögen im Durchlaufen oder Absolvieren der einzelnen Phasen des Forschungsprozesses. Dieser Forschungsprozess lässt sich mit Bezug auf Huber (2013b) wie folgt als Zyklus visualisieren (vgl. Huber 2013b, S. 248).

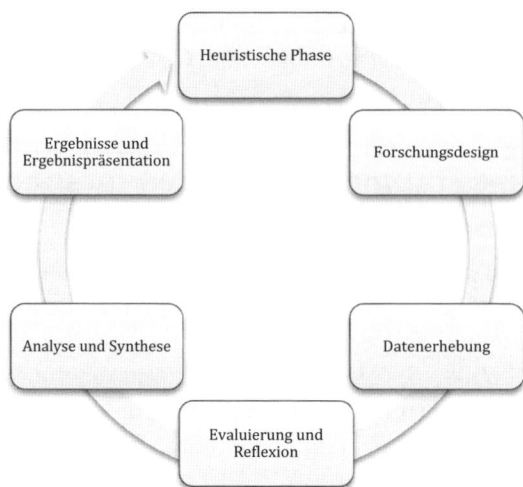

Abbildung 2.3: Forschungszyklus des forschenden Lernens (eigene Darstellung).

2.5.1 Erläuterung der Forschungsphasen

- *Heuristische Phase:* Studierende entwickeln ein Erkenntnisinteresse und formulieren eine eigene Fragestellung bzw. Forschungsfrage.
- *Forschungsdesign:* Auseinandersetzung mit einem erkenntnisangemessenen Forschungsdesign.
- *Datenerhebung:* Studierende recherchieren bereits vorhandene Informationen/Daten oder generieren eigene Daten.
- *Evaluierung & Reflexion:* Studierende unterziehen die Daten einer kritischen Analyse anhand wissenschaftlicher Qualitätsmerkmale (Objektivität, Reliabilität, Validität).
- *Analyse & Synthese:* Analyse der Daten in Bezug auf die Forschungsfrage. Generieren eines kohärenten, datenbasierten Wissens.
- *Ergebnisse & Ergebnispräsentation:* Forschungsergebnisse werden präsentiert und heuristisch thematisiert („Wie lassen sich die Ergebnisse verstehen?", „Welche Forschungsfragen könnten an diese Ergebnisse anschließen?").

2.5.2 Didaktisches Rahmenmodell

Eine zentrale Aufgabe für Lehrende, die sich dem forschenden Lernen verpflichtet fühlen, besteht darin, die einzelnen Aspekte des Forschungszyklusses fachspezifisch zu didaktisieren. Um diesen Prozess der fachspezifischen Didaktisierung zu unterstützen, wurde ein *Didaktisches Rahmenmodell für forschendes Lernen* entwickelt. Dieses Rahmenmodell orientiert sich an dem Modell von

Willison & O'Regan (2007), die Kriterien für forschendes Lernen in den verschiedenen Phasen und auf verschiedenen Komplexitätsstufen entwickelt haben. Die Forschungsphasen wurden vor dem Hintergrund von Hubers *Methodische Anregungen für den Umgang mit pragmatischen Schwierigkeiten im forschenden Lernen* (Huber 2013b) ausdifferenziert und mit Bezugs auf Hubers begriffliche Unterscheidung zwischen forschendem, forschungsbasiertem und forschungsorientiertem Lernen weiter entwickelt (vgl. Huber 2013a). Das Ergebnis dieses Prozesses stellt das *Didaktische Rahmenmodell für forschendes Lernen* dar.

Die horizontale Achse des didaktischen Rahmenmodells (vgl. Tabelle *2.1*) beschreibt die verschiedenen Phasen des Forschungsprozesses. Die vertikale Achse beschreibt die zunehmende Öffnung der Anteile des selbstgesteuerten Lernens im forschenden Lernen. Diese Öffnung kann vor dem Hintergrund von Hubers Begriffsdifferenzierung des forschenden Lernens wie folgt segmentiert werden:

Während forschungsbasiertes Lernen als ein eher angeleitetes forschendes Lernen verstanden werden kann bzw. eine einführende Auseinandersetzung mit dem jeweiligen Fach und dessen Paradigmen im Sinne Kuhns (vgl. Kuhn 1973) darstellt, ist forschendes Lernen idealtypisch durch das selbstgesteuerte, studentische Durchführen eines Forschungszyklusses geprägt. Das forschungsorientierte Lernen nimmt in dieser Begriffslogik eine Scharnierfunktion ein, die Übergänge sind hierbei als fließend zu verstehen. In den einzelnen Feldern des didaktischen Rahmenmodells werden Kriterien benannt, die forschendes Lernen in einer bestimmten Phase auf einer bestimmten Stufe kennzeichnen. Diese Kriterien können bei der Erstellung eines Lehr-/Lernszenarios, das dem forschenden Lernen verpflichtet ist, herangezogen werden. Zum besseren Verständnis der horizontalen Stufendimension und der Formulierung der Kriterien sei die von Huber (2014) vorgenommene Begriffsdifferenzierung in forschendes Lernen, forschungsorientiertes sowie forschungsbasiertes Lernen nochmals etwas ausführlicher skizziert:

- „Forschungsbasiertes Lernen" orientiert die Lehre am aktuellen Forschungsstand des Faches. Zudem setzen sich die Studierenden mit Grundproblemen des Forschungsgegenstandes und Ausgangsfragen sowie den Erkenntnisinteressen des jeweiligen Faches auseinander.
- Forschungsbasiertes Lernen bzw. Lehren sollte demnach „den Studierenden Gelegenheit bieten, den Weg zu verfolgen, wie aus einer Frage Forschung geworden ist bzw. wird, und die Differenz zwischen gesellschaftlichen Problemen und wissenschaftlicher Problemdefinition, zwischen Alltagswissen (auch ihrem eigenen) und wissenschaftlichem Wissen zu reflektieren" (Huber 2014, S. 24).

- „Forschungsorientiertes Lernen" betont dagegen verstärkt die Dynamik des Forschungsprozess, sensibilisiert Studierende für die Aspekte dieses Prozesses und thematisiert u.a. „besonders Wahl, Ausführung und Reflexion der Methoden" (Huber 2014, S. 25).
- Im „forschenden Lernen" durchlaufen Studierende gemäß Huber im Idealfall einen ganzen Forschungszyklus: „Als Lehrkonzept betrachtet gewichtet es [das forschende Lernen, d.V.] besonders die Entdeckung und Definition offener Probleme und die Entwicklung eigener Fragen dazu durch die Studierenden, die möglichst selbstständige Durchführung von Untersuchungen, die Auswertung und Darstellung der Ergebnisse vor irgend einer Art von Öffentlichkeit und die Reflexion des ganzen Projekts" (Huber 2014, S. 25).

Diese Begriffsdifferenzierung findet sich in der Segmentierung der horizontalen Achse des didaktischen Rahmenmodells wieder:

- *Stufe 1* (eingeschränktes forschendes Lernen) und *Stufe 2* (angeleitetes forschendes Lernen) lassen sich tendenziell dem forschungsbasierten Lernen zuordnen (eine Einführung in das jeweilige Forschungsparadigma bzw. Selbstverständnis des jeweiligen Faches, vgl. dazu auch Kuhn 1973).
- *Stufe 3* (vorstrukturiertes forschendes Lernen) und *Stufe 4* (autonomes forschendes Lernen) stellen eher ein forschungsorientiertes Lernen dar (ein Lernen, dass u.a. Erkenntnisinteresse und Forschungsmethoden in Verbindung zueinander setzt und u.a. derart die Komplexität von Forschung vermittelt).
- *Stufe 5* (offenes forschen) lässt sich tendenziell dem forschenden Lernen zuordnen, dass weitestgehend ein selbstgesteuertes Lernen ohne Elemente des fremdgesteuerten Lernens ist.

Mit jeder Phase steigen die Anforderungen an das selbstgesteuerte Lernen, da die Studierenden zunehmend den Lernprozess selbst organisieren müssen.

Aus dem Zusammenspiel von den Forschungsphasen und Stufen des selbstgesteuerten Lernens ergibt sich ein Kriterienmodell, anhand dessen sich forschendes Lernen in den verschiedenen Phasen und auf verschiedenen Stufen des selbstgesteuerten Lernens identifizieren lässt. Ausschlaggebend ist hierbei nicht, dass ein ganzer Forschungszyklus durchlaufen wird. Vielmehr ist entscheidend, dass die Lehr-/Lernszenarien, die diese Kriterien erfüllen, zugleich mit dem Bewusstsein der Akteure aktualisiert wird, dass sie forschend lernen.

Im Anschluss an die bildungstheoretischen Implikationen des forschenden Lernens lässt sich forschendes Lernen zwar weniger als eine Lehrtechnik im Sinne eines Instructional Designs und eher als eine Erkenntnisstrategie Lernender sowie als eine didaktische Bewusstseinshaltung Lehrender verstehen. Das Rahmenmodell ermöglicht es aber Lehr-/Lernszenarien zu entwickeln, im Rahmen dessen sich diese Dispositionen des forschenden Lernen entfalten können. Die Form der Erkenntnisstrategie bzw. didaktische Bewusstseinshaltung, die forschendes Lernen ausmacht, kann mit Bezug auf Huber an Stichworten festgemacht werden, die metonymisch die partizipativ-emanzipativen Implikationen des forschenden Lernens anzeigen:

- FL als Teilhabe an Wissenschaft als immer offenen Prozess,
- im Zusammenwirken und -lernen von Lehrenden und Lernenden,
- an Problemen arbeitend, an denen diese interessiert und, auch emotional, engagiert sind [...]
- Die Studierenden sollen dabei das ihnen jeweils größtmögliche Maß an Selbstständigkeit, eigener Aktivität und Kooperation mit anderen realisieren können (Huber 2013b, S. 247).

Das didaktische Rahmenmodell benennt wiederum Kriterien, wie die „Haltung des forschenden Lernen" mittels didaktischer Orientierungspunkte in ein Lehr-/Lernszenario überführt werden kann.

Vor dem Hintergrund des hier entwickelten theoretisch fundierten Verständnisses des forschenden Lernens sowie dem didaktischen Rahmenmodell, welches es ermöglicht, für Umsetzungsstrategien im Sinne Reichs „bestimmte Eck- oder Grenzpunkte" zu identifizieren, stellt sich die Frage, wie forschendes Lernen durch den Einsatz digitaler Medien unterstützt werden kann. Dieser Frage soll im folgenden Kapitel eingehender nachgegangen werden. Im Rahmen dessen werden vor dem Hintergrund des Einsatzes digitaler Medien im forschenden Lernen weiterführende didaktische Strategien entwickelt, wie forschendes Lernen als *Bewusstseinshaltung* realisiert werden kann.

Stufen des selbstgesteuerten Lernens →

Phasen des Forschungsprozesses →

	Stufe 1 (eingeschränktes forschendes Lernen)	Stufe 2 (angeleitetes forschendes Lernen)	Stufe 3 (vorstrukturiertes forschendes Lernen)	Stufe 4 (autonomes forschendes Lernen)	Stufe 5 (Offenes Forschen)
	Stark strukturierte Vorgaben von Lehrperson für das studentische forschende Lernen.	Stark von Lehrperson eingegrenztes Themen- bzw. Forschungsfeld.	Strukturvorgaben ermöglichen ein selbstgesteuertes forschendes Lernen.	Studierende initiieren und bestimmen den Forschungsprozess und werden von der Lehrperson flexibel begleitet.	Selbstbestimmtes Forschen nach selbstgesetzten Zielvorgaben und Richtlinien.
A. Heuristische Phase Studierende entwickeln ein Erkenntnisinteresse und formulieren eine eigene Fragestellung bzw. Forschungsfrage.	Studierende geben Antworten auf vorgegebene Fragen, definieren Begriffe etc., die in einem Forschungsfeld/ in einem Forschungsprojekt wichtig sind. Studierende nutzen eine gegebene Struktur, um diese Fragen zu beantworten.	Studierende beantworten Fragestellungen, die diskursiv mit der Lehrperson entwickelt wurden. Studierende nutzen entweder eine vorgegebene Struktur, um diese Fragen zu beantworten oder entwickeln eine eigene Struktur, diese Fragen zu beantworten.	Studierende generieren Fragen, die in einem Forschungsfeld/ in einem Forschungsprojekt wichtig sind. Studierende entwickeln eine eigene Struktur, diese Fragen zu beantworten.	Studierende generieren selbst Forschungsfragen in einem vorgegebenen Themenfeld. Studierende entwickeln eine eigene Struktur, diese Fragen zu beantworten.	Studierende generieren eigene Forschungsfragen in einem selbstgewählten Themenfeld.
B. Forschungsdesign Auseinandersetzung mit einem erkenntnisangemessenen Forschungsdesign.	Studierenden erarbeiten sich ein Verständnis von einem vorgeschriebenen Forschungsdesign.	Studierende setzen sich mit den Vor- und Nachteilen mehrerer vorgeschriebener Forschungsdesigns auseinander.	Studierende entscheiden sich für ein von mehreren zur Auswahl stehenden Forschungsdesigns und begründen diese Entscheidung.	Studierende generieren diskursiv mit der Lehrperson ein Forschungsdesign.	Studierenden entwickeln selbstständig und eigenverantwortlich ein Forschungsdesign.
C. Datenerhebung Studierende recherchieren bereits vorhandene Informationen/ Daten oder generieren eigene Daten.	Recherchieren von relevanten, bereits erhobenen Daten.	Studierende erheben mit einer vorgeschriebenen Methode aus einer vorgegebenen Quelle Daten.	Studierende nutzen eine von mehreren zur Auswahl stehenden Methoden und erheben Daten aus einer vorgegebenen oder selbstgewählten Quelle.	Studierende erheben in flexibler Begleitung der Lehrperson Daten.	Studierende erheben selbstständig und eigenverantwortlich Daten.

Stufen des selbstgesteuerten Lernens →

Phasen des Forschungsprozesses →

D. Evaluierung & Reflexion Studierende unterziehen die Daten einer kritischen Analyse anhand wissenschaftlicher Quali-äätsmerkmale (Objektivität, Reliabilität, Validität).	Studierende prüfen kritisch Daten / Informationen nach vorgegeben Kriterien.	Studierende prüfen kritisch Daten / Informationen nach vorgegebenen Auswertungsstrategien bzw. -kriterien.	Studierende prüfen kritisch selbst erhobene Daten nach vorgegebenen Kriterien bzw. Kriterien, die diskursiv mit der Lehrperson erarbeitet worden sind.	Studierende prüfen kritisch selbst erhobene Daten nach Kriterien, die entweder diskursiv mit der Lehrperson erarbeitet worden oder selbst bestimmt worden sind.	Studierende prüfen kritisch selbst erhobene Daten nach selbst bestimmten Kriterien, die im Einklang mit den wissenschaftlichen Qualitätsmerkmalen stehen.
E. Analyse & Synthese Analyse der Daten, in Bezug auf die Forschungsfrage. Gene'ieren eines kohärenten, datenbasierten Wissens.	Analyse und Auswertung vorgegebener Daten nach vorgegebenen Auswertungsstrategien bzw. -kriterien mit tutorieller Begleitung bzw. Begleitung der Lehrperson.	Analyse und Auswertung vorgegebener Daten / Informationen nach vorgegebenen Auswertungsstrategien bzw. - kriterien.	Analyse und Auswertung eigener Daten / Informationen nach vorgegebenen Auswertungsstrategien bzw. - kriterien, oder nach Auswertungsstrategien bzw. - kriterien, die diskursiv zusammen mit der Lehrperson entwickelt worden sind.	Analyse und Auswertung eigener Daten mit Bezug auf eine selbst entwickelte Forschungsfrage, Generierung von neuem Wissen.	Analyse und Auswertung selbst erhobener Daten nach selbst gewählten bzw. selbst entwickelten Auswertungsstrategien. Generierung von neuem Wissen.
F. Ergebnisse & Ergebnispräsentation Wie lassen sich die Ergebnisse verstehe'n? Welche Forschungsfragen könnten an diese Ergebnisse anschließen?	Studierende arbeiten sich in die Fachsprache ein, kennen und nutzen zentrale Fachbegriffe bei der Ergebnispräsentation.	Studierende sind mit der Fachsprache vertraut und setzen sie bei der Ergebnispräsentation ein.	Studierende sind mit der Fachsprache vertraut, setzen sie bei der Ergebnispräsentation ein und können Begriffe verstärkt in Bezug zueinander setzen.	Studierende sind mit der Fachsprache vertraut und setzen sie bei der Ergebnispräsentation ein, Studierende sind in der Lage, die Fachsprache durch eigene, forschungsbasierte Begriffsbildungen produktiv weiter zu entwickeln.	Studierende sind mit der Fachsprache vertraut und setzen sie bei der Ergebnispräsentation ein. Studierende sind in der Lage, die Fachsprache durch eigene, forschungsbasierte Begriffsbildungen produktiv weiter zuentwickeln. Studierende können paradigmenübergreifend ihre Ergebnisse vermitteln.

Tabelle 2.1: *Didaktisches Rahmenmodell für forschendes Lernen* (im Anschluss an Willison & O'Regan 2007 und Huber 2014, eigene Darstellung).

3 Forschendes Lernen mit digitalen Medien

Mit dem digitalen Wandel und dessen Einfluss auf das wissenschaftliche Feld verändern sich sowohl Wissenschaft und das Forschen als auch die Möglichkeiten des Lernens generell. Diese Veränderungen haben Einfluss auf das forschende Lernen, da dieser Lernansatz Lernen und Forschen integrativ miteinander verbindet und beide Prozesse auch dem digitalen Wandel unterworfen sind. Hieraus ergeben sich die zwei folgenden Fragestellungen, die leitend für das Erkenntnisinteresse dieses Kapitels sind:

- Wie lässt sich ein zeitgemäßes forschendes Lernen mit digitalen Medien theoretisch verstehen?
- Wie kann ein zeitgemäßes forschendes Lernen mit digitalen Medien didaktisch umgesetzt werden?

3.1 Hochschuldidaktische Perspektivierung Von e-Science zum forschenden Lernen mit digitalen Medien

Der digitale Wandel durchdringt zunehmend alle gesellschaftlichen Teilbereiche. Im Feld der Wissenschaft wird ein Epochenbruch aufgrund des digitalen Wandels diskutiert (vgl. Hanson 2014; Nordmann et al. 2014):

> Die These des Epochenbruchs tritt in mehreren Varianten auf. Gemeinsam ist allen die Behauptung, die Wissenschaft, wie sie heute praktiziert wird, habe sich in einem kleinen Zeitraum substanziell, ja ihrem Wesen nach geändert. Mehr noch: Diese Veränderung gilt als Zeichen für den Beginn eines neuen Zeitalters (Radder 2014, S. 97).

Der Epochenbruch lässt sich auf die medialen Verschiebungen im wissenschaftlichen Feld zurückführen, dessen erste Manifestationen sich an den bereits etablierten Formen digitalisierter Wissenschaftspraxis ablesen lassen:

> Der Prozess der zunehmenden medialen Durchdringung unseres Alltags [...] betrifft alle gesellschaftlichen Bereiche und bleibt deshalb auch nicht folgenlos für Wissenschaft und Forschung. Insbesondere im Hinblick auf die Implementierung digitaler Medien und vor allem des Internet, ist ein Wandel des wissenschaftlichen Handlungsfelds hin zu einer E-Science bzw. „Cyberscience" (Nentwich 2003) zu beobachten (Heise 2011, S. 340).

Durch die von der Ausbreitung des Web 2.0 bedingten Transformation der Kommunikationskultur ist auch das wissenschaftliche Feld betroffen. Wissenschaftsblogs vereinen wissenschaftliche Diskussionen mit Wissenschaftsjournalismus. Kollaborative Schreibtools wie „Authorea" (https://www.authorea.com) ermöglichen onlinebasiert das gemeinsame Schreiben wissenschaftlicher Texte:

> Die Entwicklung partizipativer, onlinebasierter Tools wie Blogs, Wikis und Podcasts beeinflusst auch zunehmend die wissenschaftliche Praxis. An inzwischen allgemein akzeptierten Formaten wie Online-Journals und Wissenschaftsblogs bis hin zu avancierten Projekten wie ‚Public Peer-Reviewed Journals' lassen sich diese Veränderungen der Wissenschaftskommunikation ablesen (Heidkamp 2014, S. 51).

Schwalbe (2011) prognostiziert in Zukunft eine (Re-)Strukturierung des wissenschaftlichen Feldes aufgrund der medialen Veränderungen. Hierbei geht Schwalbe von der „zentrale[n] Annahme" (Schwalbe 2011, S. 133) aus,

> dass die Einführung neuer technischer Verbreitungsmedien nicht nur entscheidend Einfluss auf die Kommunikationsprozesse, also die Formen der Weitergabe von Informationen im Raum nimmt, sondern dass sich grundlegend das Konzept von Wissen und das Wissenschaftsverständnis ändern. Die Definition dessen, was als wissenschaftliches Wissen gilt, als Wissen, das in Universitäten verhandelt wird, also die inhaltliche Orientierung der Wissenschaften, ändert sich ebenso wie die legitimierende Referenz dieses Wissens, die Formen der Archivierung, der Organisation und der Zugänglichmachung bzw. Publikation des Wissens und die Formen der wissenschaftlichen Ausbildung und Zertifizierung (Schwalbe 2011, S. 133 f.).

Sowohl die Präsentation der eigenen Forschung sowie die universitäre Lehre sind zunehmend digital gestützt. Diese „Digitalisierung der Wissenschaft" bzw. Ausweitung „der Wissenschaft" in die digitale Welt fasst Heidkamp (2014) mit dem Begriff „e-Science" (vgl. dazu auch Albrecht et al. 2011 et al. 2007; Aschenbrenner et al. 2007). Wissenschaft ist auch ein kollaborativer Erkenntnisprozess: „Wissenschaft, als Feld für forschendes Lernen, ist geradezu ein prototypisches Beispiel dafür, dass Wissen auf viele Personen und Artefakte verteilt wird" (Reinmann & Sippel 2013, S. 190). Diese kollaborative Dimension findet in der Einschreibung des Web 2.0 und dessen kollaborativen Potenzials in das wissenschaftliche Feld eine mediale Entsprechung (vgl. Heidkamp & Kergel 2016).

Der sich abzeichnende Wandel von der Wissenschaft zu einer digitalisierten Wissenschaft im Sinne von e-Science stellt auch eine Herausforderung für das forschende Lernen dar. Eine Zielvorstellung des forschenden Lernens als hochschuldidaktisches Konzept besteht darin, handlungs- und produktionsorientiert wissenschaftliche Kompetenzen zu fördern.

Vor dem Hintergrund des medialen Wandels ist eine akademische Medienkompetenz verstärkt auch dadurch definiert, digitale Medien zum wissenschaftlichen Arbeiten sinnvoll und gezielt einzusetzen.

Dass Studierende im forschenden Lernen im Idealfall einen Forschungszyklus
durchlaufen, erfordert den Erwerb, den Ausbau sowie die Differenzierung wissenschaftlicher Kompetenzen (z.B. Methodenkompetenz). Es stellt sich im Sinne eines Ausblicks auf den medialen Wandel in den Wissenschaften die Frage,
ob bzw. inwiefern sich nicht gerade diese akademischen Kompetenzen im Zuge
des digitalen Wandels ändern.

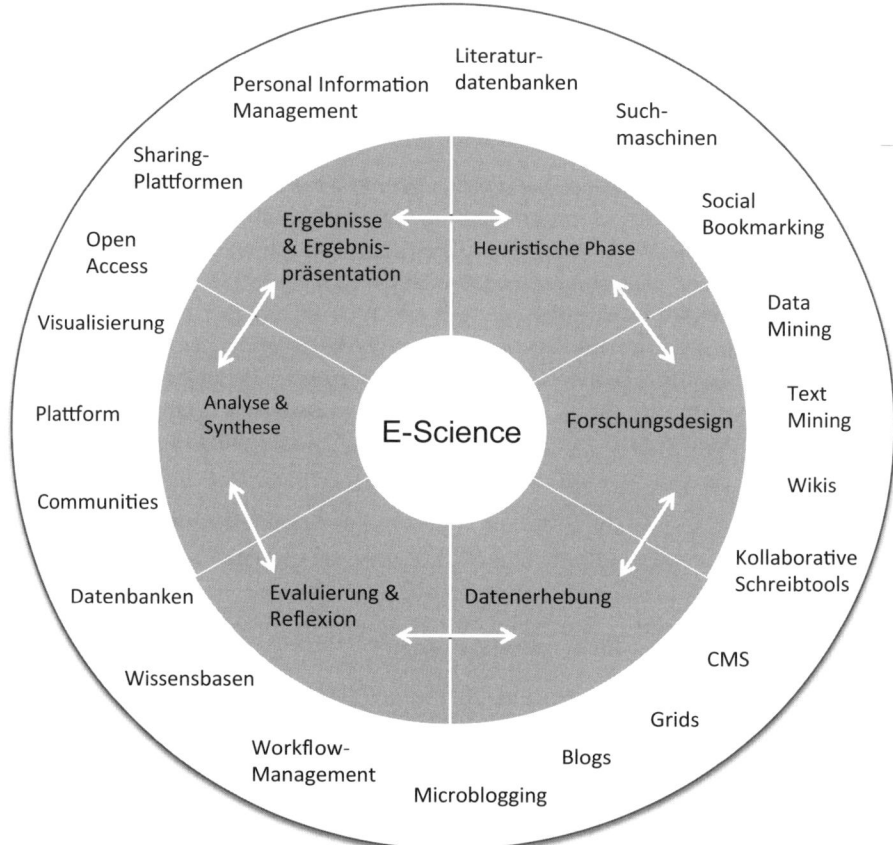

Abbildung 3.1: Der Forschungszyklus im Zeitalter von e-Science (eigene Darstellung
angelehnt an den Zyklus des e-Science-lab der Universität Bremen, http://escience.uni-
bremen.de/index.php?id=25, zugegriffen am 17.10.2015).

Die medialen Änderungen stellen auch Anforderungen an die Hochschuldidaktik. Wie lässt sich der digitale Wandel im Feld der Wissenschaft in hochschuldidaktische Lehr-/Lernszenarien integrieren? In diesem Kontext lässt sich an die
Fragestellung von Seiler-Schiedt (2013) anknüpfen: „Wieso blieben E-Science

und E-Learning überhaupt so lange getrennt? Was braucht es, damit digitale Artefakte vom Forschungs- in den Lehrkontext und zurück wechseln können? Was bedeutet dies sowohl für die Qualität der Lehre als auch für die Forschung?" (Seiler-Schiedt 2013, S. 267).

Der mediale Wandel sowie die (Re-)Definition einer akademischen Medienkompetenz, die die digitale Dimension mit einschließt (vgl. Reinmann, Hartung & Florian 2014), ist auch für hochschuldidaktische Ansätze bedeutsam, die zunehmend eine digitale Dimension synergetisch in ihre Lehr-/Lernsettings sowie theoretischen Überlegungen integrieren (müssen).

> Für eine hochschuldidaktische Vermittlung des medialen Wandels des wissenschaftlichen Feldes hin zu einer digital asierten e-Science lässt sich synergetisch auf den Ansatz eines forschenden Lernens mit digitalen Medien zurückgreifen.

> Jedes Forschungsprojekt durchläuft einen Prozess der Ideenfindung, der Informationsbeschaffung oder der Publikation der Ergebnisse, und jedes Lehrprojekt beinhaltet Prozesse der Vermittlung von Fachwissen oder der Reflexion. Zur Bewältigung der Prozesse werden digitale Medien massenhaft eingesetzt und bei den Abläufen werden massenhaft digitale Objekte generiert. Auch Kommunikationsprozesse und der Zugang zu Materialien verlaufen digital. Der Transfer vom Forschungskontext in ein forschungsorientiertes Studium und umgekehrt muss daher ebenso auf digitalem Weg verlaufen (Seiler-Schiedt 2013, S. 269).

Schulte, Keil und Oberhoff (2011) arbeiten heraus, „dass es vielfältige Synergien zwischen den Bereichen E-Learning und E-Science gibt" (Schulte, Keil & Oberhoff 2011, S. 89). Seiler-Schiedt betont in diesem Kontext, „dass die Nutzung der IT, die Produktion digitaler Objekte in den Lern- und Forschungsprozessen analysiert werden muss" (Seiler-Schiedt 2013, S. 270), damit Synergien zwischen forschendem Lernen und „digitaler Wissenschaft" hergestellt werden können. Auch Reinmann (2010) attestiert

> digitalen Medien zunächst einmal ein großes Potenzial, die Umsetzung forschenden Lernens zu ermöglichen oder zu erleichtern [...] Gleichzeitig aber stehen den neuen Optionen noch *keine* didaktischen Konzepte, oft auch *keine* didaktischen Kompetenzen seitens der Lehrenden gegenüber, um mit den damit einhergehenden Anforderungen an die Lernenden angemessen umzugehen (Reinmann 2010, S. 8, Hervh. im Original).

Hofhues, Mayrberger & Ranner (2011) problematisiert in Bezug auf hochschuldidaktische Konzepte, die sich mit dem forschenden Lernen auseinandersetzen, einen Mangel an der Einbindung von e-Medien: „In solchen didaktischen Szenarien spielen digitale Medien, also alle Formen elektronischer Medien (von Web-2.0-Tools über Learning-Management-Systeme), nur eine untergeordnete Rolle" (Hofhues, Mayrberger & Ranner 2011, S. 210; vgl. auch Reinmann 2011, S. 292).

Aus der Perspektive der Didaktik als Handlungswissenschaft stellt sich die Aufgabe, wie eine synergetische Verknüpfung von digital gestützter Wissenschaft und forschendem Lernen geleistet werden kann: „Langfristig ist die Frage interessant, inwieweit sich die Forschung und Lehre bzw. genauer die technische Unterstützung von Wissensarbeit beim Forschen und beim Lernen wechselseitig beeinflussen und eventuell sogar bestimmte Kernfunktionen konvergieren können" (Schulte, Keil & Oberhoff 2011, S. 82).

Es ergibt sich die hochschuldidaktische Herausforderung, Studierende im Sinne des forschenden Lernens handlungs- und produktionsorientiert einzubinden und es im Zuge dessen den Studierenden zu ermöglichen, eine akademische Medienkompetenz zu erarbeiten, die auch einen souveränen Umgang mit den neuen Formen der digital gestützten Wissenschaftskommunikation beinhaltet.

Diese didaktische Herausforderung wird zusätzlich dadurch erschwert, dass der mediale Wandel stets neue Innovationen evoziert, die analytisch aufgearbeitet und für die Hochschuldidaktik nutzbar gemacht werden müssen.

3.2   Vom Web 2.0 zum e-Learning 2.0

Um mit diesen Herausforderungen angemessen umzugehen, bietet sich aus e-didaktischer Perspektive der Ansatz des „e-Learning 2.0" als Mittlerfunktion zwischen einem didaktisierten Umgang mit Web 2.0 Medien und e-Science an. Das e-Learning 2.0 fokussiert programmatisch ein handlungs- und produktionsorientiertes Lernen mit Web 2.0 Medien (u.a. Blogs, Wikis, Podcasts), die auch für die digitale Wissenschaftspraxis genutzt werden. Diese Argumentation soll im Folgenden weiter entfaltet werden.

Die Didaktisierungsstrategien des e-Learning 2.0 weisen durch ihre konstruktivistisch fundierte Handlungs- sowie Produktionsorientierung Schnittflächen mit dem forschenden Lernen auf, so dass ein forschendes Lernen mit digitalen Medien als eine synergistische Zusammenführung beider Lernansätze verstanden werden kann. Hieran anschließend wird die folgende Argumentationskette iterativ aus verschiedenen Perspektiven entfaltet:

- Forschendes Lernen wie e-Learning 2.0 basieren auf einem konstruktivistischen Verständnis von Lernen und sind handlungs- sowie produktionsorientiert ausgerichtet.
- Forschendes Lernen wie e-Learning 2.0 können als situiertes Lernen verstanden werden.
- Beide Ansätze aktualisieren durch ihre handlungs- und produktionsorientierte Lernerzentrierung mehr oder weniger explizit bildungstheoretische Aspekte.

> • Diese Überschneidungen ermöglichen die Entwicklung eines Modells für ein forschendes Lernens mit digitalen Medien.

Zur Unterfütterung der These, dass forschendes Lernen auf die didaktischen Ansätze des e-Learning 2.0 zurückgreifen kann, um vor dem Hintergrund des medialen Wandels des wissenschaftlichen Feldes ein forschendes Lernen mit digitalen Medien zu realisieren, wird im Folgenden eingehender das Modell des „e-Learning 2.0" vorgestellt. Hierbei werden

- der Begriff des Web 2.0 sowie

- der Ansatz des e-Learning 2.0 und dessen lernerzentrierte Handlungs- und Produktionsorientierung dargestellt.

- Anhand des Konnektivismus wird die lerntheoretische Fundierung sowie

- bildungstheoretische Relevanz des e-Learning 2.0 diskutiert.

3.2.1   e-Learning 2.0

Durch die technischen Möglichkeiten, die unter anderem durch User Generated Content (UGC) Anwendungen „den Konsumenten" zum „Produzenten" von Webinhalten werden lassen (vgl. Gaiser 2008), wird das Internet zu einer „Informations- Kommunikationsplattform, auf der die Nutzer selbst aktiv die Inhalte und Informationen mitgestalten und erstellen" (Lehr 2012, S. 47) können. Diese Veränderungen des Internets werden konzeptionell mit dem Begriff „Web 2.0" aufgearbeitet. Die Bezeichnung „Web 2.0" wurde unter anderem durch O'Reilly (2006) populär und lässt sich nach O'Reilly darüber charakterisieren, dass das Internet sich zunehmend als Informations- und Kommunikationsplattform über kollaborative Prozesse etabliert (vgl. dazu auch eingehender Grell & Rau 2011). „Die Technologien des Web 2.0 bieten [...] Lösungen, die neben erweiterten Interaktionsmöglichkeiten auch mehr Unabhängigkeit und Kreativität der Beteiligten erlauben" (Hochmuth et al. 2009, S. 247).

Auch wenn eine erschöpfende und letztgültige begriffsanalytische Fassung des Web 2.0 kaum möglich ist (vgl. Lehr 2012, S. 48), lässt sich mit Bezug auf Arnold et al. (2011) ein technisch basierter Kommunikationswandel als signifikantes Merkmal von Web 2.0 Anwendungen ausmachen: „Das Netz wandelt sich vom ‚Ich zum Wir'" (Arnold et al. 2011, S. 66). Diese kollaborativen Prozesse, die potentiell vom „Ich zum Wir" führen können, gründen vor allem auf Anwendungen, die es ermöglichen, Inhalte über das Internet verhältnismäßig leicht zu generieren, zu publizieren, zu rezipieren sowie zu kommentieren (zum Zusammenhang zwischen Social Software und Web 2.0 vgl. Gaiser 2008):

„Social software offers the opportunity to narrow the divide between producers and consumers. Consumers themselves become producers, through creating and sharing" (Atwell 2007, S. 1).[3]

Kommunikationsprozesse verlaufen im Web 2.0 nicht mehr einseitig, sondern sind, mittels der niedrigschwelligen Nutzung von Web 2.0 Anwendungen, nach allen Kommunikationskanälen hin offen; Inhalt kann generiert und sogleich kommentiert werden. Derart wird die Dichotomie (aktiver) Sender/(passiver) Empfänger dynamisiert: „In a nutshell, what was happening was that the Web was shifting from being a medium, in which information was transmitted and consumed, into being a platform, in which content was created, shared, remixed, repurposed, and passed along" (Downes 2005, para. 21). Wenn beispielsweise ein Blogeintrag intensiv diskutiert wird, so kann ein Kommentar zum ursprünglichen Beitrag das Verhältnis Sender-Empfänger umkehren oder der Kommentar Ursprung anderer Diskussionen werden, da beispielsweise Kommentare zu diesem Kommentar verfasst werden.

Lehr (2012) arbeitet heraus, dass „die zentralen Eigenschaften des Web 2.0 […] allerdings nicht rein technischer Natur" (Lehr 2012, S. 48) sind, sondern „das Zusammenwirken mehrerer sozialer und technologischer Strömungen und Tools [darstellen, d.V.], welche eine veränderte Grundauffassung des Internets implizieren" (Lehr 2012, S. 48). Auch Downes betont die tiefgreifende soziale Bedeutung des Web 2.0, wenn er festhält: „For all this technology, what is important to recognize is that the emergence of the Web 2.0 is not a technological revolution, it is a social revolution" (Downes 2005, para. 24).

Ein Schritt auf dem Weg, die sozialen Strömungen, die das Internet verändern, analytisch aufzuarbeiten, kann durch eine Referenz auf medientheoretische Bezüge geleistet werden.

Es gilt u.a. aus medientheoretischer Perspektive das Konzept des „Massenmediums", das darüber definiert ist, unidirektional mit einer Botschaft eine „Masse an Rezipienten" anzusprechen, vor dem Hintergrund des Web 2.0 zugunsten einer *polydirektionalen* Fassung aufzugeben.

---

3   „Kooperative Arbeits- und Lernformen" zeichnen sich durch einen hohen Grad an *Arbeitsteilung* aus. Arbeitspakete werden in der Gruppe vor dem Hintergrund eines gemeinsamen Zieles aufgeteilt. „Kollaborative Arbeits- und Lernformen" weisen dagegen einen hohen Grad an *Zusammenarbeit* auf. Die Arbeitsschritte werden in unterstützender Interaktion durchlaufen und Ergebnisse zusammen erarbeitet (vgl. dazu auch Laal & Laal 2011).

Die soziale Dimension der technologischen Veränderungen des Internets liegt in der Freilegung des partizipativen Potenzials des Web 2.0: „Entscheidend scheint die veränderte Rolle der Nutzer im Web 2.0, die nicht mehr nur Nachfrager einer Leistung sind, sondern aktiv zu deren Erstellung beitragen" (Lehr 2012, S. 48).

Die medialen Veränderungen, welche die Struktur des Internets tiefgreifend verändert haben, stellen auch das e-Learning, also das Lehren und Lernen mit digital gestützten Medien vor Herausforderungen.

Mit Bezug auf die partizipative Nutzerfreundlichkeit und das polydirektionale Kommunikationspotenzial, die das Web 2.0 konstitutiv auszeichnet, wird die Frage nach einer adäquaten Didaktisierung, einer angemessenen lernparadigmatischen Fundierung virulent, die mit dem Ansatz des e-Learning 2.0 beantwortet wird. „e-Learning 2.0" zeichnet sich aus didaktischer Perspektive dadurch aus, dass Lernende im Sinne handlungs- sowie produktionsorientierter Ansätze Web 2.0 Medien für ihren Lernprozess nutzen und so Content produzieren.

Gaiser & Thillosen (2009) stellen heraus, dass e-learning 2.0 „als eine spezifische Form des E-Learning [an] handlungsorientierte Lehr-Lernansätze anschlussfähig" (Gaiser & Thillosen 2009, S. 193) ist und „die Werkzeuge des E-Learning 2.0" (ebd.) den lerntheoretischen Akzentsetzungen konstruktivistischen Idealvorstellungen eher entsprechen „als etwa die vergleichsweise starre und standardisierte Welt der Lernmanagementsysteme der ersten Generation" (ebd.).

Die paradigmatische Änderung, die das e-Learning 2.0 gegenüber einem „e-Learning 1.0" zu bewirken mag, veranschaulichen Kalz et al. (2007) mit einer Gegenüberstellung zwischen institutionell gebundenen Learning-Management-Plattformen (LMS) wie Moodle, Blackboard oder Stud.IP und den handlungs- sowie produktionsorientierten Ansätzen des e-Learning 2.0. Kalz et al. (2007) sehen dabei den Vorteil von Web 2.0 Anwendungen in Lehr-/Lernszenarien ge-genüber Learning-Management-Systemen (LMS) darin, dass LMS primär im Sinne einer „Übertragungspädagogik" zu begreifen sind. Nach Katz et al. (2007) stehen bei LMS eine „Distribution" der Lerninhalte im Vordergrund. Dabei wird die handlungs- und produktionsorientierte Einbindung der Lernenden vernachläs-sigt (vgl. Kalz et al. 2007, S. 182), die durch eine didaktische Einbindung von Web 2.0 Medien möglich wird (vgl. auch Dittler et al. 2007). In seinem Artikel von 2005, in dem das Konzept des e-Learning 2.0 entfaltet wird, weist Downes darauf hin, dass die medialen Transformationen des Internets didaktisch aufgear-beitet werden müssen:

> In the future it will be more widely recognized that the learning comes not from the design of learning content but in how it is used. Most e-learning theorists are

already there, and are exploring how learning content-whether professionally au-
thored or created by students can be used as the basis for learning activities ra-
ther than the conduit for learning content (Downes 2005, para. 37).

Downes verweist auf den Zusammenhang von „Produktinnovation" und „Pro-
zessinnovation", den es aus didaktischer Perspektive herauszuarbeiten gilt. Die
Interdependenz zwischen Lernen und den Nutzungsmöglichkeiten eines Lern-
mediums als Präfiguration für dessen Didaktisierung wird auch von Kalz et al.
(2007) betont: „Auch wenn die Nutzung einer Lerntechnologie mehr vom didaktischen Konzept als von den eingesetzten Medien abhängt, ist Technologie
für Lehr- und Lernzwecke niemals didaktisch neutral" (Kalz et al. 2007, S. 82).
Es stellt sich die Frage nach einer angemessenen Ausdifferenzierung des
e-Learning 2.0.

Mit Bezug auf Lehr (2012), der die partizipativen Nutzungsmöglichkeiten des
Web 2.0 hervorhebt, durch welche die Grenze zwischen „Produzent" und „Rezipient" verschwimmt, lässt sich festhalten, „dass das didaktische Konzept des
handlungsorientierten Unterrichts potenziell einen besonders hohen Mehrwert
durch den Einsatz von Web 2.0 erfahren kann" (Lehr 2012, S. 48 f.).

Bereits 2001 haben Bauer und Philippi auf die Notwendigkeit hingewiesen,
dass im Zuge der Implementierung von e-Learning auch eine (Re-)Definition von
Lernen bzw. Lernprozessen zu leisten ist: „Denn Technologie ist nur die eine
Seite von E-Learning; ein neues Verständnis von Lernen ist die andere" (Bauer &
Philippi 2001, S. 23). Durch das e-Learning 2.0 ist ein solches neues Verständnis
für das e-Learning auf didaktischer Ebene erarbeitet worden. Rau und Grell
(2001, S. 6) erstellen im Anschluss an Grosseck eine Übersicht über die Einsatzmöglichkeiten von Web 2.0 Medien, die eine Spezifierung von Einsatzmöglichkeiten von Web 2.0 Medien im Sinne des e-Learnings 2.0 darstellt. Diese Übersicht wurde hier mit leichten Modifikationen und Erweiterungen nachgebaut und
soll als grobes Orientierungsraster dienen, um Nutzungsstrategien von Web 2.0
Medien für Lehr-/Lernszenarien zu entwickeln.

Web 2.0 Medien	Einsatzmöglichkeiten in Bildungskontexten
Blogs	Schriftliche Darstellungen eigener Ideen und Überlegungen bieten eine Basis für Reflektionen und Rückmeldungen von Lehrenden und Lernenden. Einsatz als Web 2.0 basierte Lernplattform. Hinaustreten aus dem universitären Schonraum und Hineinwirken in die „echte Welt", z.B. durch eigene Blogs bzw. Wissenschaftsblogs. Wechselseitiges Kommentieren (z.B. konstruktives Feedback) ermöglicht den Aufbau von Peer-Netzwerken zur aktiven Wissensgenerierung.

Wikis	Gemeinsames Arbeiten an Ideen und gemeinsames Strukturieren von Texten, Materialien und Quellen. Gestaltung einer Umgebung für Peer Feedback.
Microblogging-Tools wie Twitter	Knappe Hinweise und Rückmeldungen an Studierende, die konkrete Denkanstöße liefern können. Initiieren ergänzender Diskussionen im virtuellen Raum. Vernetzung von Studierenden, die z.B. das Austauschen von Literaturhinweisen ermöglichen. Dem Microblog eines Experten oder einer Expertin folgen, um schrittweise professionelle Netzwerkverbindungen aufzubauen.
Sharing-Plattformen wie Slideshare (z. B. Videos, Fotos, Vortragsfolien)	Annotieren und Kommentieren von Materialien, die in Lehrveranstaltungen verwendet wurden. Einstellen von Präsentationen und Texten im Anschluss an Seminararbeiten, um Feedback auch von einer sogenannten „authentic audience" aus der ganzen Welt zu erhalten. „Sharing" von Material bzw. Nutzung bestehender Materialien
Social Bookmarking-Tools wie Diigolet	Kooperative Form der Recherche und des wechselseitigen Mitteilens relevanter Informationen. Annotieren und Kommentieren der Quellen. Identifizieren von Personen und Gruppen, die ähnliche Interessen verfolgen.
Kollaborative Schreibtools wie Etherpad, Google Drive und Authorea	Kollaboratives Verfassen von Texten. Plattform für digital basierte kollaborative Austauschprozesse.

Tabelle 3.1: Tabellarische Übersicht über die Einsatzmöglichkeiten von Web 2.0 Medien (angelehnt an Rau und Grell 2011, S. 6).

3.2.2   e-Learning 2.0 zwischen Konstruktivismus und Konnektivismus

Gemäß der Lernerzentrierung, dem ein konstruktivistisches Verständnis von Lernprozessen zugrunde liegt, ist die partizipative Dimension relevant. Diese partizipative Dimension manifestiert sich konkret in den handlungs- und produktionsorientierten didaktischen Designs. Aus lerntheoretischer Perspektive lassen sich handlungs- sowie produktionsorientierte Lehr-/Lernansätzen bzw. didaktische Strategien als konstruktivistische Lernprozesse verstehen.

Konstruktivistische Ansätze haben zu einer grundlegend veränderten Sichtweise auf medienbasierte Lehrangebote und die Rolle der digitalen Medien geführt. Lehrangebote dienen nicht wie beim Instruktionsdesign der Vermittlung klar definierter Inhalte, für die es erforderlich ist, Lernziele und eingesetzte Methoden vorab seitens der Lehrenden vollständig zu bestimmen. Konstruktivistisch gestal-

tete Lehrangebote bilden vielmehr Lernumgebungen, in denen Lernende sich
prinzipiell selbst gesteuert und handelnd mit ihrer Umwelt auseinanderzusetzen.
(Arnold 2005, S. 10)

Auch Mason und Rennie (2010) weisen auf die Verzahnung zwischen konstruktivistischen Lernparadigmen und Web 2.0 Technologie hin: „Many researchers consider that course design based on constructivist theories of learning is highly compatible with the use of Web 2.0 tools" (Mason & Rennie 2010,
S. 98). Gaiser (2008) arbeitet heraus, dass e-Learning 2.0 im Kontext konstruktivistischer Ansätze zu verorten ist und dass eine konstruktivistische Lernkultur
im Bildungsraum Universität etabliert werden muss.

> Abschließend kann bei Sichtung der Literatur und Betrachtung des State of the
> Art im E-Learning gegenwärtig kein Bedarf an einer Reformierung der Lernkul-
> tur bzw. des akzeptierten Lernparadigmas festgestellt werden, vielmehr müsste
> der Wandel zum konstruktivistischen Modell in der Hochschullehre zumindest in
> groben Zügen überhaupt einmal ernsthaft vollzogen werden. (Gaiser 2008, S. 7)

3.2.3   Konnektivismus als Lerntheorie für „the Digital Age"

Eine Ausprägung des konstruktivistischen Lernverständnisses stellt der von
Siemens (2004) entwickelte Ansatz des Konnektivismus dar, der den Anspruch
erhebt „[a] Learning Theory for the Digital Age" (Siemens 2004) zu sein.

> Behaviorism, cognitivism, and constructivism are the three broad learning theo-
> ries most often utilized in the creation of instructional environments. These theo-
> ries, however, were developed in a time when learning was not impacted through
> technology. Over the last twenty years, technology has reorganized how we live,
> how we communicate, and how we learn. Learning needs and theories that de-
> scribe learning principles and processes, should be reflective of underlying
> social environments. (Siemens 2004, S. 1)

Ausgehend von der Prämisse, dass ein epistemologisches Merkmal konstruktivistischer Ansätze darin besteht, Wissensgenerierungsprozesse als Konstrukti-
onsprozess zu deuten, wird Siemens Ansatz hier als eine Ausprägung konstruktivistischer lerntheoretischer Überlegungen für das „digital Age" definiert und
nicht als eigenständige Lerntheorie kategorisiert. Dass der Konnektivismus
einem konstruktivistischen Verständnis von Lernen verpflichtet ist, zeigt sich an
den Prämissen, die gemäß Siemens den Konnektivismus definieren und zugleich die erkenntniskritische epistemologische Denkfigur konstruktivistischen
Denkens (vgl. exempl. Siebert 1998) aktualisieren. Zu den Prämissen des
Konnektivismus zählen laut Siemens (2004) u.a.

- das sinnvolle Verbinden von Wissensformationen – „Learning is a
  process of connecting specialized nodes or information sources"
  (Siemens 2004, S. 5)

- sowie ein Verständnis von Erarbeiten von Handlungskompetenz als Lernprozess. Hierbei wird Handeln durch die digitale Informationsdichte und damit bedingte verstärkte Multiperspektivität auf Phänomene erschwert. Viele Informationen ermöglichen differierende interpretatorische Verständniszugänge zu einem Phänomen: „Decision-making is itself a learning process. Choosing what to learn and the meaning of incoming information is seen through the lens of a shifting reality. While there is a right answer now, it may be wrong tomorrow due to alterations in the information climate affecting the decision" (Siemens 2004, S. 5).

Beide Prämissen bestimmen den/die Lernende/n durch eine Eigenaktivität, im Zuge derer Wissen, auch ausgedrückt in dem Entwickeln und Anwenden von Handlungsstrategien, generiert wird bzw. das Individuum zwischen verschiedene Wissensformationen Sinnzusammenhänge herstellt („Learning is a process of connecting specialized nodes or information sources", Siemens 2004, S. 5). Beide Prämissen lassen sich als (Re-)Formulierungen bzw. Ausdifferenzierungen von Konstruktionsprozessen verstehen.

Als eine Ausdifferenzierung konstruktivistischer Ansätze ermöglicht der Konnektivismus eine lerntheoretische Konzeptionalisierung des Bildungsangebots digitaler Medien. Ein Fokus des Konnektivismus liegt demnach auf den dezentralen Möglichkeiten, die das „Digital Age" bzw. die Anwendungen von Web 2.0 Medien ermöglichen.

„Die Philosophie des Web 2.0, die das gemeinschaftliche Erstellen von beispielsweise Umgebungen wie Wikis und Foren hervorgebracht hat, unterstützt diverse Facetten des Konnektivismus." (Grünewald et al. 2013, S. 145) Der Lernende hat die Möglichkeit, an verschiedenen Lerngemeinschaften (z.B. in Wikis, Moocs, Chatrooms etc.) anzudocken und Wissen zu generieren. Durch digitale Endgeräte und Social Softwares wird es möglich, an verschiedene digitale Lernangebote für das eigene Lernen anzuknüpfen: „In Connectivism, learning occurs when a learner connects to a learning community and feeds information into it" (Sahin 2012, S. 442). Aus epistemologischer Perspektive sieht der Konnektivismus im aktiv lernende Individuum die erkennende Instanz; „The starting point of connectivism is the individual" (Siemens 2004, S. 6). Der Konnektivismus beschreibt dabei die

> Freiheit der Lernenden, sich den Inhalt über eigene Lernpfade zu erschließen. Der Lernprozess entsteht durch das aktive Herstellen von Verknüpfungen zwischen inhaltlichen, technischen und sozialen Ressourcen. Er basiert demnach auf dem kreativen sozialen Austausch über Themen, die die Teilnehmer selber beeinflussen können (Grünewald et al. 2013, S. 144).

> Der Konnektivismus lässt sich als eine Ausdifferenzierung des konstruktivis-
> tischen Lernverständnisses vor dem Hintergrund der medialen Veränderun-
> gen des „digital Age" verstehen, der sich auch in der Etablierung von Web
> 2.0 Medien manifestiert (vgl. dazu auch Ravenscroft 2011).

But this is precisely where there is a harmonious join because connectivism, with
its deliberate focus on the here-and-now reality of how digital networks support
new forms of connections, social relations, and dialogue, provides a sociotech-
nical frame or set of creative constraints within which contemporary social constructivist activities occur. (Ravenscroft 2011, S. 144)

> Der Konnektivismus ermöglicht es, Interaktionsprozesse zu beschreiben, die
> durch Web 2.0 Medien eröffnet werden. Hieraus lassen sich didaktische Prä-
> missen für den Einsatz digitaler Medien ableiten.

Um diese Ableitung von didaktischen Prämissen leisten zu können, wird vorab
die Verortung von e-didaktischen Überlegungen in Bildungsräumen diskutiert,
die verstärkt durch digitale Medien geprägt sind. Im Folgenden wird die These
entfaltet, dass e-Didaktik vor dem Hintergrund des medialen Wandels und den
Möglichkeiten des e- bzw. Online-Learning in einer allgemeinen Didaktik auf-
geht, die synergetisch auf die Ansätze des Konnektivismus zurückgreifen kann
und derart ein zeitgemäßes Lernen mit digitalen Medien ermöglicht. Mit Bezug
auf diese These wird es möglich, die konkreten Einsatzmöglichkeiten eines
forschenden Lernens mit digitalen Medien zu entwickeln.

3.3 Didaktik anstatt e-Didaktik

Downes formulierte 2005 in einem gleichnamigen Artikel den Ansatz eines
e-Learning 2.0 und 2004 veröffentlichte Siemens den Artikel *Connectivism: A
Learning Theory for the Digital Age*, mit dem der Konnektivismus als Lerntheorie für das digitale Zeitalter ausgerufen wurde. Seitdem setzte sich der anhal-
tende mediale Wandel fort. So gelangte beispielsweise 2007 das erste iPhone in
den Verkauf. Zu der Zeit, als die Artikel von Downes und Siemens 2005 bzw.
2004 erschienen, war das Smartphone, dessen Popularität, Verbreitung und
Lernpotenzial noch nicht abzusehen. Der digitale Wandel ist ein Transformati-
onsprozess, der anhält. Wird sich die Smartwatch durchsetzen und Google Glas-
ses doch noch marktfähig? Wird es in Zukunft eine Apple- und/oder Google-
Car geben? Diese anhaltenden tiefgreifenden Änderungen stellen auch e-didaktische Herausforderungen dar. Reinmann (2011) weist auf die Schwierigkeit
hin, mit dem medialen Wandel auf didaktischer, konzeptioneller Ebene mitzu-
halten: „Dem rasanten Wandel auf dem Sektor der digitalen Medien hinkt die
E-Learning Forschung fast immer hinterher" (Reinmann 2011, S. 298). Es stellt
sich die Frage, wie zukünftig mediale Neuerungen und digitale Endgeräte unsere Leben mit dem Internet weiter verändern werden (vgl. Kergel 2013b). Wie

kann in Theorie und Praxis aus e-didaktischer Perspektive diesen Wandlungen entsprochen werden? Diese letztgenannte Fragestellung steht im Fokus des folgenden Unterkapitels.

3.3.1   Virtueller Raum, materieller Raum oder Augmented Reality?

Vor dem Hintergrund der anhaltenden medialen Veränderung wird aus didaktischer Perspektive die Frage virulent, wie Lernen mit digitalen Medien angesichts der medialen Veränderungen zu verstehen ist. Es gibt wiederholt e-didaktische Ansätze, diese Veränderungen aufzuarbeiten, wie beispielsweise der Ansatz der „Personal Learning Environments" (vgl. Attwel 2007; Kergel 2013c). Aufgrund der alltäglichen (mobilen) Einbindung von digitalen Medien lässt sich weniger von einem virtuellen Raum ausgehen, der dichotom zur stofflich-physikalischen Welt zu begreifen ist und über digitale Medien zugänglich wird. Vielmehr können digitale Medien als Teil der stofflich-physikalischen Welt begriffen werden. Dass sich digitale Medien in unseren Alltag in der stofflich-physikalischen Welt eingeschrieben haben, zeigt sich auch darin, dass das Internet mittels des technischen Fortschritts zunehmenden zum Begleiter in der stofflich-physikalischen Welt wird. Die JIM-Studie von 2014 stellt heraus, dass das Internet längst mobil geworden ist und die meisten Jugendlichen nicht vom Heim-PC, sondern via Smartphone „online gehen":

> Betrachtet man die Nutzungswege des Internets, so stehen im Jahr 2014 erstmals Handy bzw. Smartphone an der Spitze. 86 Prozent der Jugendlichen, die in den letzten 14 Tagen vor der Befragung das Internet genutzt haben, taten dies mit einem mobilen Telefon. Damit werden Computer bzw. Laptop auf den zweiten Rang verwiesen, „nur" 82 Prozent nutzten diesen „traditionellen" Weg. Nahezu eine Verdoppelung erlebt das Tablet, das inzwischen für ein Fünftel eine Option zur Online-Nutzung darstellt (Feierabend, Plankenhorn & Rathgeb 2014, S. 24).

Wenn die virtuelle Welt durch das Smartphone jederzeit zugänglich ist und z.B. via Fotos, Videos, Kommentare das Geschehen in der stofflich-materiellen Welt digital dokumentiert/präsentiert werden, stellt sich die Frage, ob eine dichotome Trennung vom materiellen und virtuellem Raum auf begrifflicher Ebene dem tatsächlichen Nutzungsverhalten der Nutzer/innen entspricht.

3.3.2   Medialisierung anstatt Medium; Augmented Reality anstatt virtuellem Raum

3.3.2.1   *Mediale Struktur von Phänomenen vs. Medium*

Die These, dass eine Trennung zwischen einem stofflich-physikalischen und einem virtuellen Raum nicht der Komplexität der Mediennutzung entspricht, lässt sich auch anhand einer kritischen Auseinandersetzung mit dem Medienbegriff herausarbeiten. In diesem Zusammenhang spricht Palm (2004) von einem „begrifflichen Chaos, das der Begriff ‚Medium' auslöst" (Palm 2004, S. 49). Diesem Chaos, so Palm weiter, „könnte man dadurch entkommen, dass man ihm [dem Medienbegriff, d.V.] jede kategoriale Bedeutung jenseits seiner diffusen Verwendung für bestimmte technische Verbreitungsinstrumente abspricht" (Palm 2004, S. 49). Mit der Verabschiedung des Medienbegriffs erodiert die Trennung zwischen Medieninhalt und Medienform, eher gehen diese ineinander auf. Diese These lässt sich mit Bezug auf Kants Ansatz konstruktivistischer Epistemologie begründen. Anstatt das Medium als „Ding an sich" zu analysieren und im Zuge dessen zwischen Medieninhalt und -form zu differenzieren, kann eine phänomenologische Perspektive auf das Medium eingenommen werden, wodurch Medienform und Medieninhalt einander konstituieren. Diese medientheoretische Überlegung soll im Folgenden begründet werden.

Im Sinne des konstruktivistischen Ansatzes kann keine ontologische Letztbegründung vom Wesen der Dinge geleistet werden, da dieses Wesen der menschlichen Erkenntnis nicht zugänglich ist. Diesen Aspekt fasst Kant mit dem Begriff des „Ding an sich" (Kant 1956, S. B341ff., A284ff.). Die Existenz von dem Wesen der Dinge bzw. einem „Ding an sich" stellt aus der subjektzentrierten Erkenntnistheorie Kants eine nicht verifizierbare Hypothese dar:

> Denn, wenn wir von allen Bedingungen der Anschauung abstrahiert haben, so bleibt uns freilich im bloßen Begriffe nichts übrig, als das Innere überhaupt, und das Verhältnis desselben untereinander, wodurch allein das Äußere möglich ist. Diese Notwendigkeit aber, die sich allein auf Abstraktion gründet, findet nicht bei den Dingen statt, sofern sie in der Anschauung mit solchen Bestimmungen gegeben werden, die bloße Verhältnisse ausdrücken, ohne etwas Inneres zum Grunde zu haben, darum, weil sie nicht Dinge an sich selbst, sondern lediglich Erscheinungen sind (Kant 1956, S. B341f., A284f.).

Die Anschauung der Außenwelt wird durch Erkenntnisleistungen des Subjekts strukturiert. Im Prozess der Auseinandersetzung mit „dem Außen" werden Erkenntnisobjekte von dem erkennenden Subjekt durch ihr „Außerhalb-des-Subjekts-Seins" konstituiert:

> Die Fähigkeit (Rezeptivität), Vorstellungen durch die Art, wie wir von Gegenständen affiziert werden, heißt Sinnlichkeit. Vermittelst der Sinnlichkeit also werden uns Gegenstände gegeben, und sie allein liefert uns Anschauungen; durch den Verstand aber werden sie gedacht, und von ihm entspringen Begriffe (Kant 1956, S. B33, A19).

Im Sinne konstruktivistischer Erkenntnistheorie werden Außenwelt und damit Erkenntnisobjekte begrifflich konstituiert. Aus dieser Perspektive lässt sich das Medium nicht als „Ding an sich" fassen, das unerkennbar Informationen übermittelt.

> Es stellt sich eher die Frage, wie sich *das Medium als etwas Erscheinendes* analysieren und begrifflich fassen lässt? Auf diese Frage ließe sich entgegnen, dass sich das Medium in der spezifischen Struktur des Inhalts manifestiert und aus dieser Perspektive den Analysen zur Medienstruktur zugänglich ist.

Mersch spricht in diesem Kontext von einem „Paradox des Medialen" (Mersch 2006, S. 226). Dieses Paradox besteht laut Mersch darin, dass das „Verschwinden des Medialen im Erscheinen" (Mersch 2006, S. 226) liegt.

> Hinter der Wahrnehmung von Inhalten wird oftmals die mediale Form nicht bewusst wahrgenommen, die den Inhalt im Sinne McLuhans These „The media is the message" konstitutiv mit definiert.

Der Ansatz, dass in der Inhalt-Form-Verknüpfung von Phänomenen ein Zugang zu der Analyse der medialen Struktur von Phänomenen liegt, soll im Folgenden an einem Beispiel festgemacht werden:

> Wird ein Shakespeare Stück im Theater angesehen, ergibt sich ein anderer Eindruck, ein anderes Erleben und eine andere phänomenale Struktur des Stücks/ Inhalts, als wenn das Stück als Hörbuch rezipiert, als Film angesehen oder selbst gespielt wird. Das Theaterstück als solches wiederum existiert in der performativen (Re-)Produktion, die jeweils medial gebunden ist und so *das* jeweilige Shakespearestück und dessen Inhalt als solches erst konstituiert und auf diese Weise (re-)produziert. Zugleich, und dies ist ein weiterer zentraler Punkt, definiert die mediale Strukturierung von Phänomenen auch die Positionierung des Subjekts. Als Theaterzuschauer wird das Shakespearestück anders wahrgenommen, als bei der Einstudierung und Aufführung des Theaterstücks.

Exemplarisch lässt sich der Einfluss der medialen Struktur an dem Leitmedium der Gutenberggalaxie – dem Buch – festmachen:

> Das Buch als solches kann nur gedruckt, und damit Studierenden und Wissenschaftlern zugänglich gemacht werden, also Teil der Kommunikation werden, weil es Verlage gibt, die Bücher drucken und in Umlauf bringen, sowie Buchhandlungen und Bibliotheken, über die die Bücher verbreitet werden. Dies ist der technische Pol des Mediums (Schwalbe 2011, S. 130).

Das Buch als unidirektionales Medium trennt zwischen „Autor" und „Leser". Die Rollen sind klar zwischen „Rezipient" und „Produzent" bzw. „Mitteilendem" und „Aufnehmenden" verteilt. Auch im wissenschaftlichen Feld manifestiert sich diese Rollenaufteilung. Sichtbar wird dies, wenn der „wissenschaftliche Autor" „dem Rezipienten" mittels einer Publikationen seine Forschungserkenntnisse kommuniziert. Web 2.0 Medien eröffnen aufgrund ihrer polydirektionalen Struktur alternative Kommunikationsräume und Interaktionsprozesse – auch im wissenschaftlichen Feld. So kann in einem Wiki-Eintrag „der Leser" aufgrund der Polydirektionalität von Wikis problemlos die Rolle des „(Ko-)

Autors" einnehmen. Die Veränderungen von medialen Möglichkeiten und sozialen Beziehungen schlägt sich auch in den Möglichkeiten didaktischer Strategien wider, wie die Diskussion um ein e-Learning 2.0 paradigmatisch zeigt. So erstellen Sharples et al. (2005) eine Parallelisierung von einem „neuen" lernerzentrierten Lernverständnis und „neuen" Technologien. Diese Parallelisierung zeigt auf, wie partizipative Lernstrategien durch die partizipative, polydirektionale Struktur digitaler Medien ihre mediale Entsprechung finden.

New Learning	New Technology
Personalised	Personal
Learner centred	User centred
Situated	Mobile
Collaborative	Networked
Ubiquitous	Ubiquitous
Lifelong	Durable

Tabelle 3.2: Konvergenz zwischen Lernen und Technologie
nach Sharples et al. 2005, S. 4.

3.3.2.2   Medialisierung

Aus konstruktivistischer Perspektive lässt sich davon ausgehen, dass keine außermedialen Zustände existieren. Vielmehr sind Erkenntnisprozesse – im Sinne konstruktivistischer Erkenntnisprozesse – stets medial gebunden, da Phänomene erkannt werden und diese konstitutiv eine mediale Struktur aufweisen (vgl. dazu auch Mersch 2006). Vor dem Hintergrund dieser medientheoretischen Überlegungen ermöglichen digitale Medien eine neue, erweiterte Form von Erkenntnis.

Digitale Medien sind in der stofflich-physikalischen Welt eingelagert bzw. erweitern diese (vgl. Abbildung *3.2*). Das Subjekt ist dabei nicht in verschiedenen medialen Erkenntnisräumen, wie dem virtuellem Raum und der stofflich-physikalischen Welt eingebunden. Vielmehr gibt es eine Vielzahl an möglichen medial gebundenen Wirklichkeitserfahrungen, die den Erkenntnisprozess signifikant mit strukturieren.

Gerade die virtuellen Spannungen, die Medien in unserer Welterschließung entfalten, sind kein Mangel, sondern die Chance, die Wirklichkeit offen zu halten. Insofern könnte man den Begriff einer „augmented reality", einer angereicherten

Wirklichkeit durch virtuelle Überblendungen unserer primären Wahrnehmung in Gegen- und Alternativentwürfen als die gewöhnliche Kondition unseres Mediengebrauchs ansehen (Palm 2004, S. 50).

Abbildung 3.2: Augmented-Reality-App *Wikitude* auf einem Smartphone (https://de.wikipedia.org/wiki/Erweiterte_Realität, zugegriffen am 12.10.2015).

„Augmented Reality" lässt sich mit dem Begriff der „erweiterten Realität" übersetzen und kann als Erweiterung der Realitätswahrnehmung durch mediale Innovationen begriffen werden. So sorgte auch die Kutsche, die Eisenbahn, der Fernseher, Telegrafen und Telefon jeweils für medial bedingte Erweiterungen der Realitätswahrnehmung. Abbildung 3.2 zeigt eine digtale Erweiterung anhand einer auf dem Smartphone installierten Augmented-Reality-App. Diese bildet – wie bei dem Vorgang des Fotografierens – das Objekt ab. Zu dem in den Fokus genommenen Objekt treten nun computergenerierte Informationen hinzu.

Um diesen Prozess des erweiterten Erkenntnisraumes durch verschiedene mediale Strukturen angemessen begrifflich aufzuarbeiten, schlägt Hug (2012) vor, von (digitalen) Medialisierungsprozessen auszugehen. Der Begriff „Medialisierungsprozess" ermöglicht ein „Zusammendenken von Prozessen und Prozessresultaten" (Hug 2012, S. 33, Hug verweist auf die verschiedenen analytischen Zugänge von Medialisierungsprozessen, vgl. Hug 2012, S. 36), bei denen auch verschiedene Medialisierungsdimensionen ineinander übergehen.

Zusammenfassend lässt sich festhalten, dass eine klare Definition des Medienbegriffs durch die Analyse von der medialen Struktur phänomenologischer Erkenntnisprozesse substituiert wird. In Konsequenz lässt sich bei der Analyse der medialen Dimension von Wirklichkeitserfahrungen und Erkenntnisleistungen von Medialisierungsprozessen ausgehen. Diese Medialisierungsprozesse vollziehen sich in einer Augmented Reality.

Der letzte Aspekt wird nochmals im Folgenden Abschnitt näher beleuchtet.

3.3.2.3   Augmented Reality

Phänomenen ist eine mediale Struktur zu eigen, die die Strukturierung der Phänomenalität signifikant mitdefiniert. Digitale Medien vermögen neue medial strukturierte Phänomene wie Facebook zu evozieren und die Wirklichkeitserfahrung zu erweitern. Ausgehend von der Autoreferentialität konstruktivistischer Erkenntnistheorie (das Subjekt ist Agens von Erkenntnis) lässt sich ein Erkenntnisraum annehmen, den das jeweilige erkennende Subjekt im sozialen Kontext aufspannt. Dieser Erkenntnisraum kann konzeptionell als ein „multimedialer Raum"[4] verstanden werden, da verschiedene Phänomene mit medialen Strukturen zeitgleich das Subjekt affizieren können: Das Individuum kann zeitgleich in der Bahn sitzen, mit dem Smartphone via WhatsApp chatten, dabei Musik hören oder über einen Tablet-PC einen Film ansehen. Aus einer konstruktivistischen Perspektive ist das Individuum nicht zugleich in einer virtuellen und stofflich-physikalischen Welt eingebunden. Vielmehr werden verschiedene Medialisierungsprozesse zeitgleich moderiert. Im Anschluss an Hug lässt sich hier von vermischten „Medienpraxen" (Hug 2012, S. 35) sprechen, Hug verweist in diesem Kontext auf die „Vermischung von Medienaktivitäten mit anderen Aktivitäten [...] so kann der Aufbau und die Kommunikation von Wissen erheblich verändert werden, wenn zum Beispiel in Face-to-Face-Sitzungskontexten entscheidende Hinweise über SMS-Kontakte ins Spiel kommen" (Hug 2012, S. 35).

Digitale Endgeräte oder Social Softwares sind im stofflich-physikalischen Raum eingebunden und folglich als mediales Element dieses Raumes zu analysieren. Konzeptionell lässt sich hier auf das Modell „digital erweiterte Wirklichkeit" bzw. „Augmented Reality" rekurrieren. Analytisch lässt sich u.a. zwischen einer „technischen" und „semiotischen Dimension" dieser Augmented Reality differenzieren. Specht, Kalz & Börner (2013) thematisieren die technische Dimension der Augmented Reality, wenn sie festhalten:

> Augmented Reality oder erweiterte Realität ist eine relativ neue Technologie, die es ermöglicht, das aktuelle Wahrnehmungsfeld von Benutzenden durch digitale Medien und Zusatzinformationen zu ergänzen. Insbesondere durch die Entwicklungen bei Smartphones in den letzten Jahren ist es mittlerweile möglich, Anwendungen für Mobile Augmented Reality für Endnutzer ohne besondere An-

---

4   Ein konstitutiv strukturbildendes Prinzip von Möglichkeit menschlicher Erkenntnis, von Kant als eine spezifische Form des a priori beurteilt – „ob es ein dergleichen von der Erfahrung und selbst von allen Eindrücken der Sinne unabhängiges Erkenntnis gebe. Man nennt solche Erkenntnisse a priori" (Kant 1956, S. 38) –, bildet der Raum: „Der Raum ist eine notwendige Vorstellung a priori, die allen äußeren Anschauungen zum Grunde liegt. Man kann sich niemals eine Vorstellung davon machen, daß kein Raum sei, ob man sich gleich ganz wohl denken kann, daß keine Gegenstände darin angetroffen werden" (Kant 1956, S. B38f., A24).

> forderungen an Hardware bereitzustellen [...] Im Wesentlichen nutzt Mobile Augmented Reality die in Smartphones eingebaute Sensorik wie Satellitenortung, digitaler Kompass, und Gyroscope, um den Nutzenden eine Auswahl von Informationen auf deren Endgerät zur Verfügung zu stellen (Specht, Kalz & Börner 2013, S. 62).

Der Einsatz digitaler Endgeräte ist nicht lediglich ein technisches, sondern auch ein soziales Phänomen. So dienen Social-Software-Anwendung wie Facebook oftmals zur Selbstartikulation und erfüllen damit eine soziale Funktion. Bei Jugendlichen steht dementsprechend Kommunikation mit 44% an der Spitze der „inhaltlichen Verteilung" der Internetnutzung (gefolgt von Unterhaltung [Musik, Videos, Bilder] mit 25%, Spiele [18 %] und Informationssuche [13 %], vgl. Jim Studie 2014, S. 26ff.). Die digital erweiterte Augmented Reality stellt eine medial und damit einhergehende *sozial* erweiterte Realität dar.

> An der Spitze der Kommunikationshandlungen steht Chatten dann auch an der Spitze der kommunikativen Tätigkeiten, 80 Prozent der Jugendlichen tauschen sich mindestens mehrmals pro Woche in Echtzeit mit anderen aus, die Nutzung von sozialen Netzwerken wie Facebook findet bei 62 Prozent regelmäßig statt. 41 Prozent kommunizieren mit dieser Häufigkeit per E-Mail, das internetbasierte Telefonieren bzw. Skypen nehmen 20 Prozent der Jugendlichen regelmäßig in Anspruch. (Feierabend, Plankenhorn & Rathgeb 2014, S. 26)

Das mobile Internet breitet sich via Smartphones, Smartwatches, Tablet-PCs etc. und die darauf installierten Apps aus und prägt zunehmend unsere alltägliche Kommunikation; es ist Bestandteil sozialer Interaktionen. Darin zeigt sich die soziale Bedeutung der digital erweiterten Realität bzw. der Augmented Reality.

3.3.3   Didaktik für eine Augmented Reality

Vor dem Hintergrund von Medialisierungsprozessen, die eine Augmented Reality mit konstituieren, stellt sich die Frage, ob die Trennung in Didaktik und e-Didaktik als sinnvoll erscheint.

> Löst das Modell einer Augmented Reality die Konzeption dichotomer Räume – wie den eines virtuellen Raumes und eines stofflich-physikalischen Raumes – ab, da es in Medialisierungsprozessen zu einer „Amalgation" (Hug 2012, S. 35) von „Medienaktivitäten mit anderen Aktivitäten" (ebd.) kommt, stellt sich die Frage, ob das gleiche nicht auch für die Unterscheidung zwischen einem e-Learning und einen präsentischen Lernen gilt.

Bezeichnet das „e" im e-Learning oftmals mehr oder weniger explizit ein Lernen mit digitalen Medien, signalisiert das „e" zugleich eine Differenz zu einem

– wie auch immer konkret gestalteten – Learning.[5] Diese Dichotomisierung, die das „e" metonymisch signalisiert, wird durch die obigen Überlegungen, die weg von einem Medienbegriff hin zu einer Analyse von Medialisierungsprozessen führen, in Frage gestellt. Eine Trennung zwischen einem e-Learning und einem Präsenzlernen, die maximal in Blended Learning Designs didaktisch aufeinandertreffen, erscheint aus dieser Perspektive als überholt.

> e-Learning und e-Didaktik gehen in einem Lehren und Lernen auf, dass synergetisch digitale Medien im Sinne einer „Vermischung von Medienaktivitäten" einsetzt und damit einer Lebenswelt der Lernenden gerecht wird, in welcher digitale Medien nicht aus einer stofflich-physikalischen Welt herauszulösen sind: „Considering the popularity and support of W/H devices with the student population, it would be foolish to ignore them in any learning environment" (Motiwalla 2007, S. 584).
>
> Mit Bezug auf diese Überlegungen ergibt sich die Konsequenz für didaktische Strategien, dass der didaktische Umgang mit Web 2.0 Medien nicht isoliert als e-Learning, sondern kontextspezifisch, „medienvermischt" einzusetzen ist.

Dies wird im Folgenden mit Bezug auf den Ansatz des „Mobile Learnings" herausgearbeitet.

3.3.3.1 Mobile Learning als konnektivistisches Lernen und situiertes Lernen

> Der Ansatz des Konnektivismus, Lernen als Verknüpfung von Wissensknoten zu verstehen – „Knowledge that resides in a database needs to be connected with the right people in the right context in order to be classified as learning" (Siemens 2004, S. 5) –, kann als Orientierungspunkt dienen, um die „vermischten Medienpraxen", die zu einer Augmented Reality führen, für formale Lernprozesse nutzbar zu machen.

Dass ein solches Verständnis einer Augmented Reality auch Herausforderungen für das Lernen und für Wissenschaft bedeutet, wird in e-didaktischen Diskussionen (mehr oder weniger) explizit thematisiert. So arbeiten Ansätze wie das „Mobile Learning" das Potenzial der Mobilität von digitalen Endgeräten und einer (zunehmenden) Ubiquität des Internets auf. Vor diesem Hintergrund plä-

---

5 Fischer verweist auf die Problematik, einer einheitlichen Begriffsklärung von e-Learning: „Über das Konzept ‚E-Learning' wird im Bildungsbereich seit vielen Jahren kontrovers diskutiert [...] Dabei ist die begriffliche Diskussionsgrundlage häufig unklar. Bei näherer Betrachtung wird jedoch eine grundlegende Gemeinsamkeit aller Definitionen des Begriffes E-Learning deutlich: die Verschmelzung von Bildungsprozessen mit digitalen Technologien" (Fischer 2014, S. 32).

diert de Witt (2013) für ein eigenständiges Verständnis eines „Mobile Learnings" jenseits des e-Learnings:

> Während E-Learning alle Formen des Lernens mit elektronischen oder digitalen Medien meint und Blended Learning für die Kombination von Online- und Präsenzlernen steht, bezeichnet Mobile Learning das Lernen und Informieren unterwegs mit portablen, mobilen Endgeräten, die einen sofortigen und direkten Zugriff auf Informationen und Wissen ermöglichen und zumeist vernetzt sind. Vor allem ist Mobile Learning dabei zeit- und ortsunabhängig (de Witt 2013, S. 15).

De Witt aktualisiert ein Verständnis von Lernen, das didaktisch mit einer Öffnung des Raumes einhergeht und spätestens seit den Ansätzen der „Freinetpädagogik" in didaktischen Diskursen Tradition besitzt.[6]

Mobile Learning ermöglicht, Lernprozesse aus ihrer Situationseingebundenheit heraus zu verstehen und dafür adäquate didaktische Strategien zu entwickeln. Ein zentraler Punkt besteht darin, dass das Mobile Learning und dessen Akzent auf das mobile Potenzial – welches sich durch „Devices" wie Smartphones, Laptops, Smartwatches etc. ergibt – und eine digitale Verknüpfung mit nicht digitalen Lernsituationen ein situiertes Lernen ermöglicht, das der medialen komplexen Struktur einer Augmented Reality gerecht wird.

> [T]he rising interest in new learning spaces such as information commons, where wireless, mobile connectivity admits the full informatic range of the Internet into any niche or conversation. Older spaces take on new pedagogical meaning; for example, wireless cafes allow the full range of classwork to be deployed between a coffee and a bagel. (Bryan 2004, S. 62)

Aus dieser Perspektive kann „Mobile Learning" als ein didaktischer Ansatz verstanden werden, der es ermöglicht, konzeptionell die Vermischung verschiedener Medienpraxen aufzuarbeiten, die durch den medialen Wandel möglich werden. Diese Vermischung von Medienpraxen für formale Lernprozesse lässt sich wiederum mit Bezug auf den Konnektivismus als das Herstellen von Verknüpfungen verstehen (vgl. zum Mobile Learning und dessen Passung mit konstruktivistischen Ansätzen auch Mottiwalla 2007, S. 583).

---

6   Freinet verweist auf die Öffnung des Lernraumes hin zu der Lebenswelt von Kindern bzw. Lernenden. „Schon die Vorstellung von Schule ist von Anfang an ein Rückschritt und eine Bankrotterklärung. Die Schule nimmt das Kind nicht beim Herauskommen aus dem Elternhaus ab, in seiner Straße und auf den Feldern, um es zu unterrichten und ihm zu helfen, in der neuen Umgebung zu leben, wo es seine bildenden tastenden Versuche verfolgen soll. Mit dieser Sorge wirklicher Bildung befasst sich niemand." (Freinet 2000, S. 153) Diese Öffnung erscheint von der Diskussion informelles und akzidentelles Lernen in formelle Lernprozesse zu überführen.

„Neben den orts- und zeitunabhängigen Bildungsangeboten passt sich Mobile
Learning an den Nutzer, den Ort und die Umgebung an und sorgt für eine naht-
lose Kombination verschiedener Lernorte mit Hilfe mobiler Endgeräte und
drahtloser Netze" (de Witt 2013, S. 18). Augementet-Reality-Apps wie „Gogg-
les" ermöglichen es, im Museum bei Bedarf ein unbekanntes Bild zu identifizieren. In Diskussionen können relevante Sachinformationen umstandslos mit dem
Smartphone recherchiert werden. Wichtige Erkenntnisse und Literaturtipps
können über Microblogging-Tools wie Twitter umstandslos anderen Lernenden
mitgeteilt werden (vgl. dazu auch Ravenscroft 2011, S. 149). Gemäß des Ansatzes des Mobile Learnings

> können die portablen und vernetzten Endgeräte als Informationsquelle (z.B. zur
> Navigation, für einen Zugriff auf Wissensdatenbanken), Kommunikationsmedi-
> um (z.B. zum Austausch mit anderen Lernenden) und kognitives Werkzeug (im
> Sinne der Produktion und des Austausches von Notizen, Fotos, Videos oder
> Mind Maps etc.) dienen (de Witt 2013, S. 18).

> Mobile Learning lässt sich daher als ein Lernen begreifen, welches vor dem
> Hintergrund des Konnektivismus die Öffnung des Lernraums zum Prinzip
> erhebt und – wie das forschende Lernen – ein situatives Lernen darstellt

> Die Möglichkeit, situativ bzw. kontextualisiert zu lernen, ist wichtiger geworden
> als die mittlerweile selbstverständliche permanente Netzanbindung. Neben dem
> orts- und zeitunabhängigen Zugang zu Bildungsangeboten passt sich Mobile
> Learning an den Nutzer, den Ort und die Umgebung an und sorgt für eine nahtlo-
> se Kombination verschiedener Lernorte mit Hilfe mobiler Endgeräte und draht-
> loser Netze (de Witt 2013, S. 18).

> Zusammenfassend lässt sich festhalten, dass sich das Mobile Learning als
> konsequente Weiterentwicklung der lernerzentrierten Ansätze des e-Learning
> 2.0 in einer Augmented Reality hinein verstehen lässt.
>   Der/die Lerner/in, der/die gemäß des Ansatzes des e-Learning 2.0 anhand
> von Web 2.0 Medien handlungs- sowie produktionsorientiert lernt, wird im
> Ansatz des „Mobile Learnings" und unter dem Gesichtspunkt der Bildungs-
> potenziale vermischter Medienpraxen ein/e Lerner/in der/die *in* und *mit* einer
> Augmented Reality lernt. In diesem Kontext erweist sich der Ansatz des
> „Mobile Learnings", der lerntheoretisch mit dem Konnektivismus aufgearbei-
> tet werden kann, anschlussfähig an den Ansatz des „forschenden Lernens",
> der sich auch durch seinen Bedarf eines Feldzuganges als ein situiertes Ler-
> nen verstehen lässt.

So kann beispielsweise ein Interview zur Datengenerierung im forschenden
Lernen mit einem mobilen Endgerät wie einem Smartphone „on the road" aufgenommen und gleich in der „Cloud" gesichert und Mit-Forschenden zugänglich gemacht werden. Mit dem gleichen „Device" ist es möglich, unterwegs

Weblogeinträge zu verfassen, dazu passende Bilder und Videos aufzunehmen und hochzuladen. Dass diese digital bedingten, mobilen Möglichkeiten des Forschens auch im wissenschaftlichen Feld virulent sind, zeigt sich exemplarisch darin, dass u.a. für MaxQDA (eine Software für qualitative Datenanalye) eine Smartphone-App entwickelt, die diese Funktionen an MaxQDA koppelt.

> Forschendes Lernen mit digitalen Medien lässt sich als eine spezifische Form des situierten Lernens fassen und kann als eine Ausdifferenzierung des Mobile Learnings verstanden werden. Aus didaktischer Perspektive ergibt sich die Frage, wie die Möglichkeiten eines Mobile Learnings mit – aber nicht nur – digitalen Medien mobil (forschend) zu lernen, didaktisch ausgestaltet werden kann.

Hier geben, flankierend zu den theoretisch-konzeptionellen Überlegungen, Best Practice Beispiele über die konkreten Gestaltungsmöglichkeiten und Einsatzszenarien (vgl. exempl. de Witt & Sieber 2013) des Mobile Learnings Auskunft. In der theoretischen Diskussion und in der didaktischen Entwicklung von Best Practice Ansätzen erscheint bislang die Diskussion des forschenden Lernens – als eine spezifische Form des Mobile Learnings – als ein Desiderat in der Auseinandersetzung über die Möglichkeiten und Grenzen eines forschenden Lernens mit digitalen Medien bzw. Mobile Learnings. Im Folgenden soll daher diskutiert werden, wie ein forschendes Lernen mit digitalen Medien als eine hochschuldidaktische Ausdifferenzierung des Mobile Learnings vor dem Hintergrund von „e-Science" – also einer zunehmenden Ausweitung der Wissenschaft in die digitale Welt – verstanden werden kann.

3.3.3.2   Forschendes Lernen mit digitalen Medien im Sinne des Mobile Learnings

Vor dem Hintergrund des „rasenden Stillstandes" medialer Veränderungen (also einer Veränderung, die durch permanente technische Innovationen – als jüngstes Beispiel sei „Google Cardboard" genannt – als Veränderungen gar nicht mehr wahrgenommen werden) erscheint es aus hochschuldidaktischer Perspektive als relevant, didaktische Strategien des Mobile Learnings nicht auf ein Ansammeln von Best-Practice-Beispielen zu reduzieren. Eher stellt sich die Frage, wie konkrete Orientierungspunkte bzw. Leitlinien einer epistemologisch fundierten didaktischen Strategie entwickelt werden können, um Mobile-Learning-Strategien zu konzeptionalisieren. Gerade im Bildungsraum Universität bietet sich hier der Rückgriff auf ein bildungstheoretisch fundiertes, konstruktivistisch ausgerichtetes Verständnis des forschenden Lernens mit digitalen Medien an.

Das forschende Lernen stellt ein Lernverständnis dar, das epistemologisch fundiert eine Öffnung des Lernraumes bedarf und – wie Reinmann (2010) herausgearbeitet hat – sich als situiertes Lernen verstehen lässt. Durch ein forschendes Lernen mit digitalen Medien im Sinne des Mobile Learnings wird ein Möglichkeitsraum für eine sinnvolle, emanzipative Nutzung digitaler Medien eröffnet, im Rahmen dessen eine akademische zeitgemäße Medienkompetenz ausgebildet werden kann. Dies setzt wiedrum voraus, dass digitale Medien gemäß den Möglichkeiten und Praktiken von e-Science eingesetzt werden.

Reinmann (2011) weist darauf hin, dass die „Projektorientierte[n], praxisorientierte[n] und soziale[n] *Arbeitsformen* für forschendes, genetisches und kritisches Lernen, wie sie bereits 1970 in der BAK-Schrift empfohlen wurden" (Reinmann 2011, S. 298, Hrvh. im Original) durch kollaborative Arbeitsformen, die durch digitale Medien (z.B. Social Softwares) gestützt werden, medial erweitert werden können:

> Individuelle und kollektive Arbeitsergebnisse von Studierenden können wir heute leichter sichtbar machen: Einfach handzuhabende Content-Management-Systeme ermöglichen jedem Web-Nutzer, ohne Programmierkenntnisse eigene Inhalte zu publizieren. Pioniere auf dem Sektor des E-Learning an den Hochschulen experimentieren hierzu mit Wikis, Blogs, Podcasts oder Videoportalen (Reinmann 2011, S. 297).

Im gegenwärtigen Selbstverständigungsdiskurs des wissenschaftlichen Feldes wird die intersubjektive Dynamik kollektiver Wissensproduktion durch digitale Medien verstärkt thematisiert. So verweist Schiefner (2011) mit Bezug auf den Bildungsraum Universität darauf, dass „Social Software zum einen in der Lehre, zum anderen in der Forschung zur Lösung von Problemen eingesetzt werden" (Schiefner 2011, S. 319) kann, bei denen es „um Ko-Orientierung und kollektive Intelligenz, Partizipation und Dynamisierung, Interaktion und Kommunikation" (ebd.) geht.

Die kollaborative Dimension des forschenden Lernens wird durch Schreibtools wie „Authorea" oder „Google Drive" zu einer digital gestützten kollaborativen Wissensproduktion. Exemplarisch lässt sich der kollaborative Aspekt im wissenschaftlichen Arbeiten via digitaler Medien anhand von Wikis skizzieren: Die polydirektionale Ausrichtung von Wikis liefert die mediale Grundlage für ein kollaboratives Arbeiten und damit für eine digital gestützte, kollaborative Praxis der Wissensgenerierung, die Wissen, z.B. in der Diskussion von Wikipedia-Artikeln, erkenntniskritisch hinterfragt. Derart findet die Offenheit bzw. Unabgeschlossenheit wissenschaftlicher Erkenntnis ihre mediale Verankerung.

Dass die Form der kollaborativen Wissensgenerierung bereits Realität ist, lässt sich paradigmatisch anhand von Wikipedia-Artikeln ablesen, beispielsweise wenn Hinweise gegeben werden, dass ein Artikel wegen ungenauer Quellenangabe überarbeitet werden muss. Durch das kommunikative Potenzial digitaler Medien wird es möglich, dass sich „die Akteure in allen Phasen des forschenden Lernprozesses mit anderen Forschenden und Lernenden vernetzt[en]" (Muckel & Kergel 2014, S. 14).

Die Polydirektionalität von Web 2.0 Medien und die didaktischen Ansätze des e-Learning 2.0, die es ermöglichen, ein solches Offenlegen als einen erkenntnisgenerierenden Dialog im Sinne konstruktivistischer Ansätze zu strukturieren, entspricht der kollaborativen Dimension, die digital gestütztes Forschen zumindest potenziell zu eigen ist. Durch die Öffnung des Lernraumes, die forschendem Lernen inhärent ist (z.B. durch ein Lernen im Feld), kann forschendes Lernen im Sinne des Mobile Learnings kontextualisiert werden. Web 2.0-basierte Medien bieten die Möglichkeit, Lehr-/Lernprozesse räumlich wie zeitlich zu flexibilisieren und zu dezentralisieren.

Mit Bezug auf Reinmann (2010) lässt sich forschendes Lernen aufgrund der Notwendigkeit des Feldzuganges als situiertes Lernen zu verstehen. Dieses forschende Lernen stellt in Hinblick auf das Modell einer Augmented Reality ein situiertes Lernen mit digitalen Medien dar und kann als eine Ausdifferenzierung des Mobile Learnings angesehen werden.

Vor diesem Hintergrund ist es für ein gelingendes forschendes Lernen mit digitalen Medien entscheidend,
- digitale Medien integrativ im Forschungsfeld einzusetzen (z.B. Dokumentation mit Ton- und Filmaufnahmen durch Smartphones) und/oder
- die einzelnen Phasen zu dokumentieren (z.B. auf einem Blog, der die Ergebnisse des forschenden Lernens abbildet).

Diese Vernetzungen forcieren den kommunikativen Charakter des forschenden Lernens und ermöglichen ein dezentrales, lernerzentriertes forschendes Lernen. Durch diese Vernetzungen tragen die Akteure ihrerseits dazu bei „die Lern-/Forschungsressourcen und Lernschritte offenzulegen" (Muckel & Kergel 2014, S. 14).

3.4   Didaktisches Rahmenmodell für forschendes Lernen mit digitalen Medien

Um vor dem Hintergrund der theoretischen Überlegungen die Möglichkeiten für ein forschendes Lernen mit digitalen Medien zu konkretisieren und derart für didaktische Umsetzungen übertragbar zu machen,

- wurde das bereits vorgestellte didaktische Rahmenmodell mit dem
- didaktischen Potenzial von Web 2.0 Medien, das in der an Rau und Grell anknüpfenden Übersicht (vgl. Tabelle *3.1*) vorgestellt wurde,

zusammengeführt (vgl. Tabelle *3.3*). Diese Modifikation des didaktischen Rahmenmodells wird im Folgenden kurz erläutert.

Die verschiedenen Phasen und Stufen charakterisieren Lernertätigkeiten des forschenden Lernens, die im Sinne der von Sharples et al. (2005) erarbeiteten Parallelisierung von „New Learning" und „New Technology" durch eines gezielten Einsatzes von Web 2.0 Medien passgenau digital unterstützt werden können. Um eine solche passgenaue Unterstützung zu leisten, wird bei der Zuordnung von Web 2.0 Medien zu den einzelnen Stufen des forschenden Lernens davon ausgegangen, dass sich der Einsatz von Web 2.0 Medien zwischen den Polen „strukturierend-rezeptiv" bis hin zu „offen-selbstgesteuert" kategorisieren lässt. Bei dieser Kategorisierung wird die mediale Struktur der jeweiligen Web 2.0 Medien und eine daraus resultierende, an die mediale Struktur angepasste, Didaktisierung berücksichtigt. So können beispielsweise Wikis aufgrund ihrer medialen Struktur tendenziell für das Anlegen von Begriffsklärungen und Einführungen in das jeweilige Forschungsfeld eingesetzt werden. Dies geschieht vor allem stark gesteuert in der Phase A (heuristische Phase) auf der Stufe 1 (eingeschränktes forschendes Lernen) des forschenden Lernens.

> *Heuristische Phase (A):* Studierende entwickeln ein Erkenntnisinteresse und formulieren eine eigene Fragestellung bzw. Forschungsfrage.
> *Stufe 1 der Phase A:* Studierende geben Antworten auf vorgegebene Fragen, definieren Begriffe etc., die in einem Forschungsfeld bzw. in einem Forschungsprojekt wichtig sind. Studierende nutzen eine vorgegebene Struktur, um diese Fragen zu beantworten.

Für diese vorgeschlagenen didaktischen Orientierungspunkte eignen sich tendenziell eher Web 2.0 Medien, die eine starke Vorstrukturierung von Interaktionsprozessen aufweisen, wie z.B. Wikis, Chatrooms und weniger Schreibtools wie Google Drive, die ein freies Feld zum Schreiben vorgeben. Daher wurden im Rahmenmodell mit dem Anstieg des Grades des selbstgesteuerten Lernens auch Web 2.0 Medien den einzelnen Stufen zugeordnet, die von der medialen Grundstruktur tendenziell stärker einen selbstgesteuerten Umgang einfordern bzw. weniger eine spezifisch handlungsleitende Vorstrukturierung besitzen.

Diese Zuordnung ist allerdings als unvollständig, provisorisch und stark schematisierend zu verstehen, da z.B. der Einsatz von Web 2.0 Medien dekonstruiert werden kann. So lässt sich beispielsweise ein WordPress-Blog als Wiki-Tool einsetzen. Eine solche Kategorisierung wird auch in Hinblick auf die Polyvalenz digitaler Medien prekär. So kann Twitter als Debattiertool (Phase 1, Stufe 2) oder zur Vernetzung einer Forschungsgemeinschaft – z.B. via eines gemeinsamen, veranstaltungsspezifischen „Hashtags" – Stufen- und phasenübergreifend einge-

setzt werden. Die Legitimierung einer solchen Schematisierung ergibt sich wiederum – trotz dieser Nachteile und Einschränkungen – aus dem heuristischen Zugang zu den Didaktisierungspotenzialen von Web 2.0 Medien für das forschende
Lernen, der durch dieses Modell möglich wird. Mit der Zunahme der Anforderungen des selbstgesteuerten Lernens auf den jeweiligen Stufen empfiehlt es sich
generell, sukzessive die didaktischen Vorgaben für den Einsatz von Web 2.0 Medien zu vermindern.

Die Überlegungen zu einer angemessenen didaktischen Strategie für den Einsatz von Web 2.0 Medien im forschenden Lernen besitzt vor allem vor dem Hintergrund der tatsächlichen Nutzung von Web 2.0 Medien in und außerhalb formaler Bildungskontexte an Relevanz, wie im folgenden Abschnitt herausgearbeitet
wird.

Stufen des selbstgesteuerten Lernens →

Phasen des Forschungsprozesses →

	Stufe 1 (eingeschränktes forschendes Lernen)	Stufe 2 (angeleitetes forschendes Lernen)	Stufe 3 (vorstrukturiertes forschendes Lernen)	Stufe 4 (autonomes forschendes Lernen)	Stufe 5 (Offenes Forschen)
In jeder Phase und Stufe sollte nach Möglichkeit mittels digitaler Medien kollaborativ gearbeitet werden.	Stark strukturierende Vorgaben von Lehrperson für das studentische forschende Lernen.	Stark von Lehrperson eingegrenztes Themen- bzw. Forschungsfeld.	Strukturvorgaben ermöglichen ein selbstgesteuertes forschendes Lernen.	Studierende initiieren und bestimmen den Forschungsprozess und werden von der Lehrperson flexibel begleitet.	Selbstbestimmtes Forschen nach selbstgesetzten Zielvorgaben und Richtlinien.
A. Heuristische Phase Studierende entwickeln ein Erkenntnisinteresse und formulieren eine eigene Fragestellung bzw. Forschungsfrage.	Studierende geben Antworten auf vorgegebene Fragen, definieren Begriffe etc., die in einem Forschungsfeld/in einem Forschungsprojekt wichtig sind. Studierende nutzen eine gegebene Struktur, um diese Fragen zu beantworten. Digitale Medien: z.B. Wikis, Chat-Tools wie WhatsApp.	Studierende beantworten Fragestellungen, die diskursiv mit der Lehrperson entwickelt wurden. Studierende nutzen entweder eine vorgegebene Struktur, um diese Fragen zu beantworten oder entwickeln eine eigene Struktur, diese Fragen zu beantworten. Digitale Medien: z.B. Wikis, Chat-Tools wie WhatsApp oder „Debattiertools" wie Twitter.	Studierende generieren Fragen, die in einem Forschungsfeld/ in einem Forschungsprojekt wichtig sind. Studierende entwickeln eine eigene Struktur, diese Fragen zu beantworten. Digitale Medien: z.B. Wikis, Chat-Tools wie WhatsApp, kollaborative Schreibtools wie Google Drive, Authorea.	Studierende generieren selbst Forschungsfragen in einem vorgegebenen Themenfeld. Studierende entwickeln eine eigene Struktur, diese Fragen zu beantworten. Digitale Medien: z.B. Wikis, Chat-Tools wie WhatsApp, kollaborative Schreibtools wie Google Drive, Authorea.	Studierende generieren eigene Forschungsfragen in einem selbstgewählten Themenfeld. Digitale Medien: z.B. kollaborative Schreibtools, wie Google Drive. Authorea.
B. Forschungsdesign Auseinandersetzung mit einem erkenntnisangemessenen Forschungsdesign.	Studierenden erarbeiten sich ein Verständnis von einem vorgeschriebenen Forschungsdesign. Digitale Medien: z.B. Wikis, Chat-Tools wie WhatsApp. „Debattiertools" wie Twitter.	Studierende setzen sich mit den Vor- und Nachteilen mehrerer vorgeschriebener Forschungsdesigns auseinander. Digitale Medien: z.B. Wikis, kollaborative Schreibtools wie Google Drive, Authorea oder „Debattiertools" wie Twitter.	Studierende entscheiden sich für ein von mehreren zur Auswahl stehenden Forschungsdesigns und begründen diese Entscheidung. Digitale Medien: z.B. kollaborative Schreibtools wie Google Drive, Authorea.	Studierende generieren diskursiv mit der Lehrperson ein Forschungsdesign. Digitale Medien: z.B. kollaborative Schreibtools wie Google Drive, Authorea.	Studierenden entwickeln selbstständig und eigenverantwortlich ein Forschungsdesign. Digitale Medien: z.B. kollaborative Schreibtools wie Google Drive, Authorea.
C. Datenerhebung Studierende recherchieren bereits vorhandene Informationen/ Daten oder generieren eigene Daten.	Recherchieren von relevanten, bereits erhobenen Daten. Digitale Medien: wie Online Literatur-Datenbanken, Opendataportale wie opendata.europa.eu.	Studierende erheben mit einer vorgeschriebenen Methode aus einer vorgegebenen Quelle Daten. Digitale Medien: z.B. kollaborative Schreibtools wie Google Drive, Authorea, digitale Datenerhebungstools wie z.B. Limesurvey.	Studierende nutzen eine von mehreren zur Auswahl stehenden Methoden und erheben Daten aus einer vorgegebenen oder selbstgewählten Quelle. Digitale Medien: z.B. kollaborative Schreibtools wie Google Drive, Authorea, digitale Datenerhebungstools wie z.B. Limesurvey.	Studierende erheben in flexibler Begleitung der Lehrperson Daten. Digitale Medien: z.B. kollaborative Schreibtools wie Google Drive, Authorea, digitale Datenerhebungstools wie z.B. Limesurvey.	Studierenden erheben selbstständig und eigenverantwortlich Daten. Digitale Medien: z.B. kollaborative Schreibtools wie Google Drive, Authorea, digitale Datenerhebungstools wie z.B. Limesurvey.

Stufen des selbstgesteuerten Lernens →

Phasen des Forschungsprozesses →

Phasen des Forschungsprozesses	Stufe 1	Stufe 2	Stufe 3	Stufe 4	Stufe 5
D. Evaluierung & Reflexion Studierende unterziehen die Daten einer kritischen Analyse anhand wissenschaftlicher Qualitätsmerkmale (Objektivität, Reliabilität, Validität).	Studierende prüfen kritisch Daten / Informationen nach vorgegeben Kriterien. Digitale Medien: z.B. kollaborative Schreibtools wie Google Drive, Authorea oder „Debattiertools" wie Twitter.	Studierende prüfen kritisch Daten / Informationen nach Kriterien, die diskursiv mit der Lehrperson erarbeitet worden sind. Digitale Medien: z.B. kollaborative Schreibtools wie Google Drive, Authorea oder „Debattiertools" wie Twitter.	Studierende prüfen kritisch selbst erhobene Daten nach vorgegebenen Kriterien bzw. Kriterien, die diskursiv mit der Lehrperson erarbeitet worden sind. Digitale Medien: z.B. kollaborative Schreibtools wie Google Drive, Authorea.	Studierende prüfen kritisch selbst erhobene Daten nach Kriterien, die entweder diskursiv mit der Lehrperson erarbeitet worden oder selbst bestimmt worden sind. Digitale Medien: z.B. kollaborative Schreibtools wie Google Drive, Authorea oder „Debattiertools" wie Twitter.	Studierende prüfen kritisch selbst erhobene Daten nach selbst bestimmten Kriterien, die in Einklang mit den wissenschaftlichen Qualitätsmerkmalen stehen. Digitale Medien: z.B. kollaborative Schreibtools wie Google Drive, Authorea, digitale Datenerhebungstools wie z.B. Limesurvey.
E. Analyse & Synthese Analyse der Daten, in Bezug auf die Forschungsfrage. Generieren eines kohärenten, datenbasierten Wissens.	Analyse und Auswertung vorgegebener Daten nach vorgegebenen Auswertungsstrategien bzw. -kriterien mit tutorieller Begleitung bzw. Begleitung der Lehrperson. Digitale Medien: z.B. Wikis, Chat-Tools wie WhatsApp, kollaborative Schreibtools wie Google Drive, Authorea oder „Debattiertools" wie Twitter.	Analyse und Auswertung vorgegebener Daten / Informationen nach vorgegebenen Auswertungsstrategien bzw. - kriterien. Digitale Medien: z.B. Wikis, Chat-Tools wie WhatsApp, kollaborative Schreibtools wie Google Drive, Authorea oder „Debattiertools" wie Twitter.	Analyse und Auswertung eigener Daten / Informationen nach vorgegebenen Auswertungsstrategien bzw. - kriterien, oder nach Auswertungsstrategien bzw. - kriterien, die diskursiv zusammen mit der Lehrperson entwickelt worden sind. Digitale Medien: z.B. kollaborative Schreibtools wie Google Drive, Authorea, digitale Datenerhebungstools wie z.B. Limesurvey.	Analyse und Auswertung eigener Daten mit Bezug auf eine selbst entwickelte Forschungsfrage, Generierung von neuem Wissen. Digitale Medien: z.B. kollaborative Schreibtools wie Google Drive, Authorea, digitale Datenerhebungstools wie z.B. Limesurvey.	Analyse und Auswertung selbst erhobener Daten nach selbst gewählten bzw. selbst entwickelten Auswertungsstrategien. Generierung von neuem Wissen. Digitale Medien: z.B. kollaborative Schreibtools wie Google Drive, Authorea, digitale Datenerhebungstools wie z.B. Limesurvey.
F. Ergebnisse & Ergebnispräsentation Wie lassen sich die Ergebnisse verstehen? Welche Forschungsfragen könnten an diese Ergebnisse anschließen?	Studierende arbeiten sich in die Fachsprache ein, kennen und nutzen zentrale Fachbegriffe bei der Ergebnispräsentation. Digitale Medien: z.B. Wikis, Chat-Tools wie WhatsApp, kollaborative Schreibtools wie Google Drive, Authorea oder Präsentationstools wie Prezis oder Wissenschaftsblogs.	Studierende sind mit der Fachsprache vertraut und setzen sie bei der Ergebnispräsentation ein. Digitale Medien: z.B. Wikis, Chat-Tools wie WhatsApp, kollaborative Schreibtools wie Google Drive, Authorea oder Präsentationstools wie Prezis oder Wissenschaftsblogs.	Studierende sind mit der Fachsprache vertraut, setzen sie bei der Ergebnispräsentation ein und können Begriffe verstärkt in Bezug zueinander setzen. Digitale Medien: z.B. Wikis, Chat-Tools wie WhatsApp, kollaborative Schreibtools wie Google Drive, Authorea oder Präsentationstools wie Prezis oder Wissenschaftsblogs.	Studierende sind mit der Fachsprache vertraut und setzen sie bei der Ergebnispräsentation ein. Studierende sind in der Lage, die Fachsprache durch eigene, forschungsbasierte Begriffsbildungen produktiv weiter zu entwickeln. Digitale Medien: z.B. Wiki, Chat-Tools wie WhatsApp, kollaborative Schreibtools wie Google Drive, Authorea oder Präsentationstools wie Prezis oder Wissenschaftsblogs.	Studierende sind mit der Fachsprache vertraut und setzen sie bei der Ergebnispräsentation ein. Studierende sind in der Lage, die Fachsprache durch eigene, forschungsbasierte Begriffsbildungen produktiv weiter zuentwickeln. Studierende können paradigmenübergreifend ihre Ergebnisse vermitteln. Digitale Medien: z.B. Wikis, Chat-Tools wie WhatsApp, kollaborative Schreibtools wie Google Drive, Authorea oder Präsentationstools wie Prezis oder Wissenschaftsblogs.

Tabelle 3.3: *Didaktisches Rahmenmodell für forschendes Lernen mit digitalen Medien* (im Anschluss an Willison & O'Regan 2007 und Huber 2014, Sharples et al., 2005, eigene Darstellung).

3.5 e-Learning zwischen Ideal und Ist-Zustand

Die Parallelisierung zwischen „New Technology" und „New Learning", das
emanzipative Potenzial des e-Learnings 2.0, des Mobile Learnings und des forschenden Lernens, adressieren alle – mehr oder weniger explizit – die Idealvor-
stellung eines „selbstgesteuerten, partizipativ-emanzipativ orientierten Lerners".
Vor dem Hintergrund, dass Social Softwares bzw. Web 2.0 Medien v.a. unter
Studierenden eine starke Verbreitung erfahren haben, wie dies jüngst Zawacki-
Richter (2015) in einer breit angelegten Mediennutzungsstudie nachwies, erscheint die Überführung der Nutzung von Web 2.0 Medien in formale Lernkon-
texte als ein logischer Schritt. Die Möglichkeiten und Potenziale eines
e-Learning 2.0 sehen sich allerdings mit „Partizipationslücken" seitens der Studierenden konfrontiert, wie Rau und Grell (2011) anhand einer Metaanalyse von
Studien zum Einsatz von Web 2.0 Medien im hochschuldidaktischen Kontext
herausarbeiten: „Grenzen echter studentischer Partizipation oder [...] ‚Partizipationslücken' finden sich in den analysierten empirischen Arbeiten deutlich, trotz
der [...] Potenziale von Social Software" (Grell & Rau 2011, S. 16).

Ähnliche Tendenzen zeigen sich in der Hisbus-Studie von 2008 zum *Studieren
im Web 2.0*. Im Rahmen dieser Studie wird herausgearbeitet, dass zwar eine studentische Nutzung von Web 2.0 Medien zu konstatieren ist, diese Nutzung allerdings eher einen passiv-rezipierenden Charakter besitzt. Exemplarisch lässt sich
diese passiv-rezipierende Haltung gegenüber Web 2.0 Medien an der Nutzung
von Wikipedia veranschaulichen. So steht bei der Wikipedia

> in Bezug auf die Häufigkeit der Nutzung das Lesen von Artikeln eindeutig im
> Vordergrund (80 %). Demgegenüber werden bestehende Artikel nur sehr selten
> von Studierenden überarbeitet (77 % tun dies nie), und noch etwas geringer ist
> die Beteiligung an Diskussionen über Beiträge ausgeprägt (83 % sind hier inak-
> tiv). Weiterhin haben 85 % der studentischen Nutzer noch nie einen neuen Arti-
> kel beigesteuert, und 89 % sind noch nie in der Wikipedia-Community aktiv ge-
> wesen. Die aktive Beteiligung an der Fortentwicklung der Online-Enzyklopädie
> in der Studierendenschaft geht – nicht anders als die Beteiligung in anderen Be-
> zugsgruppen – mithin nur von einer kleinen Minderheit aus, während die Mehr-
> heit der Studierenden die verfügbaren Informationen nur rezipiert (Kleinmann,
> Özilic & Göcks 2008, S. 7).

Grell und Rau weisen darauf hin, dass diese passiv-rezipierenden Tendenzen
bzw. „Partizipationslücken" (Grell & Rau 2011, S. 16) im Hochschulraum nicht
auf den Bereich e-Learning verengt werden sollten:

> Es sind keine Phänomene, die erst durch die Verwendung von Social Software
> entstehen. Es zeigt sich jedoch, dass der Versuch, die Partizipationsgrade durch
> Social Software zu erhöhen, auch die Grenzen im Rahmen institutioneller Bil-
> dungsprozesse zumindest partiell offen legt (Grell & Rau 2011, S. 16).

Im Kontext dieser Problematisierung erweist sich der Rückgriff auf ein episte-mologisch fundiertes Verständnis von „dem Lerner" als relevant.

Eine konstruktivistische, bildungstheoretisch fundierte Fassung von „dem Lerner" geht im Sinne der Ambivalenz des Emanzipationsbegriffes davon aus, dass Partizipation *nicht gegeben* ist, sondern *erarbeitet* werden muss.

3.5.1   Didaktische Konsequenzen

Die Didaktisierung eines forschenden Lernens mit digitalen Medien, das sich mit den von Grell und Rau (2011) herausgearbeiteten Partizipationslücken auseinandersetzen muss, ist damit konfrontiert, bildungstheoretische Zielset-zungen auch im Umgang mit einer rezeptiv-passiven Haltungen von Lernen-den zu verfolgen.

In diesem Kontext wird der Aspekt relevant, forschendes Lernen weniger als eine Lehrtechnik im Sinne eines Instructional Designs und eher als eine *Er-kenntnisstrategie* Lernender sowie als eine didaktische *Bewusstseinshaltung* Lehrender zu verstehen.

Es entsteht die didaktische Herausforderung, eine partizipativ-emanzipative Bewusstseinshaltung seitens der Studierenden und ein konstruktivistisch-mäeutisches Selbstverständnis seitens der Lehrenden zu ermöglichen. Lehr-Lernszenarien eines forschenden Lernens mit digitalen Medien, die u.a. mit Bezug auf das didaktische Rahmenmodell entwickelt werden, bilden aus die-ser Perspektive einen Rahmen, um diese spezifischen Haltungen von Lehren-den und Lernenden, die forschendes Lernen auszeichnen, zu forcieren.

Neben dem Entwickeln eines Lehr-/Lernszenarios gilt es im kommunikativen Prozess des forschenden Lernens diese Haltungen zu realisieren, zu fördern und im Handlungsvollzug performativ zu (re-)produzieren. Hierfür wurden theorie-basiert und flankiert von eigenen Praxiserfahrungen im forschenden Lehren mit digitalen Medien *zwei Paradoxa*[7] formuliert, welche dabei helfen können, die theoriebasierte partizipativ-emanzipative Lernerhaltung und das konstruktivis-tisch-mäeutische Selbstverständnis seitens der Lehrenden in die Praxis umzu-setzen.

---

7   Ein Paradox ist eine Aussage, die einen (scheinbaren) nicht auflösbaren Wider-spruch formuliert.

3.5.1.1 Praxistransfer I: Die Rolle des Lerners oder „das Paradox der normativen Selbsttätigkeit"

Dieses Paradox formuliert verdichtet die These, dass studentische Selbsttätigkeit nicht erwartet werden kann, sondern im Zuge des Prozesses des forschenden Lernens *hergestellt* werden muss. Wie mit Bezug auf das von Hidi und Renninger (2006) entwickelte vier Phasen Modell des Interesses (vgl. *2.3.5.1 Intrinsische Motivation*) herausgearbeitet werden, kann v.a. in der heuristischen Phase des forschenden Lernens die intrinsische Motivation angeregt werden. Das Paradox formuliert eine „normative Selbsttätigkeit" als Erwartungshaltung des Lehrenden gegenüber den Studierenden, die die Studierenden als forschend Lernende in die Pflicht nimmt. Es gilt, Studierenden zu vermitteln, dass forschendes Lernen einen Prozess darstellt, den sie als Lernende performativ herstellen und dessen Struktur sie maßgeblich mit bestimmen.

Dieser Aspekt der emanzipativen Selbstbestimmung stößt in Bildungsinstitutionen wie Universitäten oder Schulen an hierarchische Grenzen, die sich beispielsweise in der Notengebung zeigen. In der Notengebung müssen die Studierenden die Beurteilung des Lernprozesses an die Instanz der benotenden Lehrperson abgeben. Um diesen Widerspruch zwischen Emanzipation und Beurteilungsautorität seitens der Lehrperson abzumildern, bietet es sich an, die Prüfungsleistungen formativ erstellen zu lassen. Die im Prozess des forschenden Lernens erarbeiteten Artefakte können in einem e-Portfolio dokumentiert werden. Solche formativen Prüfungsleistungen bilden zugleich den Erkenntnisprozess des forschenden Lernens ab und ermöglichen es, den Fokus weg von einem Produkt das benotet wird, hin auf den Erkenntnisprozess zu verlagern.

3.5.1.2 Praxistransfer II: Die Rolle des Lehrenden oder „das Paradox der unwissenden Lehrperson"

Das erste Paradox formuliert auch den Widerspruch eines selbstbestimmten Lernens in hierarchischen Beziehungen, wie sie in Bildungsinstitutionen wie Universitäten u.a. aufgrund des Akts der Benotung virulent sind. Das forschende Lernen dekonstruiert durch seinen lernerzentrierten Fokus diese Hierarchien. Dies wird auch an der Rolle erkennbar, die die Lehrperson im Prozess des forschenden Lernens einnimmt. Die Lehrperson in einem forschenden Lernszenario wird Mit-Forschende, die die Studierenden im Erkenntnisprozess beratend begleitet. Zugleich nimmt die Lehrperson die Rolle eines didaktischen Forschers oder einer didaktischen Forscherin ein, der/die die Offenheit des Forschungsprozesses sowie die Offenheit des digital gestützten Lernens akzeptiert. Es lassen sich zwar von der Lehrperson didaktische Rahmenbedingungen schaffen, die konkrete Ausgestaltungen der Lernprozesse ist aber gemäß konstruktivistischer Überlegungen offen und zu großen Teilen von dem/der Lernenden abhängig. Darüber hinaus kann die Lehrperson selbst einen forschend-evaluativen Blick auf das von ihm/ihr entwickelte Lehr-/Lerndesign einnehmen und didaktisch beispielsweise über die Wirkungen des forschenden Lernens forschen. Ansätze eines solchen forschend-evaluativen Blicks werden in den Ansätzen „Scholarship of Teaching" sowie „Design Based Research" aktualisiert und bilden nach Huber (vgl. Huber 2013a) noch ein Desiderat in der Arbeit zum forschenden Lernen (vgl. dazu auch Punkt *4.5 Von der Evaluation zum Design Based Research Ansatz*).

Vor dem Hintergrund, ein didaktisches Lernszenario für ein forschendes Lernen mit digitalen Medien zu entwickeln, welches den Rahmen bietet, die Erkenntnis- und Bewusstseinshaltungen zu realisieren, die ein forschendes Lernen auszeichnen, wurde im Rahmen des Teilprojektes *e-Science & e-Didaktik* des Qualitätspakt-Lehre-Projektes *FLiF (Forschungsbasiertes Lernen im Fokus)* an der Carl von Ossietzky Universität Oldenburg der „Seminarblog" (vgl. Heidkamp & Kergel 2014) entwickelt. Der Seminarblog wiederum bildet als Web 2.0-basiertes Learning-Management-System den Ausgangspunkt für die Durchführung von Pilotlehrveranstaltungen zu einem forschenden Lernen mit digitalen Medien. Im folgenden Abschnitt sollen im Sinne eines Praxistransfers der *Seminarblog (3.6)* und das *Das digitalbasierte, konstruktive Feedback für ein forschendes Lernen (3.8)* vorgestellt werden, um die Möglichkeiten einer theoriegeleiteten Umsetzung des forschenden Lernens mit digitalen Medien anhand von Didaktisierungsstrategien paradigmatisch aufzuzeigen.

3.6   Der Seminarblog

Vor dem Hintergrund der entwickelten theoretischen Überlegungen wurden im Zuge der konzeptionellen Arbeit des Teilprojektes *e-Science & e-Didaktik* Lehr-/Lerndesigns entwickelt, implementiert und evaluiert, welche die Prozesse des forschenden Lernens mit digitalen Medien im Sinne von e-Science erweitern sollen. Um die Lernprozesse für forschendes Lernen digital zu unterstützen, wurden ergänzend zu Stud.IP-Tools Web 2.0 Medien wie kollaborative Schreibtools (Google Drive, Etherpads und Padlets) oder Microbloggingtools wie Twitter eingesetzt. Eine zentrale Bedeutung kommt in diesem Kontext dem sogenannten „Seminarblog" zu. Dieser nimmt als Web-2.0-basiertes LMS und kollaboratives Entwicklungsportfolio eine Doppelfunktion ein und wird seit Wintersemester 2013/14 in verschiedene Lehrveranstaltungen implementiert und evaluiert.

> Der Seminarblog ...
> - ist WordPress-basiert,[8]
> - wird an der Carl von Ossietzky Universität Oldenburg gehostet (bereit gestellt)[9] und
> - ist nicht öffentlich zugänglich (in Rücksprache mit der Presseabteilung kann der Seminarblog aber jederzeit öffentlich geschaltet werden).
>
> Die Multifunktionalität des Seminarblogs ermöglicht es, ihn flexibel an die fachdidaktischen Anforderungen verschiedener wissenschaftlicher Disziplinen für ein forschendes Lernen mit digitalen Medien anzupassen.

Dementsprechend kamen seit dem Wintersemester 2013/14 bislang 38 Seminarblogs in unterschiedlichen Fachdisziplinen zum Einsatz.

3.6.1   Funktionen des Seminarblogs

Der Name „Seminarblog" wurde gewählt, um zu betonen, dass es sich hier um didaktisch aufbereitete, auf Lehr-/Lernprozesse zugeschnittene und veranstaltungsbezogene Blogs handelt.

> Der Seminarblog ...
> - dient der Dokumentation (Präsentation von Rechercheergebnissen, Zusammenfassungen, Mind-Maps etc. (vgl. Abbildung *3.4*) und
> - kann als Informationsquelle eingesetzt werden (so lassen sich z.B. Zusammenfassungen der letzten Sitzung oder Literaturtipps auf dem Blog darstellen; Videos und Power Points können in den Seminarblog eingebettet werden);
> - gibt Raum zur Reflexion von Arbeitsschritten und des Erkenntnisinteresses der Studierenden.

---

8   WordPress ist ein Open Source Produkt und wird von der Carl von Ossietzky Universität gehostet, d.h. das Tool wird kostenfrei zur Verfügung gestellt und die Universität Oldenburg betreibt dieses Tool auf seiner eigenen Hosting-Plattform. WordPress hat zwar auch eine eigene Hosting-Plattform, bei der sich jede/r kostenlos registrieren kann. Die Daten liegen in diesem Fall allerdings auf einem amerikanischen Server (dies ist an der URL erkennbar: https://wordpress.com/...).

9   Die Daten liegen auf dem Server der Carl von Ossietzky Universität Odenburg. Dies ist erkennbar an der URL, die immer mit „https://flif.uni-oldenburg.de/eportfolio/..." beginnt und am Ende den Pfad-Namen des erstellten Blogs trägt. „https" steht für „Hypertext Transfer Protocol Secure" – dies ist ein bedeutsamer Unterschied zu normalen „http-Webseiten", weil bei „https" alle Daten mit dem Zusatz „Secure" verschlüsselt an den jeweils anderen Computer gesendet werden (so funktioniert auch das sichere Online-Banking). Die „Domain" bzw. die Internetadresse lautet: „flif.uni-oldenburg.de", dies zeigt den Ort des Servers an.

Der Seminarblog ...

- bietet die Möglichkeit, auch andere Web 2.0 Medien wie Padlets oder Twitter einzubinden, so dass z.B. eine Twitterwall mit einem veranstaltungsspezifischen Hashtag abgebildet werden kann;
- dient als Organisationsplattform für Arbeitsprozesse (z.B. können mit einem „Milestone-Widget" Deadlines für konstruktives Feedback oder Ankündigungen organisiert werden).

Abbildung 3.3: Ein Seminarblog für forschendes Lernern mit digitalen Medien (https://flif.uni-oldenburg.dc/cportfolio/theorien-der-paedagogik/, nicht öffentlich).

Der Seminarblog entspricht dabei der Vision Downes (2005), als er die künftige Lernlandschaft eines e-Learning 2.0 skizzierte, das verschiedene Inhalte und Anwendungen integriert:

> The e-learning application, therefore, begins to look very much like a blogging tool. It represents one node in a web of content, connected to other nodes and content creation services used by other students [...] It becomes, indeed, not a single application, but a collection of interoperating applications – an environment rather than a system (Downes 2005, p. 33).

Downes konzeptionalisiert hier ein zeitgemäßes e-Learning in Raummetaphern („one node in a web of content, connected to other nodes and content creation services"). Diese Raummetapher lässt sich mit Bezug auf das Modell der „Augmented Reality" auch für die Beschreibung von didaktischen Designs im Mobile Learning nutzen, da dieses als situiertes Lernen ein Lernen mit starkem Raumbezug und Anknüpfung an verschiedenen Medialisierungspraxen darstellt. Als didaktisiertes Web 2.0-Medium ist der Seminarblog ein e-Learning-Tool, welches den Ansprüchen eines solchen „Mobile Learnings" gerecht wird und den Übergang zwischen bzw. eine Verknüpfung von digitalen Medien mit anderen „Medienpraxen" ermöglicht. So sind Studierende in der Arbeit mit dem Seminarblog oftmals aufgefordert, Artefakte und Ergebnisse ihres forschenden Lernens in den Seminarblog zu laden und diesen „on the road" als Organisationsplattform zu nutzen. So wird eine räumliche und zeitliche Dezentrierung der Lehre durch einen partizipativen Einsatz des Seminarblogs ermöglicht. Studierende werden mittels des Seminarblogs produktions- und handlungsorientiert eingebunden und können aus den unterschiedlichen Situationen des forschenden Lernens zeit- und ortsunabhängig auf ihn zurückgreifen.

Die Abbildung *3.3* zeigt einen Ausschnitt der Startseite des Seminarblogs der Lehrveranstaltung *„Theorien der Pädagogik. Zwischen Disziplin und Rebellion"*. Dieser Seminarblog weist die Struktur des Grunddesigns von Seminarblogs auf, die für Veranstaltungen eingesetzt werden, in denen forschend gelernt werden soll. Auf der horizontalen Ebene sind neben Informationen zu der Lehrveranstaltung auch die studentischen Forschungsteams abgebildet, deren Namensgebung sich aus der jeweiligen vorzustellenden pädagogischen Theorie ergibt. Wird beispielsweise auf den „Reiter" eines erziehungstheoretischen Diskurses geklickt (in diesem Fall *„Tigermama vs. Jesper Juul"*), öffnen sich vertikal angeordnete „Seiten". In diesen vertikal angeordneten Seiten kann mit einem Klick jeweils eine Seite geöffnet und die einzelnen Forschungsphasen des jeweiligen Forschungsteams z.B. anhand von Kommentaren entwickelt, diskutiert und dokumentiert werden. Um einen solchen kollaborativen Austausch zwischen den einzelnen studentischen Forschungsgruppen (Research-Teams) zu ermöglichen, wurde das Modell des *digitalbasierten konstruktiven Feedbacks für ein forschendes Lernen* entwickelt (vgl. *3.8*).

Der Seminarblog ging aus der didaktischen Auseinandersetzung mit e-Port-
foliostrategien hervor und wurde im Zuge dessen als kollaboratives Entwicklungsportfolio spezifiziert. Der Weg dieser konzeptionellen Arbeit wird im Folgenden kurz skizziert.

3.6.2   Vom e-Portfolio zum Seminarblog

Der Seminarblog resultierte ursprünglich aus didaktischen Überlegungen zu
einer angemessenen Implementierung von e-Portfolios in Lehr-/Lernszenarien
und wurde erstmals im Wintersemester 2013/2014 in der Lehrveranstaltung
*„E-Portfolio und forschungsbasiertes Lernen – Wissenskonstruktion mit digita-
len Medien"* eingesetzt. In einem zweiten Schritt ist der Seminarblog als kollaboratives Entwicklungsportfolio für das forschende Lernen mit digitalen Medi-
en erprobt worden (Sommersemester 2014 – Sommersemester 2015). Gegenwärtig (Wintersemester 2015/16) wird in einem dritten Schritt konzeptionell
dazu gearbeitet, wie das kollaborative Entwicklungsportfolio und ein individuelles Reflexionsportfolio synergetisch zusammengeführt werden können. Dieser
Weg der Genese des Seminarblogs wird im Folgenden kurz nachgezeichnet.

Ausgangspunkt für die didaktische Auseinandersetzung mit dem e-Portfoloio
war die Relevanz, die Portfolioarbeit zukünftig in Hochschulen besitzt (vgl. Bäcker, Cendon & Mörth (2011). Dies begründen Sie mit den Veränderungen in den
Hochschulen: „Die Zukunft der Hochschulen wird wesentlich davon geprägt sein,
Angebote bereitzustellen, die berufsbegleitendes, praxisorientiertes und praxisre-
flektierendes Studieren – möglichst zeitlich und örtlich flexibel – als Lebenslan-
ges Lernen ermöglichen" (Bäcker, Cedon & Mörth 2011, S. 37). Der e-Portfolio-
Ansatz birgt das Potenzial, den eigenen Bildungsprozess bzw. die eigene Kompetenzentwicklung – „z.B. Erkenntnisse, offene Fragen, Rückblick auf die gewählte
Lernstrategie, Zuordnung des eigenen Lernzuwachses zu den gesetzten Lernzie-
len" (Arnold et al. 2011, S. 255) – digital gestützt zu reflektieren. Reinmann und
Sippel (2013) stellen die Bedeutungszuweisung heraus, die e-Portfolios im hochschuldidaktischen Diskurs erfahren:

> Sie sollen, verkürzt formuliert, dem Lernen 2.0 im Kontext von Schule und
> Hochschule einen Schub geben und den lange ersehnten Paradigmenwechsel hin
> zu einer neuen Lernkultur ermöglichen, in der Lernende von der Konsumenten-
> in die Produzentenrolle wechseln, selbstorganisiert und kollaborativ arbeiten und
> dabei auf einfache und offen zugängliche technische Werkzeuge zurückgreifen
> können (Reinmann & Sippel 2013, S. 185).

Das Potenzial, das e-Portfolios zugeschrieben wird (siehe auch Sippel, Kamper
& Florian 2011, S. 8f.), macht eine Begriffsdefinition relevant, um den Gegenstand begrifflich zu fokussieren. Im FLiF-Teilprojekt *e-Didaktik und e-Science*
wurde hierfür folgendes Begriffsverständnis erarbeitet:

Ein e-Portfolio kann als eine strukturierte, kommentierte und zielgerichtete Sammlung von digitalen Dokumenten und Materialien unterschiedlichster Art definiert werden. Es ist möglich, das e-Portfolio als Methode für kompetenzbasiertes Lernen einzusetzen und so selbstgesteuertes, forschendes Lernen sowie den Erwerb von Kompetenzen zu dokumentieren. Dementsprechend ist das e-Portfolio ein digitales, „reflektierendes" Werkzeug, das die Lernentwicklung als Prozess veranschaulicht. Als digitales Lernwerkzeug kann das e-Portfolio zur geordneten Sammlung und Darstellung des Erkenntnisweges (Erkenntnisfortschritte), als auch des Erkenntniszieles (Wissenszuwachs, Aufbau von Sach-, Methoden und Sozialkompetenzen) eingesetzt werden. Der Prozess der Wissensgenerierung und die Entwicklungsschritte können hierbei in beinahe allen multimedialen Ausdrucksformen präsentiert werden. Hieran anknüpfend bieten e-Portfolios das Potential, die Lernmotivation zu erhöhen, indem sie die Eigenverantwortlichkeit und Selbststeuerung der Lernenden forcieren können. Die Lernenden haben im Idealfall die Möglichkeit, die Auswahl der Artefakte selbstständig zu treffen und diese Artefakte auf das Lernziel hin selbst zu organisieren. (Heidkamp & Kergel 2014, S. 71).

Dieses Verständnis von e-Portfolios fußt auf theoretischen Überlegungen zur Portfolioarbeit, die im Folgenden kurz skizziert werden.

3.6.2.1   Theoretische Überlegungen zur Portfolioarbeit

Vor dem Hintergrund konstruktivistischer Erkenntnistheorie lässt sich das Portfolio als Raum verstehen, in dem das Subjekt seinen Lernprozess reflektiert. (e-)Portfolios lassen sich als „reflektierende Werkzeuge" verstehen, da sie durch die Reflexionen seitens der Lernenden konstituiert werden. Gesammelte Artefakte erhalten durch die Lernnarrationen der Lernenden ihre Bedeutung. Erst im Zuge der Reflexionsprozesse wird den Artefakten eine Bedeutung in Lernprozessen zugewiesen. Die Lernenden nehmen im Zuge der Portfolio-Arbeit anhand von Reflexionsprozessen eine metareflexive Perspektive auf ihren eigenen Lernprozess ein. Das Portfolio konstituiert sich folglich performativ durch den reflektierten Lernprozess der/des Lernenden. Reinmann und Sippel weisen darauf hin, dass e-Portfolios es ermöglichen, „digitale Artefakte zu sammeln, zu strukturieren und zu reflektieren. Sie verbinden Produkt und Prozess" (Reinmann & Sippel 2013, S. 191). Ein solches Portfolioverständnis knüpft konzepti-

onell an Arbeits- und Entwicklungsportfolios an.[10] Im Rahmen dieser Portfoliokonzepte wird der sukzessive Erkenntnisprozess durch Artefakte abgebildet und
durch Reflexionen metareflexiv verobjektiviert. Das Individuum wirft sich mittels der Portfolioarbeit zum Subjekt seines eigenen Lernprozesses auf. Dagegen
machen Bewertungs- sowie Beurteilungsportfolios das lernende Individuum
zum Objekt seines Lernprozesses und entfalten eine subjektivierende Wirkkraft.[11] Der Lernprozess bzw. die eigene Kompetenzentwicklung wird bei Bewertungs- und Beurteilungsportfolios für die subjektivierende Bewertung anderer freigegeben. Paradigmatisch zeigt sich dies in einem Bewerbungsportfolio,
bei dem der eigene Kompetenzerwerb im Sinne des Bildungskapitals zu einem
Vorteil auf dem Arbeitsmarkt wird. Der Kompetenzerwerb und damit der eigene Lernprozess werden im Sinne Bröcklings (2013) Teil *rational-effizienter
Selbstoptimierung*.[12] Ein solches Portfoliokonzept läuft Gefahr, dass sich die im

---

10 Nach Arnold et al. (2011) sind Arbeitsportfolios „abgeschlossene und gegenwärtig
    bearbeitete Aufgabenlösungen samt reflexiven Anteilen. Teile des Arbeitsportfolios
    können zur Bewertung ausgekoppelt werden, das Arbeitsportfolio kann aber auch
    als Grundlage der Beratung durch die Lehrenden dienen" (Arnold et al. 2011,
    S. 256). Das Entwicklungsportfolio zeichnet sich dagegen dadurch aus, dass sich eine „systematische Sammlung und Reflexion unterschiedlicher Stationen im Lern-
    und Entwicklungsprozess über einen längeren Zeitraum" (ebd.) vollziehen. Hierbei
    wählen „Lernende […] in der Regel Dokumente aus, die für die jeweiligen Entwicklungsstationen besonders wichtig sind" (ebd.).
11 Beurteilungsportfolios werden gemäß Arnold et al. (2011) „primär angelegt, um die
    eigenen Kompetenzen darzustellen und der (Selbst- oder Fremd-)Bewertung zugänglich zu machen" (Arnold et al. 2011, S. 256). In Bewerbungsportfolios wiederum werden Dokumente oder Reflexionen präsentiert, „die die eigene Kompetenzentwicklung und das derzeitige Können darstellen, um insbesondere im beruflichen
    Bereich einen zukünftigen Arbeitgeber über das eigene Kompetenzprofil zu informieren. Darin können auch Zeugnisse und Referenzen Dritter integriert sein"
    (Arnold et al. 2011, S. 256.).
12 Bröckling (2013) fasst seine These eines subjektivierenden Effekts, der durch normative Außenerwartungen und normative Selbstinterpretation evoziert wird, in der
    Metapher des „unternehmerischen Selbst". Die normativen Erwartungen manifestieren sich in einem Narrativ *neoliberaler Selbstoptimierung* (vgl. dazu auch Biebricher 2012, S. 166ff.): „In der Figur des unternehmerischen Selbst verdichten sich
    sowohl normatives Menschenbild wie eine Vielzahl gegenwärtiger Selbst- und Sozialtechnologien, deren gemeinsamen Fluchtpunkt die Ausrichtung der gesamten Lebensführung am Verhaltensmodell des Entrepreneurship bildet. Der Topos bündelt
    nicht nur einen Kanon von Handlungsmaximen, sondern definiert auch die Wissensformen, in denen Individuen die Wahrheit über sich erkennen, die Kontroll- und Regulationsmechanismen, denen sie ausgesetzt sind, sowie die Praktiken, mit denen sie
    auf sich selbst einwirken. Anders ausgedrückt: Ein unternehmerisches Selbst ist man
    nicht, man soll es werden. Und man kann es nur werden, weil man immer schon als
    solches angesprochen wird" (Bröckling 2013, S. 47).

Portfolio präsentierten Inhalte an den normativen Erwartungen von (Bildungs-) Institutionen, an den Erwartungen potentieller „Arbeitgeber" etc. ausrichten. Das lernende Individuum läuft Gefahr zum Objekt seines Lernprozesses zu werden, da es sich selbst vorgegebenen normativen Erwartungen unterwirft und sich und seinen Lernprozess im Sinne subjektivierender Wirkung danach ausrichtet (vgl. dazu auch Häcker 2007).

Aus dieser Perspektive sind Zielsetzung sowie die Rahmenbedingungen von Portfolios bzw. Portfolioarbeit und damit einhergehend die Kriterien für die Wahl der Artefakte auch werteorientierte Zielsetzungen, die sich im Spannungsfeld zwischen subjektkonstituierender Reflexionsleistung und subjektivierender Selbstoptimierung verorten. Dieses Spannungsfeld wird im Feld der Portfoliokonzeption durch Arbeits- sowie Entwicklungsportfolios auf der einen und Bewertungs- sowie Beurteilungsportfolios auf der anderen Seite aufgespannt. Auf dieses Spannungsverhältnis weist auch Mayberger (2013) hin, wenn sie festhält, dass „das Konzept der E-Portfolio-Arbeit […] eine Ambivalenz im Umgang mit der (Fremd-)Kontrolle und Selbstkontrolle der Lern- und Entwicklungsprozesse" (Mayberger 2013, S. 63) aufweist, „die gerade aus pädagogischer Perspektive nicht ausgeblendet werden darf" (ebd.). Aus didaktischer bzw. pädagogischer Perspektive gilt es, die Frage zu beantworten, warum welches (e-)Portfolio-Format eingesetzt werden soll.

3.6.2.2   Die Entstehung des Seminarblogs

Im forschenden Lernen ergibt sich ein weiteres Spannungs- bzw. dialektisches Verhältnis, welches darin begründet liegt, dass sich forschendes Lernen als soziales Ereignis überindividuell vollzieht und dann individuell in der Portfolioarbeit reflektiert wird. Dieses dialektische Verhältnis führte zum Ansatz, den Seminarblog als ein kollaboratives Entwicklungsportfolio zu verstehen und dementsprechend einzusetzen. Im Rahmen des Qualitätspakt-Lehre-Projektes eCULT *(eCompetence and Utilities for Learners and Teachers)* ist an der Carl von Ossietzky Universität für die Pilotlehrveranstaltung *„E-Portfolio und forschungsbasiertes Lernen – Wissenskonstruktion mit digitalen Medien"* (WiSe 2013/14) der Seminarblog entwickelt worden, der als kollaboratives Entwicklungs-e-Portfolio eingesetzt wurde. Aufgrund der Ergebnisse einer vorangegangenen Recherchestudie fiel die Wahl auf „WordPress" als mediale Grundlage für das e-Portfolio. Dieses Blogsystem erscheint v.a. aufgrund der Flexibilität in der individuellen Gestaltung sowie der intuitiven Bedienung für die Erstellung von e-Portfolios als geeignet (vgl. zum Einsatz von Weblogs als e-Portfolios auch Petko 2013).

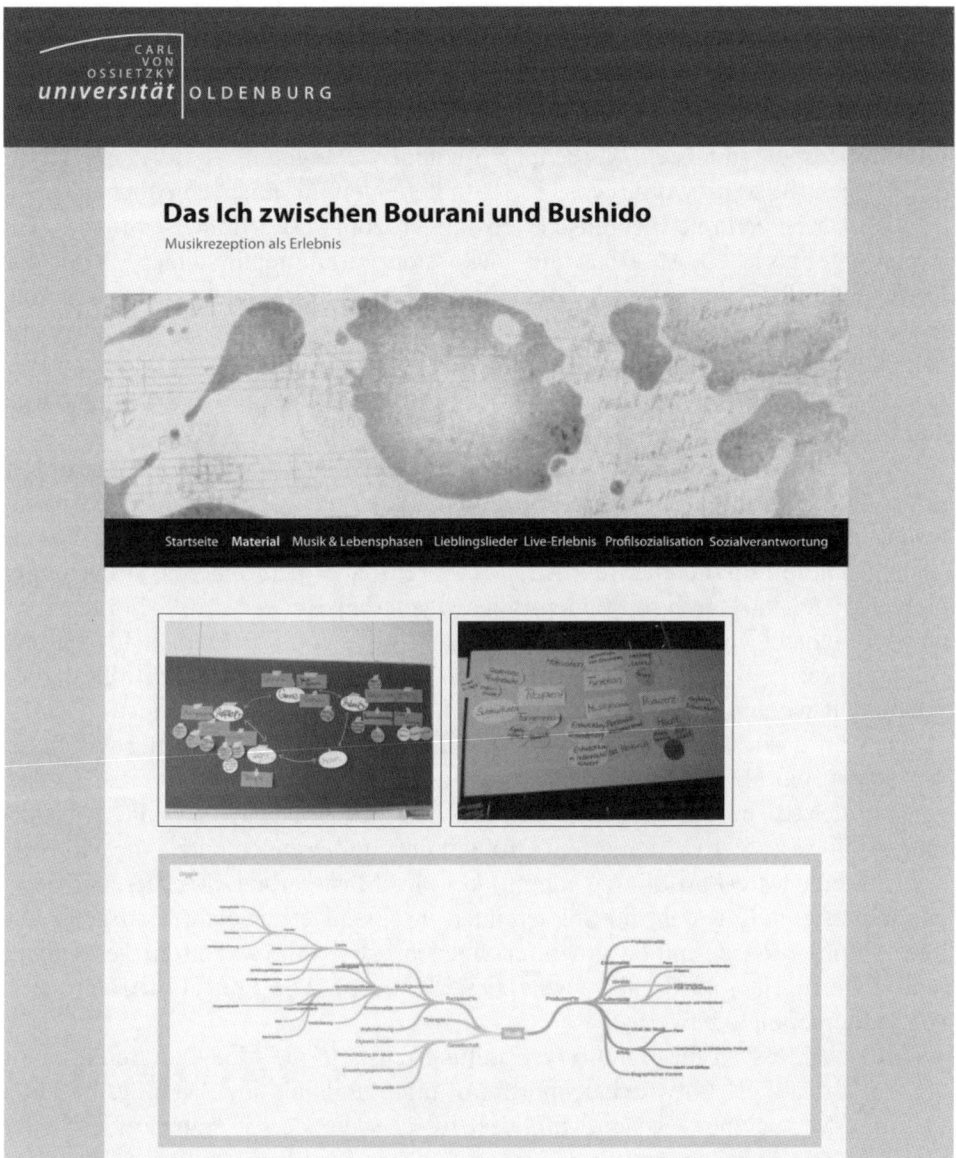

Abbildung 3.4: Ein Seminarblog für forschendes Lernern mit digitalen Medien (https://flif.uni-oldenburg.de/eportfolio/dasichzwischenbouraniundbushido/, nicht öffentlich).

Ein didaktischer Grundgedanke bei der Konzeptionierung und Durchführung der Lehrveranstaltung bestand darin, handlungs- und produktionsorientiert Studierende in die Theorie und Praxis der e-Portfolioarbeit einzuführen (zu Problemfeldern bei der Implementierung von Portfolioarbeit in Hochschulen siehe

Baumgartner & Bauer 2013; bezüglich eines Mangels an didaktischen Vermittlungsstrategien zur Portfolioarbeit Sippel, Kamper & Florian 2011).

Im Folgenden wird die Konzeption der Lehrveranstaltung kurz vorgestellt: Um die Doppelbewegung einer theoretischen und praktischen Einführung in die e-Portfolioarbeit zu leisten, wurden die Sitzungen zweigeteilt. In der ersten Hälfte einer jeden Sitzung wurde von den Studierenden in unterschiedlichen Lehr-/Lernszenarien zentrale theoretische Positionen zum „e-Portfolio" erarbeitet. Die Arbeitsergebnisse – z. B. Text- und Diskussionszusammenfassungen, Prezi- und Power-Point-Präsentationen – wurden in den Seminarblog hochgeladen und sollten dort von den Studierenden kommentiert werden. So wuchs sukzessive mit dem kollektiven Erkenntnisprozess auch der Seminarblog bzw. bildete diesen Erkenntnisprozess mit seinen Artefakten (die hochgeladenen Arbeitsergebnisse und Blogkommentare) ab.

In der zweiten Hälfte einer jeden Sitzung waren die Studierenden aufgefordert, selbstständig an ihren eigenen e-Portfolios zu arbeiten. Den Studierenden wurde jeweils ein eigener, an der Universität gehosteter WordPress-Blog zur Verfügung gestellt. Diese individuellen e-Portfolios waren dabei den anderen Studierenden nicht zugänglich. Durch die studentische Eigenarbeit am e-Portfolio sollte exemplarisch anhand von WordPress der Umgang mit Web 2.0 Medien für formale Bildungsprozesse trainiert und erste Erfahrungen in der e-Portfolio-Arbeit gesammelt werden. Um dies zu realisieren, erstellten die Studierenden in einem ersten Schritt ein Anforderungsprofil für ihr e-Portfolio („Was sollte wie durch das e-Portfolio abgebildet und reflektiert werden?"). Vor der konkreten Umsetzung erhielten die Studierenden ein individuelles Feedback auf die Anforderungsprofile von der Dozentin (ein Großteil der Studierenden nutzte die Möglichkeit, ein eigenes e-Portfolio zu führen, um ihre Masterarbeit vorzubereiten). Gegen Semesterende waren die Studierenden in einem letzten Schritt aufgefordert, ihre Anforderungsdefinition mit ihrer eigenen e-Portfolio-Arbeit zu vergleichen und in Form eines kritischen Fazits zu reflektieren. Die Portfolio-Arbeit selbst wurde hierbei nicht bewertet.

Im Anschluss an diese Lehrveranstaltung entstand die Idee, den Seminarblog als kollaboratives Entwicklungsportfolio und zugleich als Web-2.0-basiertes Learning-Management-System für das forschende Lernen einzusetzen. Eine grundlegende These besteht darin, dass durch den Seminarblog eine Dokumentation des forschenden Lernens im Zuge studentischer Forschung abgebildet und verobjektiviert werden kann. So wird von Reinmann und Sippel (2013) herausgestellt. „dass verschiedene Einsatzvarianten von E-Portfolios einzelne Elemente des forschenden Lernens gut unterstützen können: z.B. während Abschlussarbeiten, bei der Mitarbeit an größeren Forschungsprojekten oder in der Lehrforschung" (Reinmann & Sippel 2013, S. 189).

3.6.2.3   Nutzung des Seminarblogs für das forschende Lernen mit digitalen Medien

Als kollaboratives Entwicklungsportfolio wird der Seminarblog seit dem Sommersemester 2014 eingesetzt, um den Prozess des forschenden Lernens digital zu stützen. Der Seminarblog wird um eine koordinierende Funktion erweitert, die die kollaborative Dimension des forschenden Lernens stützt: „E-Portfolios weisen [...] eine intuitive Nähe zum forschenden Lernen als einer besonderen Form des situierten Lernens auf und sie eignen sich vor allem als Koordinationsinstrument in offenen Aktivitätssystemen" (Reinmann & Sippel 2013, 193). Durch den Einsatz des Seminarblogs wird es den Studierenden ermöglicht, den Forschungsprozess abzubilden: Forschungsfragen werden generiert und diskutiert, erhobene Daten präsentiert und ausgewertet. Im Seminarblog geschieht dies, in dem jedes Research-Team einen eigenen Bereich auf dem Blog besitzt. Dieser Bereich ist auf der horizontalen Menüebene angeordnet und wird im Folgenden „Reiter" genannt. Dieser Reiter lässt sich flexibel in weitere Sub-Reiter bzw. Unterkategorien ausdifferenzieren, so wie es der konkrete Prozess des forschenden Lernens es gerade erfordert. Bei den in Kapitel *5 Forschendes Lernen mit digitalen Medien in Practice* präsentierten Pilotlehrveranstaltungen hatten jeweils alle studentischen Forschungsgruppen bzw. Research-Teams Zugang zu den Ergebnissen des Forschungsprozesses der anderen Research-Teams. Diese Strategie führte zu einer Öffnung des studentischen Forschungsprozesses. Anhand dieses Vorgehens wird die Möglichkeit eröffnet, dass forschend Lernende anderen Research-Teams Peer-Feedback geben können. Als kollaboratives Entwicklungsportfolio kann das forschende Lernen durch den Seminarblog sinnvoll digital unterstützt und das didaktisches Potenzial des e-Portfolios realisiert werden, auf das Reinmann & Sippel (2013) hinweisen: „E-Portfolios können die Studierenden prinzipiell darin unterstützen, die zeitliche, räumliche und semantische Vielfalt beim forschenden Lernen zu koordinieren (Reinmann & Sippel 2013, S. 191). Dieser Ansatz wurde mit der didaktischen Strategie des *digitalbasierten konstruktiven Feedbacks für ein forschendes Lernen* (vgl. *3.8*) systematisiert.

Die individuelle Reflexionsdimension bei dem Einsatz des Seminarblogs als kollaboratives Entwicklungsportfolio ist durch eine individuelle abschließende Reflexion gesichert, die als Teil der Prüfungsleistung implementiert wurde. Dieses Vorgehen löst allerdings nicht das Problem, dass die Studierenden über kein individuelles e-Portfolio für ihre prozessbegleitenden individuellen Reflexionen bzw. für die Reflexion von Lernprozessen über einzelne Lehrveranstaltungen hinaus verfügen. Seit dem Wintersemester 2015/16 wird daher Studierenden, die bereits den Seminarblog genutzt haben, angeboten, einen eigenen Blog als e-Portfolio einzusetzen. Zudem werden Pilotlehrveranstaltungen durchgeführt, in denen der Seminarblog mit dem Führen eines individuellen Reflexionsportfolios verzahnt wird.

3.7 Das digitalbasierte konstruktive Feedback für ein forschendes Lernen

Um das Potenzial digital gestützten kollaborativen Arbeitens, das Web 2.0 Medien ermöglichen und das e-Science ausmacht (vgl. Kergel & Heidkamp 2016), wurde die didaktische Strategie des „digitalbasierten konstruktiven Feedbacks" entwickelt. Das digitalbasierte konstruktive Feedback wird dazu eingesetzt, um die polydirektionale Diskussion von Arbeitsergebnissen in den einzelnen Phasen des studentischen Forschungsprozesses zu moderieren.

> Genau genommen lässt sich das digitalbasierte konstruktive Feedback als eine didaktische Strategie des e-Learning 2.0 verstehen. Da es diese Strategie ermöglicht, ein studentisches Forschen mit digitalen Medien zu realisieren und derart die digitale Dimension akademischer Medienkompetenz fördert (vgl. zum konstruktiven Feedback eingehender Krause 2007), kann das digitalbasierte konstruktive Feedback als paradigmatisches Beispiel für Didaktisierungsansätze eines forschenden Lernens mit digitalen Medien angesehen werden.

Der Einsatz eines digitalbasierten, konstruktiven Feedbacks hat die Zielsetzung, das polydirektionale Potenzial für eine polyphone, digital gestützte *Autorschaft* zu nutzen und Reflexions- sowie Interaktionskompetenzen im Forschungsprozess auszubilden bzw. zu schulen.[13]

3.7.1 Feedback zwischen Subjektivierung und machtfreiem Raum

In Pilotlehrveranstaltungen, die im Rahmen des Teilprojektes *e-Science & e-Didaktik* forschendes Lernen realisieren sollen und dafür digitale Medien einsetzen, werden die einzelnen Schritte des studentischen Forschens (z.B. das Entwickeln einer Forschungsfrage, das Entwickeln eines Methodendesigns etc.) zumeist von einem digitalbasierten konstruktiven Peer-Feedback begleitet. Der Ausgangspunkt besteht darin, dass mehrere studentische Gruppen zeitgleich in einer Lehrveranstaltung forschend Lernen und sich auf dieser Grundlage gegenseitig jeweils Feedback geben können. Sind diese Bedingungen gegeben, wird ein digitalbasierter, polydirektionaler Peer-Feedbackprozess organisiert. Die grundlegenden Überlegungen zu einem solchen Peer-Feedback werden im Folgenden dargestellt.

---

13 Polyphone wird hier als „mehrstimmiges", kollaboratives Schreiben verstanden, also als ein Schreiben, im Rahmen dessen sich mehrere Personen im Sinne sozio-konstruktivistischer Ansätze synergetisch, aufeinander beziehend einen Text erstellen (vgl. dazu auch Gergen & Gergen 2009).

Semmer und Jacobshagen (2010) weisen auf die Relevanz des Feedbacks in Forschungsprozessen hin „Feedback-Schlaufen sind [...] zentraler Bestandteil vieler Forschungen" (Semmer & Jacobshagen 2010, S. 40), problematisieren aber zugleich, dass Feedbacks demotivieren und verletzend wirken können (ebd., S. 39). Dagegen betonen sie die Notwendigkeit einer Feedback-Kultur, die ein posi-tiv konnotiertes Selbstverhältnis fördert (ebd., S. 41ff.). Bröckling (2013) proble-matisiert dagegen das Feedback als eine Interaktionsform, die eine subjektivierende Wirkung entfalten kann. Gemäß Bröckling forciert das Feedback eine „internalisierte Selbstkontrolle", um sich den gesellschaftlich nor-mativen Soll-Werten anzunähern:

> Erst die Mitteilung der Beurteilungen erlaubt es den Beurteilten, ihr Verhalten so zu modifizieren, dass Schwachstellen beseitigt und Stärken gestärkt werden. An-ders als in den Institutionen der Disziplinarmacht, wo die Zurichtung des Men-schen im Wesentlichen nur in eine Richtung erfolgte, beruht die post-disziplinäre Kontrolle – der Begriff Feedback deutet schon darauf hin – auf einem kyberneti-schen Modell: Der Einzelne erscheint als informationsverarbeitendes System, das sich selbst flexibel an die Erwartungen seiner Ohnmacht anpasst, wenn es nur regelmäßig mit differenzierten Rückmeldungen gefüttert wird. Statt sein Verhalten unmittelbar zu reglementieren, was einen enormen Kontrollaufwand nach sich zöge und den ökonomischen Imperativ der Flexibilität, Eigeninitiative und Aufwandersparnis zuwiderliefe, werden Rückkopplungsschleifen installiert, die dem Einzelnen Normabweichungen signalisieren, die erforderlichen Adapti-onsleistungen jedoch in seine eigene Verantwortung stellen (Bröckling 2013, S. 239).

Bröckling wie Semmer und Jacobshagen problematisieren aus verschiedenen Perspektiven heraus die Feedbackkultur. Warnen Semmer und Jacobshagen vor einer *Defizitorientierung*, die im Feedbackprozess gegenüber dem Feedback-nehmenden aktualisiert werden könnte, nimmt Bröckling eine an Deleuze (2005) und Foucault (1977) orientierte machtkritische Perspektive auf die Feed-backkultur ein. Bröckling analysiert das Feedback als eine *Subjektivierungsstra-tegie*, um die Differenz des Individuums zur gesellschaftlichen Normativität als Soll-Wert aufzuzeigen. Die Position des Feedbacknehmenden ist dabei als Ist-Wert zu betrachten. Aus der Differenz zwischen Ist- und Soll-Wert entsteht ein *normativer Druck*, sich dem Soll-Wert anzupassen, der über das Feedback kommuniziert wird.

Bröcklings wie auch Semmers und Jacobshagens Positionen verweisen auf Dynamiken von Feedbackprozessen, im Zuge dessen eine Hierarchie zwi-schen Feedbackgeber und -nehmer konstituiert wird. Der Feedbackgeber avanciert in dieser Konstellation zum Beurteilenden und der Feedbacknehmer zum Beurteilten. Mit Bezug auf das forschende Lernen und dessen bildungs-theoretischen Hintergrund erscheint es als relevant, einer solchen Dynamik der Hierarchiekonstitution in Feedbackprozessen entgegenzuwirken.

Der kollaborative Charakter des Forschens bzw. des forschenden Lernens erscheint in diesem Kontext von zentraler Bedeutung. Im Forschungsprozess arbeiten alle Akteure zusammen an einem Erkenntnisprozess und (ko-)konstruieren im sozialen Kontext wissen. Die Prozesse des Feedbackgebens und -nehmens lassen sich als *zielorientierte dialogische Prozesse* verstehen, im Zuge derer die Dichotomie von Feedbackgebern und -nehmern erodiert.

Konkret lässt sich dies realisieren, indem beispielsweise die Feedbacknehmer auf das erhaltene Feedback wiederum ein Feedback geben (z.B. als Antwort auf die vorgegebene Frage, was die drei relevantesten Aspekte des erhaltenen Feedbacks waren).

Um eine dem forschenden Lernen angemessene Feedbackkultur zu ermöglichen, gilt es, den Diskursraum des forschenden Lernens als einen machtfreien Raum im Sinne Habermas' Ansatz des „kommunikativen Handelns" zu konstruieren. Ein Diskurs im machtfreien Raum ist durch eine wertschätzende erkenntnisorientierte dialogische Struktur der Feedbackkultur bestimmt.

Mit Bezug auf Habermas' Ansatz des „kommunikativen Handelns" stellt sich die Frage, ob sich Macht als eine grundlegende, mitstrukturierende Konstitutionsbedingung von Kommunikationsprozessen deuten lässt oder sich – in Opposition zu dieser These – das Ideal einer machtfreien Kommunikation behaupten lässt. Foucault (1978) verweist in einem Interview darauf, dass das Phänomen Macht nicht ausschließlich als „die Reduktion von Machtprozeduren auf das Gesetz der Untersagung" (Foucault 1978, S. 207) hin zu definieren sei. „Macht" wird hier im Anschluss an Foucault nicht als die Durchsetzung des eigenen Willens gegen den Willen anderer begriffen, was sich unter anderem im „imperativ organisierten Sprechakt" äußert (Foucault 1978, S. 207f.). Vielmehr lässt sich Macht als ein *Vergesellschaftungsprozess* begreifen, innerhalb dessen die Bedürfnisstruktur des Einzelnen, die sich im Bildungsprozess der Subjektwerdung zu manifestieren vermag, zu Gunsten gesellschaftlicher Soll-Zustände bzw. normativer Erwartungen negiert wird:[14]

> Die Disziplinierung der Individuen geschieht dabei nicht, wie Foucault herausarbeitet, durch Repression, sondern durch die Konstituierung, Ausrichtung und Strukturierung der Körper, der Modellierung der Zeit-Raum-Vorstellungen und durch das Erlernen spezifischer Gesten, Denk- und Wahrnehmungs- und Verhaltensschemata (Moebius 2008, S. 160).

Macht lässt sich in diesem Sinne als, „eine vielförmige Produktion von Herrschaftsverhältnissen" (Foucault 1978, S. 211) verstehen, innerhalb derer „Machtbeziehungen" (ebd.) nicht lediglich „der alleinigen Form des Verbots und der Züchtigung gehorchen, sondern vielfältige Formen annehmen" (ebd.). Coelen (1996) skizziert die Dynamik die das Machtkonzept Foucaults auszeichnet, wenn er herausstellt:

> Die Macht ist demnach überall, weil sie von überall kommt! Die Machtbeziehungen sind diesem Verständnis zufolge ökonomischen Prozessen, Erkenntnisrelationen und auch sexuellen Beziehungen immanent – Sie sind ‚gleichzeitig intentional und nicht-subjektiv' […] Macht operiert nach FOUCAULTs Vorstellung diskursiv und existiert nur in Handlungen. Sie wirkt produktiv, indem sie Normen, Körperdisziplinierungen und Wissen hervorbringt (Coelen 1996, S. 74).

In Abgrenzung zu Foucaults Machtbegriff lässt sich vor dem Hintergrund des linguistic turns und im Anschluss an Kelly (2012) – im Sinne eines Idealbildes – ein machtfreier Raum als ein dialogischer Diskursraum definieren. Dialoge sind in diesem Kontext als „a style of communication" (Kelly 2014, S. 51) zu verstehen, der „constructive, reflective, and oriented towards fostering understanding and building [of] relationships" (ebd.) ist.

---

14 „Bedürfnisstruktur" wird im Rahmen dieser Arbeit als reflexiv erfasster Zustand der eigenen Immanenz (Deleuze 1996) bzw. des eigenen Organismus verstanden. Diesen Zustand fassen Deleuze & Guattari (1977) wie folgt: „Es funktioniert überall, bald rastlos, dann mit Unterbrechungen. Es atmet, wärmt, isst. Es scheißt, es fickt. Das Es" (Deleuze & Guattari 1977, S. 2). Dieser physisch dynamische Zustand, der sich als präreflexive Dimension des Subjekts verstehen lässt (vgl. Kergel 2010), wird selbstreflexiv erfasst. Im Akt der reflexiven Erfassung konstituiert sich die körperliche Bedürfnisstruktur als Objekt und verliert seine Immanenz durch die Thematisierung seitens des Subjekts. Die Art der Thematisierung eigener Körperlichkeit bzw. der eigenen Bedürfnisstruktur ist wiederum von sozialisatorischen Erfahrungen abhängig: Wie ist körperliche Selbsterfahrung an Hand von Epistemen gesellschaftlich diskursiv organisiert und konnotiert?

> Ein machtfreier Raum ist folglich durch eine dialogische Kommunikations-
> kultur gekennzeichnet, in der keine Defizitorientierung sowie Hierarchiever-
> hältnisse die Kommunikationsprozesse beeinflussen. Um dies zu realisieren,
> muss eine konsensorientierte Disposition bei den Kommunikationspartnern
> vorhanden sein.

„Verständigungsprozesse zielen auf ein Einverständnis, das von der rational
motivierten Zustimmung zum Inhalt einer Äußerung abhängt." (Habermas
1983, S. 145). Im forschenden Lernen erscheint – zumindest im Idealfall – eine
solche Struktur gegeben, da die forschend Lernenden ein gemeinsames Erkenntnisinteresse teilen: die Beantwortung bzw. dem Nachgehen einer Forschungsfrage.

> Um einen kollektiven Erkenntnisraum zu konstruieren, der den Idealen des
> *kommunikativen Handelns im machtfreien Raum* entspricht und eine ange-
> messene Feedbackkultur ermöglicht, erscheint es neben einem gemeinsamen
> Erkenntnisinteresse als relevant, dass sich alle Kommunikationspartner bzw.
> forschend Lernende als gleichwertige Dialogpartner adressieren.

So gehören in der Theorie des kommunikativen Handelns zu den Bedingungen
einer idealen Sprechsituation u.a.

- die gleichen Chancen auf Dialogizität und Beteiligung sowie
- die gleichen Chancen der Deutungs- und Argumentationsqualität
  (vgl. Habermas 1983).
- Dabei ist sicherzustellen, „dass kein Inhalt im Vorhinein tabuisiert
  ist" (Masschelein 1991, S. 64). Dies bedarf der Herrschaftsfreiheit,
  denn, „zwischen den Beteiligten dürfen keine Unterschiede der
  Macht bestehen" (ebd.).
- Zudem muss eine Aufrichtigkeit der Sprechintentionen sichergestellt
  sein – „die Beteiligten äußern sich in ihrem Kreis auf wahrhaftige
  Weise" (Masschelein 1991, S. 64).

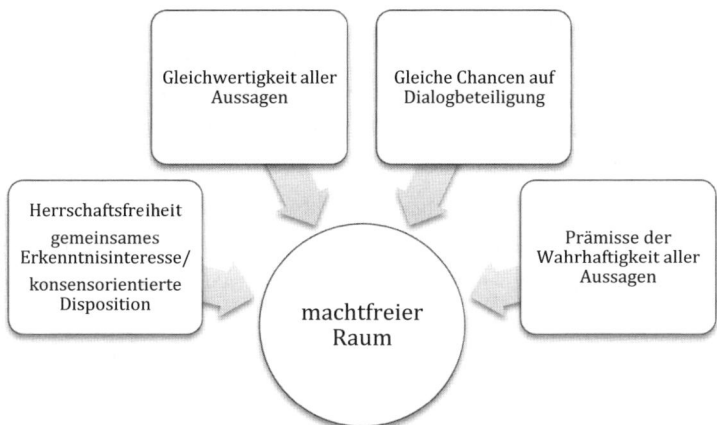

Abbildung 3.5: Vier Grundpfeiler des kommunikativen Handelns (eigene Darstellung orientiert an Habermas, 1983).

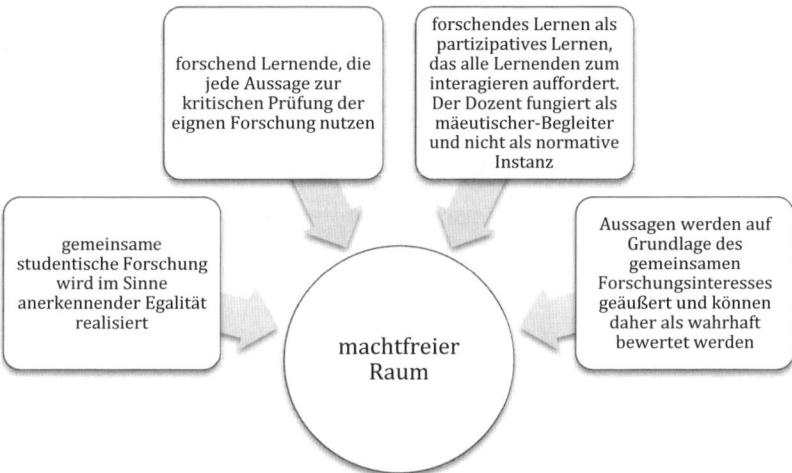

Abbildung 3.6: Vier Grundpfeiler kommunikativen Handelns im forschenden Lernen (eigene Darstellung).

3.7.2   Anwendungsstrategien für das digitalbasierte konstruktive Feedback

Ein solcher machtfreier Raum kann durch Interaktionsprozesse performativ (re-)produziert werden. Quasi als Initialisierung, um einen Raum für angemessene Kommunikationsprozesse zu ermöglichen, wird in jeder Lehrveranstaltung, die das digitalbasierte konstruktive Feedback als didaktische Strategie einsetzt, ein Workshop zum machtfreien Kommunizieren sowie zum Aufbau cincs konstruktiven Feedbacks gegeben. Gemäß dem Aufbau eines konstruktiven Feedbacks, das die kognitive sowie motivationale Dimension von Feed-backprozessen im Sinne machtfreier Interaktion integrativ miteinander verbin-det, ist die Gruppe, die das Feedback gibt, dazu aufgefordert,

- eingangs die positiven Aspekte der zu begutachtenden Arbeitsergeb-nisse hervorzuheben,

- Kritikpunkte und Lösungsvorschläge zu entwickeln und

- abschließend einen ermutigenden Ausblick zu geben (vgl. zur lern-psychologischen Begründung dieses Vorgehens Schaible & Jacobs 1975).

Die Gruppe wiederum, die das Feedback erhält, ist aufgefordert, die wichtigsten Punkte des erhaltenen Feedbacks für die weitere Arbeit zu nennen.

Im Sinne einer *Feedback-Patenschaft* besteht ein Ziel des konstruktiven Feedbacks darin, dass sich die Gruppe, die das Feedback gibt, mitverantwort-lich für den Forschungsprozess der anderen Gruppe fühlt, die das Feedback erhält. Die Gruppe, deren Arbeit begutachtet wurde, gibt im Idealfall zugleich einer anderen Gruppe Feedback. Derart wird eine polyphone Struktur des Peer-Feedbacks ermöglicht, die eine klare Dichotomie zwischen „Produzen-ten" und „Rezipienten", zwischen „Feedbackgebern" und „-nehmern" erodie-ren lässt. Zudem ist durch diese didaktische Strategie ein Möglichkeitsraum eröffnet, im Rahmen dessen die Studierenden weitestgehend selbstgesteuert und in einem kollaborativen Austausch online gestützt Thesen bilden, prüfen und validieren können.

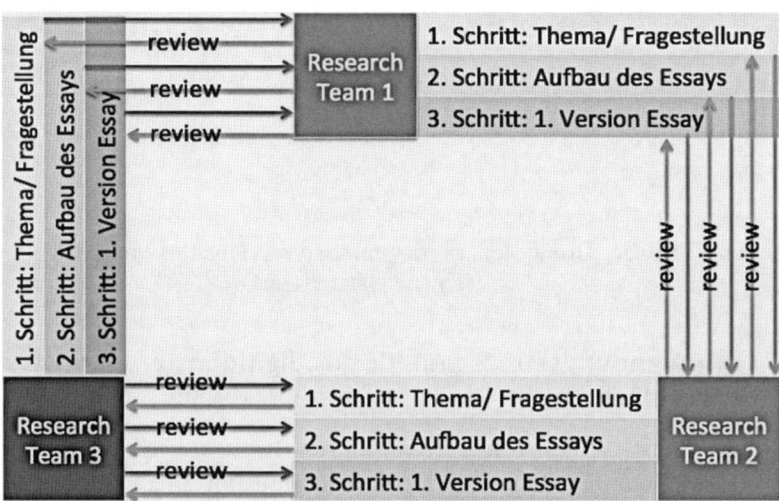

Abbildung 3.7: Schema eines alternierenden, polydirektional organisierten konstrukti-ven Feedbackprozesses (eigene Darstellung).

Aufgrund der kollaborativen Ausrichtung des forschenden Lernens kann das digitalbasierte, konstruktive Feedback phasen- und stufenübergreifend im Prozess des forschenden Lernens eingesetzt werden.

Durch das digitalbasierte, konstruktive Feedback soll die kollektive Wissensproduktion, die forschendes Lernen auszeichnet (vgl. Huber 2013; BAK 2009), mit Hilfe der kollaborativen Möglichkeiten von e-Learning-Tools im Sinne von e-Science genutzt und derart sinnvoll für ein forschendes Lernen mit digitalen Medien nutzbar gemacht werden.

Bevor im fünften Kapitel Pilotlehrveranstaltungen und deren Evaluationsergebnisse vorgestellt werden, soll vorab das eingesetzte Evaluationsdesign und dessen methodischer Hintergrund erläutert werden. Dies erscheint relevant, da das entwickelte Evaluationsdesign zwischen den Polen

- einer an der Qualitätssicherung orientierten Evaluation und
- einem *didaktisch forschenden Ansatz* im Sinne des Design Based Research-Ansatz changiert.

4 Qualität des forschenden Lernens. Von der Evaluation zum Design Based Research

Im Folgenden Kapitel werden die qualitativen Datenerhebungsstrategien und deren methodischer Hintergrund dargestellt, welche die Grundlagen für die Entwicklung des Evaluationsdesigns bilden. In diesem Kontext werden auch Überlegungen zum Qualitätsmanagement (QM) und zum Design Based Research (DBR) entfaltet, um das zugrunde liegende Erkenntnisinteresse und das Evaluationsverständnis für ein forschendes Lernen mit digitalen Medien angemessen umreißen zu können.

4.1 Qualität als Zweckangemessenheit

„Qualität" kann als der zentrale Begriff für Evaluationen angesehen werden. So wird auch im Bildungsbereich der Qualität eine zentrale Rolle zugeschrieben (vgl. Neumann & Honig 2009). Arnold et al. (2011) verweisen darauf, dass „Qualität […] ein vielschichtiges Konzept" (Arnold et al. 2011, S. 270) darstellt:

> Der Begriff wird mit ganz unterschiedlichen Bedeutungen belegt. So kann Qualität in der Bildung sowohl die Einhaltung bzw. das Übertreffen von Standards meinen, aber auch den Zustand der Fehlerlosigkeit beschreiben. Qualität als Zweckmäßigkeit bezieht sich auf den Grad der Nützlichkeit und Qualität als angemessener Gegenwert auf die Kosten-Nutzen-Relation (ebd.).

Der Begriff „Qualität" ist dabei eng mit dem Qualitätsmanagement (QM) verbunden: „Allgemein werden unter Qualitätsmanagement alle Maßnahmen zur Entwicklung und Verbesserung der Qualität von Produkten und Herstellungsprozessen verstanden" (Arnold et al. 2011, S. 271). QM als ein Prozess, der sich mit der Optimierung von Qualität auseinandersetzt, wurde zunächst für den industriellen Bereich entwickelt und zunehmend auf den pädagogischen Bereich übertragen (vgl. Neumann & Honig 2013; Höhne 2006). Im Rahmen dieser Entwicklung müssen zunehmend auch pädagogische Einrichtungen nachweisen, ein QM vorzunehmen. Im QM gilt es, die pädagogische Praxis auf ihre Güte hin zu prüfen, nachzuweisen und in einem nächsten Schritt zu optimieren: „Ansatzpunkt jedes Qualitätsmanagement ist die systematische Reflexion des Qualitäterzeugungsprozesses" (Arnold et al. 2011, S. 271). Abstrahiert lässt sich dieser

Prozess in Form eines Zyklusses schematisch als Qualitätssicherungs-Zirkel bzw. QM-Zirkel visualisieren (vgl. Abbildung *4.1 Qualitätssicherungszirkel*). Vor einem QM-Prozess steht konstitutiv die Frage, was genau unter Qualität zu verstehen ist bzw. wie sich Qualität definieren lässt.

Qualität kommt aus dem lateinischen (*qualitas*) und lässt sich mit „Beschaffenheit", „Eigenschaft", „Merkmal" übersetzen. Im Alltag wird das Wort „Qualität" oftmals wertend verwendet. Qualität ist der Gegenpart zur Quantität (Qualität statt Quantität = „Klasse statt Masse").

> Der Begriff Qualität hat einen Doppelsinn: Qualität bedeutet sowohl Beschaffenheit wie gute Beschaffenheit. Die erste Bedeutung ist rein deskriptiv: etwas oder jemand hat irgendwelche Eigenschaften; die zweite Bedeutung ist wertend: die Eigenschaften, die etwas oder jemand besitzt, verleihen ihm eine besondere Wertigkeit." (Bröckling 2013, S. 215)

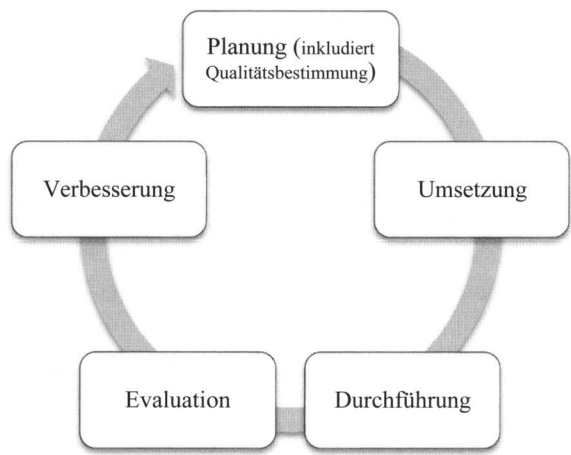

Abbildung 4.1: Qualitätssicherungszirkel (eigene Darstellung).

In Bezug auf die Messung der Güte von Produkten und Prozessen lässt sich Qualität als ein Wertemaßstab fassen, der über die *Zweckangemessenheit* eines Produktes Auskunft gibt („Wie gut erfüllt ein Produkt/ein Prozess die an ihm gestellten Anforderungen?"):

> Qualität ist ein Konstrukt, das sich nicht mit einem Gegenstand an sich auseinandersetzt, sondern etwas über die Beschaffenheit eines Gegenstandes aussagt, also eine Auseinandersetzung auf einer Metaebene erfordert. Es wird deutlich, dass Qualität an sich zunächst ein werturteilfreies Konstrukt ist und zum Kenntlichmachen bestimmter Eigenschaften zusätzlich beschreibender Adjektive bedarf (Ehlers 2011, S. 56).

Die normative Festlegung, die Qualitätsparameter definieren, erscheint vor dem Hintergrund von QM und dem Entwickeln von Evaluationsstrategien von zen traler Relevanz. Gerade für das pädagogische Feld kommt hinzu, dass es keine letztgültige Definition davon gibt, was Bildungs- und Lernprozesse auszeichnet: „Es gibt keinen gesellschaftlichen, politischen oder wissenschaftlichen Konsens darüber, was Qualität in den jeweiligen Praxisfeldern und anderen Kontexten eigentlich ist (Ehlers 2011, S. 56). Diese Unsicherheit bezüglich eines normativen Qualitätsbegriffs beeinflusst auch, so Ehlers, das e-Learning. Ehlers arbeitet heraus, dass „[i]n Bezug auf die Qualität von E-Learning […] gegenwärtig aber noch viele Unsicherheiten" (Ehlers 2011, S. 23) existieren. Dies liegt auch „in der generellen Problematik begründet, Qualität im Bildungsbereich zu entwickeln" (Ehlers 2011, S. 23).

Qualitätsparameter müssen hergeleitet werden. Dies erfordert es, Begründungsansätze und -logiken herauszuarbeiten, nach denen Qualitätsparameter definiert werden können. Qualität hängt aus dieser Perspektive u.a. davon ab, aus welcher lerntheoretischen oder anthropologischen Sicht die Prozesse „Lernen" und „Bildung" normativ gefasst werden. Die Feststellung von Qualität erscheint als eine Definitionsfrage und setzt eine Begriffsarbeit voraus, die eine Argumentation entwickelt, „was wie warum zweckangemessen ist" bzw. „was Qualität in einem jeweiligen Kontext bzw. in Bezug auf einen jeweiligen Gegenstand auszeichnet".

> Es gilt also, präskriptive Idealvorstellungen zu enzwickeln und zu begründen, um daran den Ist-Zustand eines pädagogischen Prozesses zu messen bzw. evaluativ zu bestimmen. Gerade im pädagogischen Feld stellt es eine komplexe Herausforderung dar, normative Idealvorstellung zu formulieren, da bildungs- und lerntheoretische sowie anthropologische Dimensionen ineinander wirken. Mit Bezug auf die formulierten Idealvorstellungen kann in einem nächsten Schritt die Differenz von Lehr-/Lernszenarien zu diesen Idealvorstellungen mittels Evaluation ermittelt werden. Im Anschluss lassen sich im Sinne des QM Strategien entwickeln, diese Differenz zu minimieren.

Beide Aufgaben werden oftmals der Evaluation zugesprochen.

4.2 Evaluation als Qualitätsprüfung

Qualität gibt Auskunft über die Zweckangemessenheit eines Produktes. Aus dieser Perspektive fungiert der Begriff Qualität als „Differenzmarker" (Bröckling 2013, S. 215) zwischen Ist- und Soll-Zustand. Durch wissenschaftliche Datenerhebungsverfahren wird geprüft, in welchem Ausmaß vorgegebene Normen erfüllt werden bzw. wie sich beispielsweise die Prozessqualität gestaltet. Um die Prozessqualität zu ermitteln, werden die einzelnen Elemente eines Prozesses und das Zusammenwirken der einzelnen Teilprozesse geprüft. Diese Form der strategischen Prüfung, die feststellt, ob bei Prozessen eine Differenz zwischen Ist- und Soll-Wert existiert und diese genauer bestimmt, lässt sich mit dem Begriff der „Evaluation" fassen: „Mit Evaluationen kann wissenschaftlich erkannt werden, z.B. ob die virtuellen Bildungsangebote den angestrebten Zielen und Anforderungen entsprechen, die Zielgruppe erreicht und ihre Lernprozesse effizient unterstützt wurden, wo Defizite bestanden" (Arnold et al. 2011, S. 305).

Im Sinne epistemologischer Wachsamkeit erscheint es als relevant, auch eine kritische Perspektive auf Evaluationen und dem ihr jeweils zugrunde liegenden Qualitätsbegriffen einzunehmen, um vor diesem Hintergrund ein reflektiertes Evaluationsverständnis formulieren zu können.

4.3 Evaluation als modernes Ritual

Kritische Stimmen gegenüber Evaluationen problematisieren v.a. eine einseitige Ausrichtung auf Kosten-Nutzen-Kalküle. Durch diese Ausrichtung werde Evaluation zu einer Gouvermentalitätstechnik im Sinne einer neoliberalen Kontrollgesellschaft (vgl. Höhne 2006; Bröckling 2013; Deleuze 2005). Lamprecht (2012) problematisiert, dass „Evaluationsstudien häufig v.a. durch ihren legitimatorischen Charakter geprägt sind. Die Evaluationsergebnisse „dienen i.d.R. zur Bewilligung von Geldern, der Fortführung oder Weiterentwicklung eines Programms oder der Überprüfung (un-)effizienter Arbeitsstrukturen in Organisationen" (Lamprecht 2012, S. 14).

> Vor dem Hintergrund der zentralen Relevanz des Qualitätsbegriffes für Evaluationsprozesse erscheint es als problematisch, wenn die Begriffsarbeit von Qualität zugunsten von Effizienzkriterien und Kosten-Nutzen-Kalkülen, die Maßnahmen/Programme legitimieren sollen, in den Hintergrund gerät.

So weist Schwarz (2004) darauf hin, dass „Evaluation […] heute als modernes Ritual inmitten einer durch und durch ambivalenten Rationalisierung" (Schwarz 2004, S. 1) fungiert. Evaluation, und das damit einhergehende Versprechen nach Qualität läuft Gefahr, ein Selbstzweck zu werden, wie Schwarz herausarbeitet:

> Schockierendes Ergebnis meiner Fallstudien war, dass sich die Evaluationsaktivitäten quantitativ soweit ausgedehnt hatten, dass zum Teil mehr Aufwand betrieben wurde, um etwas auf seine Wirksamkeit zu überprüfen, als das zu Überprüfende zu realisieren [...] z.B. eine Mitarbeiterinnen-Stelle über 3 Jahre zur Evaluation lediglich eines Seminars oder vier Personen, die ein Evaluations-Konzept für einen Seminarleiter erarbeiteten. Die beiden Hochschul-Projekte wurden von jeweils mindestens sechs Institutionen oder eigens für die Evaluation begründeten Teams ‚evaluiert' – und dies ohne dass diese Summe an Evaluationen auch nur einer einzigen Person im Projekt bekannt war (Schwarz 2004, S. 2).

Schwarz formuliert die These, dass der „Aufstieg der Evaluation" auch als ein „Prozess der Entpersönlichung von Vertrauen" (vgl. Schwarz 2004, S. 7) verstanden werden kann:

> Wenigstens kurzfristig wirken Quantifizierungen als entpersönlicht und damit als vertrauenswürdiger, v.a. da, wo Personen sich als unsolide erwiesen haben. Evaluationen, die stark von Quantifizierungen leben, könnten demnach Indikatoren für angeschlagene Vertrauensverhältnisse sein (Schwarz 2004, S. 7).

Mit Bezug auf Höhne (2006) lässt sich herausarbeiten, wie sehr das Individuum unter einem effizient-rationalen Evaluationsbegriff und Qualitätsverständnis subsumiert wird:

> Ein wichtiges Ziel von Evaluation besteht darin, herauszufinden, welche Auswirkungen ein bestimmtes Handeln oder eine spezifische Maßnahme haben (Wirkungsannahme, Effekte) und in welcher Weise Wirkungen gesteigert werden können (Leistung, Effektivitäts- und Effizienzkriterium) (Höhne 2006, S. 197).

Der Soziologe Bröckling (2013) problematisiert den standardisierenden Charakter „Ihre Legitimität bezieht die Evaluationsmacht aus ihrer Objektivität. Sie weist nicht willkürlich Ränge zu, sondern gibt einheitliche Maßstäbe vor, nach denen alle beurteilt werden" (Bröckling 2013, S. 241). Vor dem Hintergrund dieser Problematisierung von Evaluation lassen sich zwei Kritikpunkte ausmachen, die es im Zuge der Formulierung von Qualitätsbegriffen und dem Entwickeln von Evaluationsstrategien zu reflektieren gilt:

> 1. Die Ausdifferenzierung des Qualitätsbegriffs droht diskursiv durch Diskurstopoi rationaler Effizienz und Optimierung substituiert zu werden. An die Stelle einer Begriffsarbeit, die Qualität im Sinne von theoretisch fundierter Zweckangemessenheit formuliert, droht der Fokus auf einer Erfassung von Effizienz zu liegen. Dementsprechend verweist Höhne (2006) auf die Verschiebungen des Evaluationsdiskurses hin zu einer neoliberalen Verwertungs- und Effizienzlogik. Durch die Fokussierung auf ökonomische und an Effizienz ausgerichtete Aspekte als Qualitätsparameter drohen Exklusionslinien gezogen zu werden, die all das ausschließen, was sich Verwertungs- und Effizienzlogiken entzieht:

> Der grundsätzliche Funktionswandel besteht darin, dass sich Evaluation von der ehemals sozialstaatlich-politischen Evaluation zum Zweck einer umfassenden sozialen Integration zu einer *ökonomischen Form von Leistungsevaluation mit dem Ziel der Legitimation von Exklusion* entwickelt hat (Höhne 2006, S. 215, Hrvh. im Original).

Auch im e-Learning lässt sich eine Ausrichtung an Topoi bzw. Werteparameter der „Effizienz" und „Optimierung" feststellen, wie von Miller (2005) herausgearbeitet wurde:

So nimmt zum Beispiel in der Diskussion um die neuen Lernmedien die Forde-
rung nach Effizienz eine zentrale Stellung ein. Die Effizienzforderung bei
e-Learning ist weniger in pädagogischen als vielmehr in bildungspolitischen
Schriften zu finden (Miller 2005, S. 260).

> 2.   Durch eine Etablierung von Evaluation als *Gouvermentalitätstechnik*
>   drohen im Evaluationsprozess die Begründungslogiken eines Qualitäts-
>   begriffes und dessen Operationalisierungen für die evaluative Erfassung
>   weitgehend verloren zu gehen. Ein Aspekt, auf den auch Flick (2009)
>   hinweist, wenn er die Standardisierung von Evaluationsdesigns proble-
>   matisiert:

Der aktuelle Trend in der Evaluationsdiskussion, allgemeine Standards und Kriterien zu definieren, geht möglicherweise mit der Gefahr einher, die Beziehung
von Methoden und Gegenständen primär von den Methoden und damit ver-
knüpften allgemeinen Standards aus zu betrachten und nicht umgekehrt (Flick
2009, S. 13).

In Abgrenzung zu einem Evaluationsverständnis, das Verwertungs- und Effi-
zienzlogiken folgt, wird in der Auseinandersetzung mit dem Ansatz des forschenden Lernens mit digitalen Medien im folgenden Abschnitt ein Evaluati-
onsmodell vorgestellt, welches Evaluation in ein *didaktisches Forschen* im Sinne des Design Based Research-Ansatzes überführt.

4.4   Qualitätsparameter und Evaluationsstrategien für ein forschendes Lernen mit digitalen Medien

Vor allem in der Bildung ist „Qualität [...] ein multiperspektivisches Konzept"
(Ehlers 2013, S. 27) und hängt von den jeweiligen pädagogischen Konzeptionen
ab, deren Qualität erfasst werden soll. Im Folgenden soll daher skizziert werden,
wie Qualität im forschenden Lernen definiert und in einem nächsten Schritt
evaluiert werden kann.

Auf der Grundlage bildungstheoretischer sowie epistemologischer Überlegungen lässt sich forschendes Lernen als eine *Bewusstseinshaltung* Lernender und
Lehrender verstehen. Diese Bewusstseinshaltung lässt sich vor dem Hintergrund
der bisherigen Überlegungen zusammenfassend wie folgt formulieren:

> Forschendes Lernen zeichnet sich dadurch aus, dass Studierende in flexibler
> Begleitung von Lehrenden anhand wissenschaftlicher Reflexionsstrategien
> und einem wissenschaftlichen Methodeneinsatz weitestgehend selbstformu-
> lierten Forschungsfragen nachgehen. Dieses Forschen soll sich auf Grundlage
> einer explorativen Neugier in einem machtfreien Raum vollziehen.

> Durch das forschende Lernen mit digitalen Medien soll der Umgang mit digitalen Medien im Sinne wissenschaftlichen Arbeitens bzw. e-Science eingesetzt und so das Ausbilden einer zeitgemäßen akademischen Medienkompetenz gefördert werden.

Auf der Grundlage eines solchen Verständnisses für ein forschendes Lernen mit digitalen Medien wurden Qualitätsmerkmale bzw. Dimensionen bestimmt. Für die Qualitätserfassung sind im Wesentlichen zwei Merkmale definiert worden:

> 1. Forschendes Lernen als partizipativer, forschungsmethodisch fundierter Lernprozess.
> 2. Synergetische Nutzung von digitalen Medien für diesen Lernprozess. Synergetisch meint in diesem Kontext, dass ein sich gegenseitig förderndes Verhältnis zwischen dem forschenden Lernen und dem Einsatz digitaler Medien besteht.

Für diese Qualitätsmerkmale galt es im Zuge einer Operationalisierung Kriterien und im Anschluss Qualitätsindikatoren zu definieren. [15]

Es waren Indikatoren zu bestimmen, die anzeigen, ob von den Studierenden partizipativ – also weitestgehend selbstgesteuert und selbstbestimmt – eine Forschungsfrage formuliert, ein passendes Methodendesign etc. entwickelt und in diesem Prozessen digitale Medien im Sinne von e-Science eingesetzt wurden.

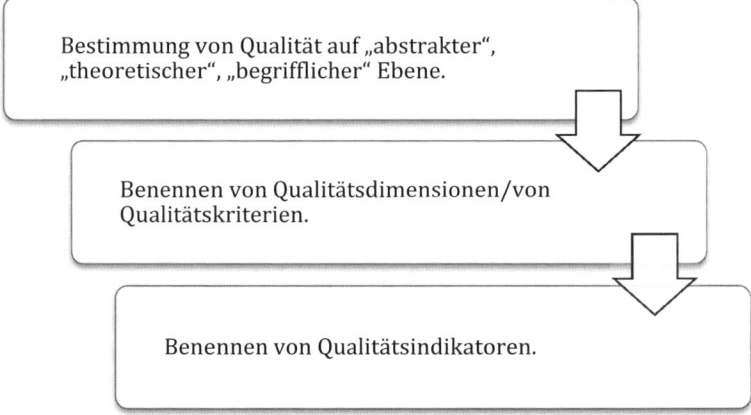

Abbildung 4.2: Darstellung des Operationalisierungsprozesses für die eingesetzte Evaluationsstrategie (eigene Darstellung).

---

15 Indikatoren geben konkret an, woran sich eine gute Qualität festmacht (Indikator kommt aus dem lat. indicare und kann mit „anzeigen"/„darauf verweisen" übersetzt werden). Hierfür lässt sich beispielsweise ein Kriterienkatalog entwickeln, der die einzelnen Punkte auflistet, auf die geachtet werden muss, um das pädagogische Leitbild angemessen zu erfüllen.

Zur Bestimmung dieser Indikatoren wurden die Qualitätsmerkmale und die Kriterien des forschenden Lernens für die Evaluation in drei weitere Ebenen differenziert.

1. Die formale Ebene des didaktischen Lernszenarios: „Sind im didaktischen Lernszenario die Kriterien eines forschenden Lernens erfüllt?".

2. Die Ebene des Lernerlebnisses: „Konnten die Lernenden und Lehrenden eine Haltung des forschenden Lernens im Bildungsraum der Lehrveranstaltung ausbilden?".

3. Der Einsatz digitaler Medien: „Sind digitale Medien eingesetzt worden und wie wurde der Einsatz digitaler Medien von den Studierenden wahrgenommen?".

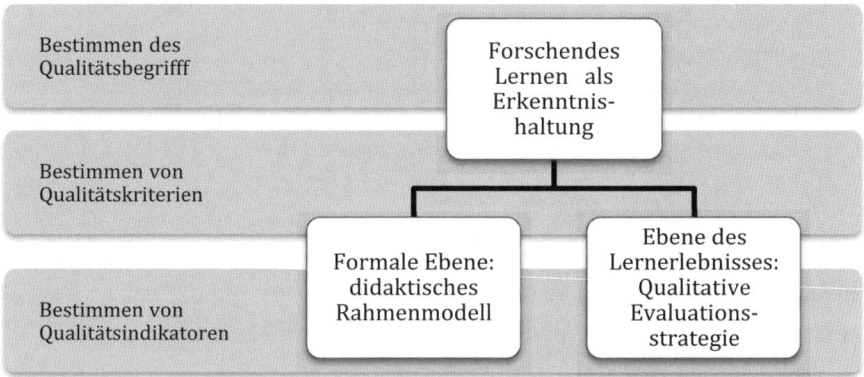

Abbildung 4.3: Darstellung des Operationalisierungsprozesses für die eingesetzte Evaluationsstrategie (eigene Darstellung).

4.4.1 Die formale Ebene des didaktischen Lernszenarios

Um Ebene 1 evaluieren zu können, wird das *„Didaktische Rahmenmodell zum forschenden Lernen mit digitalen Medien"* (vgl. Tabelle *3.4*) herangezogen. Die dort entwickelten Kriterien werden im Rahmen der Evaluationsstrategie als Qualitätsindikatoren definiert, die das *partizipative* forschende Lernen konkret bestimmen sollten.

Durch den Rückgriff auf das *Didaktische Rahmenmodell zum forschenden Lernen mit digitalen Medien* wird es möglich, das jeweilige Lehr-/Lernszenario kleinschrittig darauf hin zu prüfen, welche Forschungsphasen auf welchen Stufen von den forschend Lernenden jeweils durchlaufen werden. Durch den Abgleich der im didaktischen Rahmenmodell formulierten Kriterien mit den konkreten didaktischen Strategien eines Lehr-/Lernszenarios wird es möglich, analytisch den didaktischen Aufbau dem forschenden Lernen zuzuordnen.

Es lassen sich konkret die Phase und die jeweilige Stufe bestimmen, die im Zuge des Lehr-/Lernszenarios durchlaufen wird. Anhand dieses Vorgehens lässt sich auf der formalen-didaktischen Ebene die folgende heuristische Frage beantworten: „Warum handelt es sich bei dem vorliegenden Lehr-/Lernszenario um ein Lehr-/Lernszenario, das forschendes Lernen ermöglicht (oder eben nicht)?".

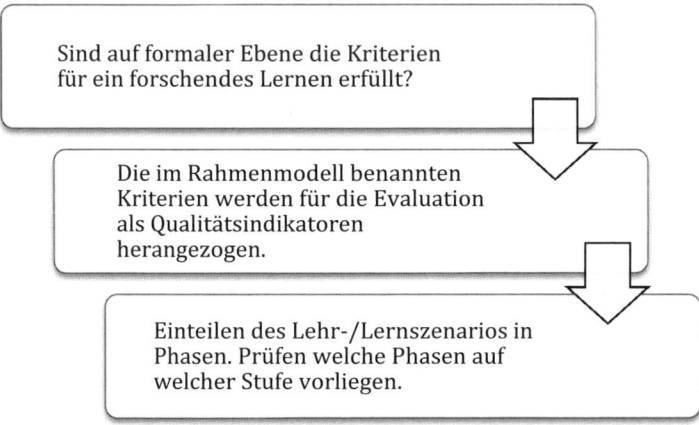

Abbildung 4.4: Operationalisierung für die formale Ebene des didaktischen Lernszenarios (Ebene 1, eigene Darstellung).

4.4.2   Die Ebene des Lernerlebnisses: Vom Erleben zum konjunktiven Raum

Das Qualitätsmerkmal „partizipativer Erwerb" thematisiert die Erlebensseite der Lernerzentrierung des forschenden Lernens. Forschendes Lernen lässt sich so auch als ein kognitiv-emotionaler Lernprozess begreifen.

Neben der Erstellung eines Kriterienkatalogs ergibt sich ein Zugang, der sich an qualitativen Evaluationsstrategien orientiert (vgl. Flick 2006) und explorativ nach dem individuellen Erleben des Forschungsprozesses im sozialen Kontext fragt.

Fokussiert der Qualitätsbegriff die individuelle Erlebnisdimension, so müssen Gegenstandsangemessene Evaluationsstrategien entwickelt werden: „Das bedeutet insgesamt weniger Standardisierung und mehr Situations- und Subjektorientierung" (Ehlers 2013, S. 139). Laut Flick (2009) zeichnet sich qualitative Evaluationsforschung dadurch aus, subjektive Perspektiven zu erfassen: „Evaluation wird jedoch vor allem dann aufschlussreich sein, wenn es ihr gelingt, die unterschiedlichen – subjektiven – Bewertungen verschiedener Beteiligter zu erfassen und über deren Vergleich und Kontrastierung zu einer Bewertung zu gelangen" (Flick 2009, S. 19; vgl. dazu auch Lamprecht 2012).[16]

Bei der Entwicklung von Evaluationsstrategien zur Erlebnisdimension des forschenden Lernens lässt sich auf das Methodenrepertoire qualitativer Sozialforschung zurückgreifen. Hierbei muss die gewählte Methode flexibel an das Erkenntnisinteresse sowie den Evaluationsgegenstand angepasst werden:

> Qualitative Forschung ist gekennzeichnet durch das Postulat der Gegenstandangemessenheit von Methoden. Übertragen auf die gängige Evaluationspraxis heißt das zu fragen, welche Methoden für welche Aspekte eines zu evaluierenden Gegenstand geeignet ist (Flick 2009, S. 19).

In Hinblick auf den Qualitätsbegriff für das forschende Lernen mit digitalen Medien lässt sich ein zweifaches Erkenntnisinteresse in Bezug auf das „Erleben des forschenden Lernens mit digitalen Medien" ausmachen:

- Zum einen sollen die Studierenden im Rahmen der Evaluation die Möglichkeit erhalten, sich als *Subjekte des Lernprozesses* zu reflektieren und zu artikulieren. Es gilt, ihnen Räume zu eröffnen, in denen sie ihr Lernerlebnis erzählen bzw. narrativ (re-)konstruieren können (vgl. dazu aus methodischer Perspektive eingehender Nohl 2013, S. 13).

- Zum anderen sollen diese Äußerungen der Studierenden in einen Zusammenhang gestellt werden, um so den konjunktiven Erfahrungsraum (vgl. Mannheim 1964) zu (re-)konstruieren, den eine Lehrveranstaltung als Bildungsraum aufspannt.

> Der Einsatz qualitativer Methoden für die Evaluation ergab sich folglich aus der bildungstheoretisch fundierten Lernerzentrierung, die – bildungstheoretisch sowie epistemologisch fundiert – explorativ nach dem Selbst- und Weltverhältnis in dem sozialen Raum von Lernprozessen fragt. Für Fragestellungen, die das *Erleben von Lernprozessen* fokussieren, bieten sich (re-)konstruktive hermeneutische Methoden an (vgl. Krause 2014).

---

16 Mit Bezug auf Krüger (2000) lässt sich festhalten, dass eine Methodenwahl gezielt an die Gegenstandsangemessenheit bzw. das Erkenntnisinteresse angepasst sein muss, dass aber die gerade vor dem Hintergrund des „kaum noch überschaubare[n] Spektrum[s] an qualitativen Methoden der Datensammlung und -erhebung" (Krüger 2000, S. 333) eine Herausforderung für sich darstellt.

4.4.2.1   Überlegung zur Datenerhebung: Studierende als Subjekte des Lernprozesses

Um dem Erkenntnisziel der hermeneutischen (Re-)Konstruktion[17] des Lerner-lebnisses im Zuge der Evaluation gerecht zu werden, empfiehlt sich der Rück-griff auf sogenannte „deskriptive Konzepte qualitativer Sozialforschung" (vgl. Krüger 2000). Deskriptive Konzepte fokussieren auf

> die unterschiedlichen Weisen, mit denen Subjekte Gegenstände, Ereignisse und Erfahrungen mit Bedeutung versehen. Die Rekonstruktion solcher subjektiven Perspektiven wird zum Instrument der Analyse sozialer Welten (Krüger 2000, S. 329; dazu auch Flick 2010).

Das Erkenntnisinteresse ist in diesem Fall auf die beschreibende Erschlie-ßung des Lernprozesses gerichtet. Es gilt, den subjektiven Sinn, den die Ak-teure dem forschenden Lernen im Zuge ihres Lernprozesses verleihen, im Rahmen des Evaluationsprozesses zu (re-)konstruieren. Für die Evaluation wurden Fragestrategien entwickelt, die Reflexionsprozesse seitens der Stu-dierenden initiieren sollten, die das *Erlebnis des forschenden Lernens* thema-tisieren.

Die entstehenden Reflexionen seitens der Lernenden kann als auto-reflexive (Re-)Konstruktion von Bildungsprozessen verstanden werden, in-dem die zentralen Relationen für Bildungsprozesse narrativ-analytisch aufge-arbeitet werden.

Bei der Entwicklung angemessener Fragestrategien für die Datenerhebung gilt es zu berücksichtigen, dass die Lernenden jeweils in einem „dreifachen Ver-hältnis zum forschenden Lernen" stehen:

- in einem Verhältnis zu einem Gegenstand (dingliche Welt),
- in einem transzendentalen Verhältnis zu sich selbst und
- in einem Verhältnis zu den Mit-Lernenden und der Lehrper-son/Umwelt.

In der Reflexion seitens der Studierenden, die im Zuge der hier eingesetzten Instrumente der qualitativen Evaluation ermöglicht wird, werden die Lernpro-zesse im Sinne einer „Erkenntnis zweiter Ordnung" von den Lernenden metare-

---

17 (Re-)Konstruktion markiert hier die (konstruktivistisch fundierte) methodologische Perspektive, dass soziale Phänomene nicht in ihrer „objektiven Struktur" nachgebil-det, sondern lediglich nachgezeichnet/rekonstruiert werden. Jede Rekonstruktion ist aus dieser Perspektive auch eine Konstruktion, da der Sozialwissenschaftler nicht die Totalität eines sozialen Phänomens in seiner komplexen Multiperspektivität re-konstruieren kann, sondern aus der Perspektive der Forschenden Komplexität redu-ziert. Diese erkenntniskritischen Überlegungen werden durch „-" formal markiert.

flexiv (re-)konstruiert.[18] Anhand dieser Reflexion lässt sich prüfen, inwieweit Bildungsprozesse im Sinne des forschenden Lernens auf individueller Erlebnisebene initiiert werden konnten. Diese Analyse gilt es im Zuge der Auswertung systematisch darzustellen.

> Die Erlebensdimension von Erkenntnis- bzw. von Lernprozessen lässt sich durch dieses Vorgehen evaluativ (re-)konstruieren und so prüfen, inwieweit eine Erkenntnishaltung des forschenden Lernens generiert worden ist bzw. welche Aspekte dem Entwickeln einer solchen Haltung ggf. entgegenstanden.

Als Instrument für die Datenerhebung wurde im Anschluss an Überlegungen zur „qualitativen Evaluationsforschung" (vgl. Flick 2006) und insbesondere mit Bezug auf die „dokumentarische Methode" (vgl. *4.4.5 Auswertungsstrategie: Qualitative Inhaltsanalyse im Kontext der dokumentarischen Methode*) ein Fragebogen entwickelt, der zum Großteil aus offenen Fragen entstand. Durch den Fragebogen konnte allen Studierenden die Möglichkeit der *Narration* geboten werden.[19] Der Einsatz des Fragebogens mit zumeist *offenen Fragen* bietet den Vorteil, dass alle Studierenden die Möglichkeit erhalten, die Erfahrungen, die sie im Rahmen der Lehrveranstaltung gemacht haben, zu erzählen: „Offene Fragen haben den Vorteil, dass sie den Befragungspersonen die Möglichkeit bieten, so zu sprechen, wie sie es gewohnt sind (wie ihnen ‚der Schnabel gewachsen ist')" (Porst 2014, S. 57).

Der Fragebogen wurde in Zusammenarbeit mit Soziolog/inn/en der Freien Universität Berlin entwickelt. Es galt das oben beschriebene „dreifache Verhältnis zum forschenden Lernen" der Studierenden anhand von Fragen zu ermitteln, die zu Reflexionsprozessen anregen, durch die das Lernerlebnis narrativ (re-) konstruiert wird. Es wurden Fragen zur Wahrnehmung

- der Gruppenarbeit,
- des selbstgesteuerten Lernens,
- der Lehrperson,
- des forschenden Lernens sowie
- des Einsatzes digitaler Medien

formuliert. Diese Fragen haben sich im Zuge der Evaluation verschiedener Lehrveranstaltungen als aussagekräftig und valide erwiesen. Je nach Lehrveran-

---

18 „Es wird zwischen einem ‚Verstehen erster Ordnung' und einem ‚Verstehen zweiter Ordnung' unterschieden. Ersteres bezieht sich auf den Vollzug alltagsweltlicher Deutungshandlungen; letzteres auf die Metaebene, das ‚Verstehen des Verstehens', die Reflexion seiner Voraussetzungen und Abläufe." (Breuer 2010, S. 46).

19 Der Einsatz von Interviews mit allen Studierenden konnte an dieser Stelle nicht umfassend realisiert werden, da für die Erhebung, und Transkription nicht die nötigen Ressourcen zur Verfügung standen.

staltung wurde der Fragebogen lediglich im Wording angepasst und um veranstaltungsspezifische Fragen (z.B. zum spezifischen Erkenntnisgegenstand) ergänzt.

Flankierend zu dem Fragebogen wurden in den ersten beiden Lehrveranstaltungen, in denen der Fragebogen zum Einsatz kam „Das Ich und das Netz – Subjektorientiertes e-Learning 2.0 in Theorie und Praxis" sowie „Geschichte der Pädagogik – Was tun wenn das Kind schreit? Eine Frage und die Geschichte ihrer Antworten"), mit zwei Studierenden zu jeweils zwei Zeitpunkten explorative Interviews geführt. Die Analyse der Interviews diente dazu, Aspekte wie beispielsweise die Struktur des Fragebogens und das Wording zu validieren. Dafür wurde bei dem jeweils zweiten Interview dem/der Studierenden der Fragebogen mit der Bitte vorgelegt, den Fragebogen zu kommentieren, das Verständnis der Fragen zu paraphrasieren und Assoziationen zum Fragebogen zu äußern bzw. „laut zu denken" (vgl. dazu auch Prost 2014, S. 185ff.). Aus Gründen der Anonymisierung wurden diese Interviews von wissenschaftlichen Hilfskräften organisiert, durchgeführt sowie transkribiert. Die Daten wurden dann anonymisiert weitergegeben. Grundsätzlich wird bei Lehrveranstaltungen, in denen ein gänzlich neues didaktisches Design und/oder der Einsatz neuer digitaler Medien erprobt werden, auf dieses Verfahren zurückgegriffen und es werden formativ Interviews mit Studierenden geführt.

Die Evaluation findet summativ am Ende der Lehrveranstaltung statt. Die Studierenden sind am Ende jeder Lehrveranstaltung aufgefordert, ihre Evaluationsbögen anonymisiert an eine studentische Hilfskraft zu senden, die die Evaluationsbögen sammelt und weiterleitet.

In einem nächsten Schritt werden die Narrationen, die sich in den offenen Fragen zeigen, verkodet sowie theoretisch fundierten Kategorien zugeordnet, die im Zuge der Verkodung ausdifferenziert und damit validiert werden.

Anhand dieses Vorgehens soll im Zuge der Evaluation (re-)konstruiert werden, wie der Bildungsraum, den ein Lernszenario des forschenden Lernens bietet, als kollektiver Lernraum wahrgenommen wird. Diese These fußt auf der Feststellung, dass Bildungsprozesse als *relationale Prozesse* anzusehen sind, da verschiedene Akteure eingebunden sind und in Interaktionsprozessen Bildungsräume konstruieren. In diesem Kontext kann auf Ehlers rekurriert werden, wenn er „Relation" als „die maßgebliche Einheit" (Ehlers 2011, S. 8) begreift, um „Qualität im Bildungsprozess zu analysieren und zu entwickeln" (ebd.).

> Mittels einer inhaltsanalytisch orientierten Auswertung der Antworten auf die *offenen* Fragen wird im Sinne der dokumentarischen Methode im Auswertungsprozess der konjunktive bzw. kollektive Bildungsraum (vgl. Mannheim 1964, Bohnsack 2003) (re-)konstruiert.

> Dieser kollektive Bildungsraum des forschenden Lernens wird durch Relationen konstituiert, die ein Bedeutungsmuster evozieren, welches es im Zuge der Auswertung herauszuarbeiten gilt.[20]

Diese Überlegungen zum Auswertungsprozess werden im folgenden Abschnitt eingehender vorgestellt.

4.4.2.2   Überlegungen zur Auswertung: Das lernende Subjekt im relationalen Bedeutungsmuster

Der Ansatz, Relationen als wesentliche Konstituenten für Qualität anzusehen, erweist sich an Bohnsacks Ansatz der dokumentarischen Methode anschlussfähig.

> Durch die von Bohnsack (vgl. Bohnsack 2003) entwickelte „dokumentarische Methode" wird es möglich, aus strukturalistischer Perspektive die symbolische Ordnung von Praxisvollzügen analytisch zu thematisieren und so die performative Dynamik zwischen überindividuellen Strukturen und individuellen Handlungsstrategien aufzuarbeiten.

Zur theoretischen Begründung der dokumentarischen Methode greift Bohnsack auf Mannheims Modell des „konjunktiven Erfahrungsraums" zurück (vgl. Mannheim 1964). Der „konjunktive Raum" ist dadurch definiert, dass dessen Akteure mit der semiotischen Struktur des kollektiven Erfahrungsraums vertraut sind. Die soziale Regelhaftigkeit von Räumen konstruiert deren Sinnmatrix bzw. Kollektivvorstellungen, die sich in Zeremonien, rituellen Handlungen etc. manifestieren. Allerdings sind diese Praktiken „ja zunächst nicht etwas zu Denkendes, sondern ein durch verschiedene Individuen in ihrem Zusammenspiel etwas zu Vollziehendes" (Mannheim 1980, S. 232).

Mannheims Ansatz der „kollektiven Erfahrungsräume", die sich im Praxisvollzug (re-)produzieren, offenbart ein performatives Verständnis sozialer Raumproduktion und fokussiert die Praxisdimension sozialer Phänomene. Lamprecht (2012) verweist darauf, dass im Rahmen rekonstruktiver-responsiver Evalutionsstrategien, die sich an der dokumentarischen Methode ausrichten, „die Verschränkung der Rekonstruktion von fallspezifischen Orientierungsfiguren mit der Untersuchung ihrer konjunktiven Erfahrungsräume in einem wechselseitigen Zusammenhang relevant" (Lamprecht 2012, S. 52) werden.

---

20 Das „Bedeutungsmuster" stellt ein „Gebilde" dar, das „kulturell oder sozial belegt ist" (Kruse 2015, S. 81).

Soziale Konstellationen/Phänomene präfigurieren durch ihre Strukturvorgaben (Erwartungen an Handlungsvollzüge) die konkreten Handlungen. Diese konkreten Handlungen werden in einem konjunktiven Erfahrungsraum individuell im sozialen Kontext erfahren. Zugleich werden soziale Phänomene durch die Handlungsvollzüge (re-)produziert.

Kollektive Erfahrungsräume stellen ein relationales Gefüge dar, welches u.a. aus Handlungserwartungen, den Individuen, die sich zu diesen verhalten sowie der Beziehungen der Individuen untereinander besteht.

Gerade die Prozessdimension des forschenden Lernens, die sich im *kollektiven Handeln* von forschend Lernenden konstituiert und (re-)produziert, kann durch einen Rückgriff auf Mannheim und Bohnsack als *relationales Gefüge* (re-)konstruiert werden.

So lässt sich in der Auswertung der Ergebnisse beispielsweise prüfen, wie die studentische Wahrnehmung des Forschungsprozesses, der Kommiliton/inn/en, der Lehrperson und des Forschungsgegenstandes miteinander in Verbindung stehen. Auf diese Weise lassen sich Relationen bzw. ein relationales Gefüge herausarbeiten, welches das Lernerlebnis evoziert.

Mit Bezug auf die Auswertungsstrategien der dokumentarischen Methode (vgl. Bohnsack 2003), kann der Bildungsraum einer Lehrveranstaltung und deren relationales Gefüge als „konjunktiver Raum" – also als überindividueller, handlungsleitender Erfahrungsraum – analytisch thematisiert werden. So wird es möglich, überindividuelle Erfahrungen des Lernprozesses sowie das relationale Gefüge, die diese Erfahrungen evozieren, analytisch zu (re-)konstruieren. Im Zuge dieser (Re-)Konstruktion lässt sich prüfen, ob es gelang, das forschende Lernen als *Erkenntnishaltung* im Zuge einer Lehrveranstaltung zu realisieren.

Es gilt also, in der Evaluation dem/der einzelnen Lerner/in eine individuelle Stimme zu geben und diese Stimmen dann anhand qualitativer Ansätze in Bezug auf den „Grundtenor" des Lernsettings der Lehrveranstaltung hin zu *verstehen*, der durch das relationale Gefüge evoziert wird.

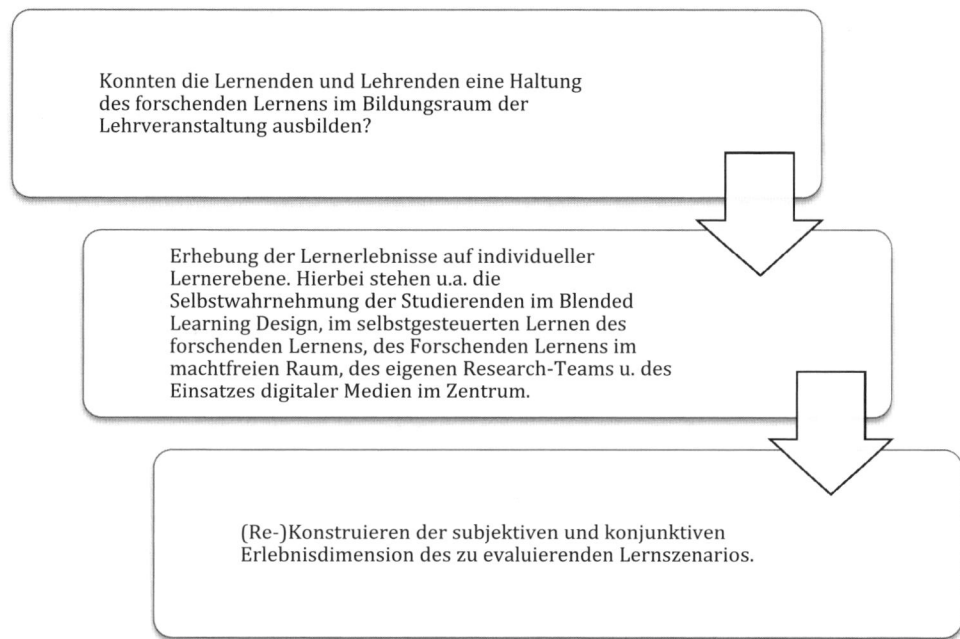

Abbildung 4.5: Operationalisierung für die Ebene des Lernerlebnisses (Ebene 2, eigene
Darstellung).

4.4.3   Auswertungsstrategie: Qualitative Inhaltsanalyse im Kontext der dokumentarischen Methode

Vor dem Hintergrund der theoretischen Überlegungen (v.a. die didaktischen
Paradoxa und das *„Didaktische Rahmenmodell zum forschenden Lernen mit
digitalen Medien"*) wurde zur Auswertung der Evaluationsergebnisse ein, an
der qualitativen Inhaltsanalyse nach Mayring (2011) orientiertes, Verfahren
eingesetzt.

Ausgangspunkt für die Auswertung bildet die Annahme, dass forschendes
Lernen einen Bildungsraum konstituiert. Dieser Bildungsraum lässt sich im
Anschluss an die dokumentarische Methode als ein *konjunktiver Raum* verstehen. Um einen solchen Bildungsraum aus der Perspektive der Lernenden
(re-)konstruieren zu können, wurden theoriegeleitet die verschiedenen Elemente des Raumes identifiziert, die das relationale Gefüge bilden (s.u.), und
die studentische Auseinandersetzung mit diesen Elementen analysiert. Diese
Elemente können inhaltsanalytisch als theoriebasierte deduktive Analyseka-
tegorien verstanden werden.

Um das inhaltsanalytische Verfahren nach Mayring für die dokumentarische
Methode nutzbar zu machen, gilt es aus methodischer Perspektive zu klären,

wie einzelne Äußerungen, die im Zuge der inhaltsanalytisch orientierten Auswertung Kategorien zugeordnet werden, auf einen konjunktiven Raum verweisen können.

> Die Relation zwischen den Äußerungen und dem konjunktiven Raum wird ersichtlich, wenn die einzelnen Äußerungen als Aussagen eines Diskursuniversums verstanden werden, das sich im Bildungsraum des forschenden Lernens entfaltet.

Ein solches Verständnis erfordert es, die Verbindung zwischen „Äußerung" und „Aussage" näher zu beleuchten. Mit Bezug auf die (Re-)Konstruktion des Bildungsraumes durch inhaltsanalytische Verfahren im Kontext der dokumentarischen Methode, erscheint in diesem Kontext die Differenz zwischen „Äußerung" und „Aussage" als relevant, auf die Bührmann & Schneider (2008) hingewiesen haben:

> Gegenüber Äußerungen als zeitlich-räumlich spezifische Aussagenereignisse fungieren Aussagen gleichsam als Atome, als konstitutive systematische Bestandteile diskursiver Formierungen bzw. Diskursen. Der Begriff der ‚Aussage' bezeichnet nicht einfach eine Proposition, einen Satz, einen konkreten Sprechakt oder gar einen bestimmten geäußerten Inhalt. Die ‚Aussage' stellt vielmehr eine Funktion dar, die wiederholbar ist, da sie im Diskurs in der Form sprachlicher Zeichen etwas zu etwas anderem in Beziehung setzt. Insofern bezeichnen Aussagen die ‚regel-mäßigen' wiederkehrenden zeichenhaften Verkettungen von Bedeutungsrelationen, die zwar als Funktion des jeweiligen Praxis- bzw. Anwendungsfelds, in das sie eingestellt sind, durch eben dieses Anwendungsfeld, also durch ihren jeweiligen Kontext in ihrer faktischen Wiederholbarkeit eingegrenzt werden (Bührman & Schneider 2008, S. 25f.).

> „Äußerungen" aktualisieren metonymisch diskursive Strukturen („Aussagen"), welche den Bildungsraum signifikant mit definieren. Diese diskursiven Strukturen bzw. Aussagen lassen sich wiederum durch die Regelhaftigkeit der Äußerungen und deren Bedeutungskerne (re-)konstruieren. Eine solche (Re-)Konstruktion kann durch Rückgriff auf die Strategien der strukturierenden Inhaltsanalyse herausgearbeitet werden.

Durch die Analyse der einzelnen Äußerungen und deren inhaltlicher Abstraktion (Mayring 2010, S. 67ff.) ist es möglich, verschiedene singuläre Äußerungen einer Kategorie zuzuordnen und die Relationen der Kategorien herauszuarbeiten. Durch dieses Vorgehen können die Aussagen und damit das relationale Bedeutungsmuster des konjunktiven Bildungsraumes (re-)konstruiert werden.

> Die „Aussagen" stellen Kategorien dar, die durch die Zuordnung von Äuße-
> rungen validiert, ausdifferenziert oder modifiziert und ggf. falsifiziert werden
> (letzteres ist der Fall, wenn einer Kategorie keine Äußerung zugeordnet wer-
> den kann).

Mayring (2010) verweist darauf, dass „die qualitative Inhaltsanalyse Verfahren
anbietet, bei denen die synthetische Kategoriekonstruktion im Vordergrund
steht, also das Kategoriensystem erst das Ergebnis der Analyse darstellt" (Mayring 2010, S. 49). Die theoretisch entwickelten Kategorien lassen sich dementsprechend als „bewährt" verstehen (vgl. Popper 1974), wenn die Kategorien
bzw. die Aussagen durch Äußerungen empirisch fundiert werden (dies kann im
Zuge der Analyse eine Ausdifferenzierung, Modifikation und ggf. eine Substitu-
tion der Kategorien erfordern). Das Auffüllen der Kategorien mittels Äußerungen lässt sich als „Validierungsprozess" der Analyse begreifen.
Durch die

- Differenzierung zwischen „Aussagen" und „Äußerungen" sowie
- das Verständnis von „Aussagen" als Kategorien im Sinne qualitativer Inhaltsanalyse, die durch Äußerungen validiert werden,

wird es möglich, eine zentrale Differenz zwischen Mayrings und Bohnsacks
Ansätzen zu überbrücken, auf die u.a. Kruse (2015) hinweist. So problematisiert
Kruse (2015), dass Mayrings inhaltsanalytische Ansätze „bei einer ‚Inventari-
sierung' der Äußerungsebene stehen" bleiben (Kruse 2015, S. 401) und dabei
„nicht auf eine Rekonstruktion des Aussagensystems" (ebd.) abzielen. Für den
Analyseprozess ist es folglich entscheidend, dass die gewonnen Aussagen *in
Beziehung* zueinander gesetzt werden, um derart das *Bedeutungsmuster des
Bildungsraums* zu (re-)konstruieren. Um eine solche (Re-)Konstruktion des
Bedeutungsmusters des konjunktiven Raums zu leisten, erscheint in diesem
Kontext die Analysetrias der dokumentarischen Methode „objektiver Sinn/Aus-
druckssinn/Dokumentensinn" als relevant:[21]
Für die inhaltsanalytische (Re-)Konstruktion des Bildungsraumes des forschenden Lernens, die im Rahmen der Evaluation durchgefürt wurde, werden vor
allem der „objektive Sinn" und der „Dokumentensinn" herangezogen. Um die
Aussagen anhand der Analyse des objektiven Sinns sowie des Dokumentensinns
zu fassen, werden Äußerungen im Sinne des „komprimierenden" sowie „resümie-
renden" Verfahrens (u.a. die sogenannten „Z-Regeln", die zu einem angemessenen Verständnis des Materials auf einer analytisch-abstrahierenden Ebene führen
sollen, vgl. Mayring 2011, S. 67ff.) als metonymische Manifestationen von Aus-

---

21 Der „objektive Sinn" lässt sich als der konkret kommunizierte Inhalt verstehen, der
„Ausdruckssinn" als konnotierte Einfärbung des Gesagten, der „Dokumentensinn"
verweist auf das zugrundeliegende Aussagengefüge.

sagen kategorisiert. Derart lässt sich die „Be-Deutung"[22] des konjunktiven Raumes (re-)konstruieren. Die Dimension der konnotativen „Be-Deutung" der jeweiligen Äußerung (der Bedeutungssinn) wird folglich ausgespart.

Kruse weist erkenntniskritisch darauf hin, dass solche (Re-)Konstruktionen, die im Zuge der Analysen erarbeitet werden, selbst Deutungen bzw. Interpretationen darstellen:

> An dieser Stelle soll [...] darauf hingewiesen werden, dass der ‚dokumentarische Sinn' zwar in einem *deskriptiven Rekonstruktionsprozess datenzentriert* herausgearbeitet werden muss – er ist jedoch eine *Interpretation*. Er stellt nichts dar, das an sich objektiv gegeben wäre, sondern muss für sich gesehen in seinem dokumentarischen Gehalt gedeutet werden (Kruse 2015, S. 81f., Hrvh. im Original).

Um eine „Analyse des Sprechens" in einem „deskriptiven (Re-)Konstruktionsprozess" datenzentriert herauszuarbeiten, lässt sich auf Strategien, die an der inhaltlich-strukrierenden qualitativen Inhaltsanalyse orientiert sind, zurückgreifen.[23]
In dem Fall der hier präsentierten Evaluationsergebnisse wird bei der Auswertung der Daten kategoriebasiert gearbeitet, wobei die Kategorien theoriegeleitet formuliert wurden. Die Kategorien stellen die Relationen der Lernenden zu den anderen relevanten Elementen/Akteuren des forschenden Lernens mit digitalen Medien dar.

In Zusammenarbeit mit Soziolog/inn/en der Freien Universität Berlin, die bereits die Konzeptionierung der Fragebögen zur Evaluation unterstützten, wurde für die evaluierten Pilotlehrveranstaltungen in einem ersten Kodierdurchgang jeweils das Material nach Hauptkategorien kodiert und in einem weiteren Kodierverfahren die deduktiven Hauptkategorien u.a. durch induktive Kategorienbildung einer Validierung, Ausdifferenzierung und Modifikation unterzogen. Im Zuge dessen wurden Ankerbeispiele identifiziert. In einem anschließenden Durchgang wurde das Material abschließend kodiert und in Folge dessen eine Strukturanalyse der Relationen der Kategorien erarbeitet (wie bilden die Relati-

---

22 „‚Be-Deutung' drückt sich dabei in einem dokumentarischen, konjunktiven Sinngehalt aus, der rekonstruiert werden kann über die Analyse des Sprechens." (Kruse 2015, S. 81, Hrvh. im Original).

23 Anhand der inhaltlich-strukturierenden qualitativen Inhaltsanalyse lässt sich durch eine Orientierung an Themen/Aspekten eine Struktur aus dem empirischen Material herausarbeiten. Die inhaltliche Relation von Aspekte/Themen wird (re-)konstruiert. Diese Relationen konstituieren eine Struktur (Mayring verweist darauf, dass neben einer inhaltlichen Strukturierung auch andere Strategien wie syntaktische, typisierende und skalierende Strukturierungen zum Einsatz kommen können und der Analyseschwerpunkt dementsprechend beispweise auf der Synatx liegt).

onen, welche die Kategorien miteinander verbinden, eine Struktur?). Dadurch, dass der Umfang des Materials übersichtlich war, konnte bei jedem Kodiervorgang das ganze Material berücksichtigt werden. Für das forschende Lernen wurden folgende Elemente identifiziert, die den Bildungsraum des forschenden Lernens aufspannen, im Sinne der strukturierenden Inhaltsanalyse die Hauptkategorien für die Analyse bildeten und im Verlauf ausdifferenziert wurden:

- *Andere Studierende:* „Wie wurde die Zusammenarbeit mit anderen Studierenden wahrgenommen?"; „Wurde in der studentischen Kommunikation ein machtfreier Raum konstruiert, der den inhaltlichen Austausch fokussierte oder wurde ein kompetitives Verhältnis eingenommen?".

- *Research-Teams:* „Wie verlief die Arbeit in den studentischen Research-Teams (z.B. empathisch anerkennend oder abgrenzend)?"; „Gab es einen inhaltlichen Fokus oder stand eine möglichst schnelle Erfüllung der Pflichtaufgaben im Zentrum der Arbeit?".

- *Rolle der Lehrperson:* „Wie wurde die Lehrperson wahrgenommen?"; „Konnte eine dialogische Form der Interaktion realisiert werden oder wurde die Lehrperson als normativ-autoritäre Instanz wahrgenommen?"; „Hatte die Lehrperson die Rolle eines mäeutischen Begleiters, zog sie sich völlig zurück oder hat sie zu viele Arbeitsschritte bzw. Struktur vorgegeben?".

- *Inhaltliche Auseinandersetzung:* „Wie haben die Studierenden die inhaltliche Interaktion wahrgenommen?"; „Konnte Interesse für das Thema geweckt werden?"; „Wurde mehr Workload als vorgegeben oder das Mindestmaß an Workload in die Bearbeitung der Aufgaben investiert?".

- *Motivation:* „Was erzählen die Studierenden über Ihre Motivation?"; „Waren Studierende im Prozess des forschenden Lernens motiviert und wenn ja, wie zeigte sich dies und wie begründen die Studierende ihre Motivation?".

- *Selbstgesteuertes Lernen:* „Wie beurteilen Studierende das selbstgesteuerte Lernen, das v.a. durch die Online-Phasen ermöglicht wird?"; „Wird das eingeforderte selbstgesteuerte Lernen als Möglichkeitsraum wahrgenommen, in dem eigene Interessen formuliert und diesen nachgegangen werden kann?"; oder „Fühlen sich die Studierenden in den Phasen des selbstgesteuerten Lernens allein gelassen?".

4.5 Von der Evaluation zum Design Based Research Ansatz

Die hier vorgestellte Evaluationsstrategie wird der Lernerzentrierung des Ansatzes des forschenden Lernens insofern gerecht, als dass durch das Erheben der *Erlebnisdimension* des forschenden Lernens die Lernenden Raum für ihre individuelle Narration der Wahrnehmung der Lehrveranstaltung erhalten. Die Studierenden beurteilen durch ihre Äußerungen signifikant mit, ob Qualitätsparameter eingehalten werden konnten. Gerade im forschenden Lernen ist, wie schon im ersten didaktischen Paradox formuliert, das forschende Lernen (und damit das Realisieren der Qualitätsparameter) von den Handlungsstrategien und Interaktionsprozessen der Lernenden abhängig. Qualität ist aus dieser Perspektive keine „dem Lernmedium innewohnende Eigenschaft" (Ehlers 2011, S. 26). Vielmehr lässt sich Qualität als Güte von Bildungs- sowie Lernprozessen und damit auch von Interaktionsprozessen verstehen. Qualität kann in diesem Kontext als ein Effekt verstanden werden, der „gewissermaßen in einem Ko-Produktionsprozess zwischen Lerner und Lernangebot entsteht" (Ehlers 2011, S. 26).

Die Akteure beurteilen also nicht lediglich die Güte des Prozesses des forschenden Lernens, sondern bringen diese konstitutiv mit hervor. Wenn Evaluation hier das Ziel hat, die Qualität einer Lehrveranstaltung zu erheben und Optimierungspotenzial zu identifizieren, die Lernenden aber an dem Hervorbringen dieser Qualität signifikant beteiligt sind, erodiert die Dichotomie „Evaluierende/Evaluanden". Eine Konsequenz dieser Überlegungen besteht darin, die Lernenden im Sinne der *normativen Selbsttätigkeit* dazu anzuhalten, quasi metareflexiv als Evaluierende ihre eignen Lernstrategien und ihr eigenes Lernhandeln im sozialen Kontext zu thematisieren.

> Wenn Lernende […] so zentral in die Qualitätsentwicklung mit einbezogen werden, dann sind beteiligungsorientierte Verfahren notwendig, um Qualität im Sinne eines Aushandlungsprozesses zwischen Lehrenden und Lernenden gestalten zu können. Am Bildungsprozess Beteiligte benötigen dann auch die Kompetenz, Qualitätsentwicklung als solch offenen und konstruktiven Prozess zu verstehen, für den sie zusammen Verantwortung tragen. (Ehlers 2011, S. 7)

Lernende werden zu Forschende, die metareflexiv durch die Beantwortung der offenen Fragen des Fragebogens, der in der summativen Evaluation eingesetzt wird, ihr forschendes Lernen reflektierend „erforschen". Den Studierenden wird es derart ermöglicht, eine kritische Perspektive auf das eigene Lernen zu entwickeln (vgl. Reich 2008, S. 182ff.).

> Darüber hinaus lässt sich die (Re-)Konstruktion des Bildungsraumes des for-
> schenden Lernens als ein *didaktisches Forschen* verstehen, das lehrveranstal-
> tungsübergreifend die Erlebensdimension des forschenden Lernens themati-
> siert. Ein solches *didaktisches Forschen* lässt sich als Evaluationsforschung
> im Sinne des Design Based Research-Ansatzes (DBR) verstehen. Die Er-
> kenntnisse, die durch die Ausweitung der Evaluation des forschenden Ler-
> nens hin zu einem didaktischen Forschen gewonnen werden, können zu ei-
> nem Desiderat des forschenden Lernens beitragen: die Beforschung des for-
> schenden Lernens im Sinne eines Scholarship of Teaching (vgl. Huber
> 2013a).

Die These, dass die Evaluation, die ursprünglich der Qualitätssicherung des
forschenden Lernens dient, zu einem didaktischen Forschen zum forschenden
Lernen ausgeweitet werden kann, wird im Folgenden entfaltet. Ausgangspunkt
bildet hierbei der Design Based Research-Ansatz.

Easterday, Lewis und Gerber (2014) definieren „DBR as a process that inte-
grates design and scientific methods to allow researchers to generate useful prod-
ucts and effective theory for solving individual and collective problems of education" (Easterday, Lewis & Gerber 2014, S. 319). Ein Ziel des DBR-Ansatzes
kann darin gesehen werden, didaktische Szenarien nicht nur zu evaluieren, sondern anhand einer Forschungsfrage zu beforschen:

> Resultieren sollen daraus sowohl kontextualisierte Theorien des Lernens und
> Lehrens einschließlich Wissen zum Designprozess (theoretischer Output) als
> auch konkrete Verbesserungen für die Praxis und die Entfaltung innovativer Po-
> tentiale im Bildungsalltag (praktischer Output) (Reinmann 2005, S. 61).

DBR-Ansätze gehen über die Evaluationsforschung hinaus, da ein weitergehen-
des Erkenntnisinteresse als die Qualitätsoptimierung formuliert wird. In DBR-
Ansätzen steht weniger die „Überprüfung und Perfektionierung eines ‚Pro-
dukts'" (Reinmann 2005, S. 63) im Vordergrund. Evaluation und (didaktisches)
Forschen gehen synergetisch ineinander auf, da im DBR-Ansatz auch „ein grö-
ßeres theoretisches Verständnis von Lernen und Lehren" (ebd.) sowie „die Entwicklung von Theorien" thematisiert werden „die über den Einzelfall" (ebd.)
hinausgehen: „*DBR differs from design practice in that it does not just produce
an educational intervention but makes use of nested scientific processes to produce theory*" (Easterday, Lewis & Gerber 2014, S. 6), Hrvh. im Original). Dieser Prozess der Theoriebildung ist in konkrete Lehr-/Lerndesigns eingebettet
und dadurch ein Forschen in der „real-world", das die Komplexität von kontex-
tualisierten Lernprozessen angemessen aufzuarbeiten hat: „The design-based
researcher is humble in approaching research by recognizing the complexity of
interactions that occur in real-world environments and the contextual limitations
of proposed designs" (Amiel & Reeves 2008, S. 35).

Der DBR-Ansatz verfolgt als eine spezifische Form der anwendungsorientierten Forschung eine doppelte Zielsetzung: DBR „aims at making both practical and scientific contributions in the chosen field" (Cotten, Lockyer & Brickwell 2009, S. 2). Diese Zielsetzung ist allerdings nicht auf eine spezifische Methode beschränkt (vgl. Easterday, Lewis & Gerber 2014, S. 323; Reinmann 2005, S. 63), sondern muss dem beforschten Erkenntnisgegenstand angemessen sein. Ist die Methodenwahl offen bzw. hängt die Methodenwahl vom spezifischen Forschungsinteresse ab, ist dem DBR dagegen eine iterative Struktur zu eigen, die aus „kontinuierlichen Zyklen von Gestaltung, Durchführung, Analyse und Re-Design" (Reinmann 2005, S. 62) besteht (vgl. dazu auch Easterday, Lewis & Gerber 2014, S. 319).

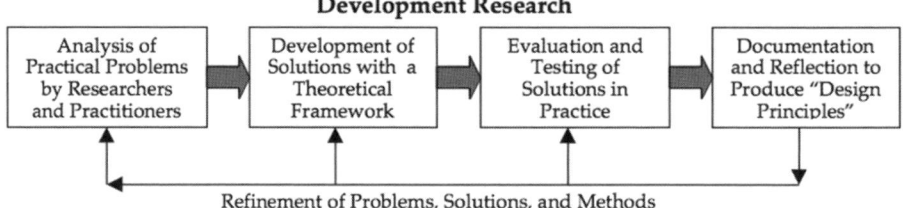

Abbildung 4.6: Development Research (Reeves 2000, S. 9).

Die Evaluationsebene, die die Erlebnisdimensionen des forschenden Lernens fokussiert, ermöglicht eine Optimierung des Lernerlebnisses, in dem Dysfunktionalitäten in dem Lehr-/Lerndesign und der Moderation der Arbeitsatmosphäre seitens der Dozent/inn/en aufgearbeitet werden können. Darüber hinaus können die Evaluationsergebnisse im Sinne des DBR-Ansatzes für die Rekonstruktion des Erlebens des forschenden Lernens herangezogen werden. Dabei lassen sich zwei Leitfragen formulieren:

- Wie wird forschendes Lernen von den Akteuren individuell erlebt? Und:
- Wie lässt sich der konjunktive Erfahrungsraum analysieren, der im Zuge des forschenden Lernens konstruiert wird?

Mit Bezug auf diese Leitfragen lässt sich veranstaltungsübergreifend im Sinne einer provisorischen Generalisierung prüfen, ob über die einzelnen evaluierten Lehrveranstaltungen hinaus sich eine Erkenntnishaltung des forschenden Lernens konstatieren lässt.

Dieses übergeordnete Forschungsinteresse transzendiert die Evaluations-
frage nach der Qualitätsoptimierung in den einzelnen Lehrveranstaltungen
und reichert die Evaluationsstrategien zur Erhebung der Qualität des forschenden Lernens mit einem weitergehenden Erkenntnisinteresse an. Die verschiedenen Evaluationen können als Teil eines iterativen Prozesses angesehen werden, der

- zum einen im Sinne eines veranstaltungsübergreifenden Evaluations-
  kreislaufs, zugleich aber auch als
- DBR-Prozess gedeutet werden kann, wie er von Reeves (2000) entwickelt worden ist.

Im nächsten Kapitel werden Pilotlehrveranstaltungen und die dazugehörigen
Evaluationsergebnisse vorgestellt. Alle Beispiele sind im Bereich der Bildungswissenschaften angesiedelt und reichen von der „Geschichte der Pädagogik" über „Wissenschaftstheorie für Pädagog/inn/en" bis hin zur „Qualität im
e-Learning". Die Lehrveranstaltungen wurden gezielt als Pilotlehrveranstaltungen durchgeführt. Im Rahmen dessen wurde die didaktisch-technische Betreuung der Lehrveranstaltung von Birte Heidkamp organisiert, während David
Kergel zumeist die Rolle des Lehrenden bzw. Dozenten einnahm.[24] Allerdings
verlief diese Arbeitsteilung nicht trennscharf, was auch erklärt, dass einige Studierende von zwei Dozent/inn/en sprechen. Die hier präsentierten Pilotlehrveranstaltungen wurden so gewählt, dass in zwei Beispielen prototypisch der Einsatz des Seminarblogs dargestellt wird. Als drittes Beispiel wurde eine Lehrveranstaltung gewählt, die exemplarisch das digitalbasierte konstruktive Feedback
einsetzt. Mit Darstellung der vierten Pilotlehrveranstaltung wird ein Beispiel für
die Einbindung anderer Web 2.0 Medien in den Seminarblog anhand des
Microbloggingtools Twitter gegeben.

Wenn im Folgenden Kapitel neben den Lehrveranstaltungen auch die jeweils
dazugehörigen Evaluationsergebnisse vorgestellt werden, steht dahinter auch – im
Zuge der (Re-)Konstruktion des Bildungsraumes – das Erkenntnisinteresse, die
Dynamiken des forschenden Lernens (mit digitalen Medien) veranstaltungsübergreifend im Sinne des DBR-Ansatzes zu (re-)konstruieren.

---

24 Bei der Lehrveranstaltung „*e-Portfolio und forschungsbasiertes Lernen – Wissenskonstruktion mit digitalen Medien*" (WiSe 2013/14) war Birte Heidkamp Dozentin,
die Lehrveranstaltung „*Das Ich und das Netz – Subjektorientiertes e-Learning 2.0 in
Practice*" (WiSe 2014) wurde als Tandem-Lehre organisiert.

5 Forschendes Lernen mit digitalen Medien in Practice

5.1 Seminar: Lernen verstehen Qualitative Zugänge zum Lernerlebnis

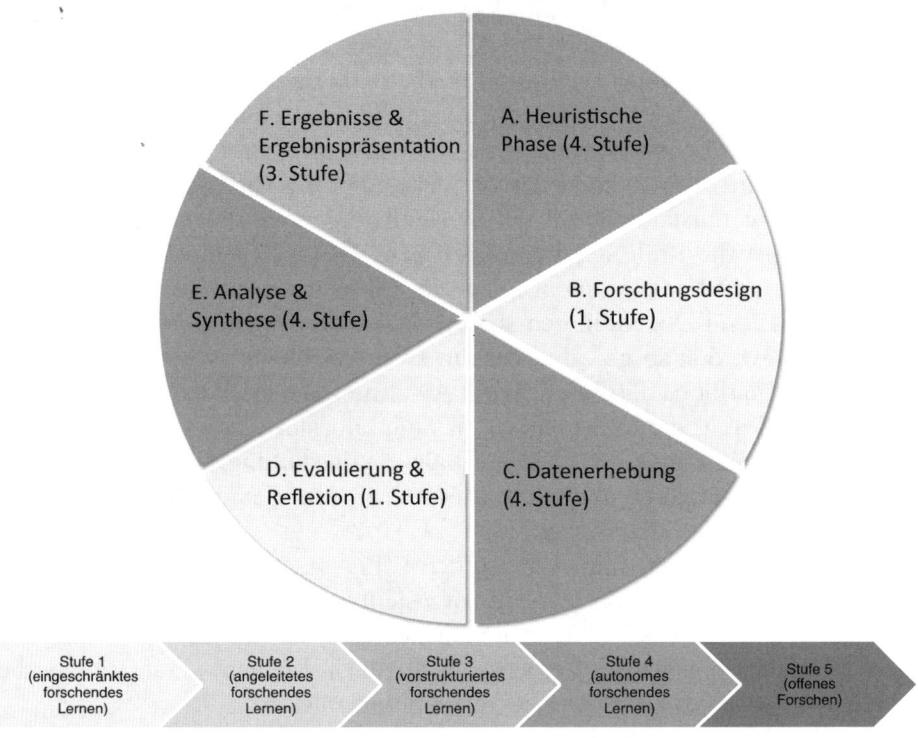

Abbildung 5.1: Forschungskreislauf und Stufen-Legende für die Lehrveranstaltung *„Lernen verstehen – Qualitative Zugänge zum Lernerlebnis"* (Wintersemester 2014/2015, eigene Darstellung).

Eingesetzte digitale Medien: Seminarblog

Im Rahmen der Lehrveranstaltung *„Lernen verstehen – Qualitative Zugänge zum Lernerlebnis"* (Master, 27 Teilnehmer/innen, im Folgenden mit *„Lernen vertehen"* abgekürzt) wurden wissenschaftstheoretische Theorien und Diskussionen produktions- sowie handlungsorientiert anhand studentischer Forschungsprojekte vermittelt. Hierbei war den Studierenden die Form der Datenerhebung vorgegeben: Die Studierenden waren im Rahmen der Lehrveranstaltung dazu aufgefordert,

- ein Forschungsthema in einem vorgegebenen Forschungsfeld (Lernerlebnisse) zu bestimmen und

- eine Forschungsfrage zu entwickeln.

- Anschließend sollte ein Interview-Design ausgewählt[25] sowie

- ein Interview durchgeführt werden.

- In einem nächsten Schritt sollte der Methodeneinsatz auf handwerklicher Ebene reflektiert werden („was klappte gut und was nicht?"). Zudem waren die Studierenden angehalten,

- eine Zusammenfassung des Interviews zu verfassen,

- die interessanteste/bemerkenswerteste Stelle des Interviews zu benennen und drei signifikante Zitate zu transkribieren (oftmals transkribierten die Studierenden aus Eigeninteresse das ganze Interview und führten zum Teil mit Rückgriff auf den Ansatz des theoretical Samplings weitere Interviews durch).

- Abschließend waren die Studierenden aufgefordert, eine individuelle Reflexion einzureichen.

Bis auf die individuelle Reflexion sollte jeder Arbeitsschritt auf dem Seminarblog dokumentiert werden (die Studierenden verfügten pro Gruppe über ein Login für dem Seminarblog). Hierfür verfügte jedes Research-Team über einen eigenen Bereich auf dem Seminarblog (vgl. Abbildung *5.2*, die exemplarisch den Arbeitsbereich von Team A zeigt). Hier konnten die Studierenden auch individuell mit dem Dozenten kommunizieren – der Bereich konnte aber auch im Sinne einer Öffnung des Forschungsprozesses von anderen Teams kommentiert bzw. eingesehen werden.

Generell sollte von den Studierenden eine deskriptive bzw. hermeneutisch (re-)konstruierende Forschungsperspektive eingenommen werden. Durch dieses Szenario wird eine praxisnahe, kontrastreiche Auseinandersetzung mit verschiedenen wissenschaftstheoretischen Positionen ermöglicht: Beispielsweise waren die Studierenden aufgefordert, zu diskutieren, ob und wenn ja, warum bzw. warum nicht das eigene Forschungsprojekt als „qualitatives Forschungsprojekt" quantitativen Gütekriterien entspricht. So sollte eine Auseinandersetzung mit wissenschaftstheoretischen Überlegungen aus der Praxis des forschenden Lernens heraus gewährleistet sein. Die Vorgabe zur Forschungsfrage bestand darin, dass diese ein einschneidendes Lernerlebnis thematisieren sollte. Die Studierenden

---

25 Die Wahl der spezifischen Interviewform sollte sich an dem Erkenntnisinteresse ausrichten.

entwickelten vor dem Hintergrund dieser Vorgabe Forschungsfragen, die von der Überwindung von Drogensucht bis hin zur ersten Vaterschaft reichten.

Da dieses Lehrformat stark selbstgesteuertes Lernen erfordert, wurde die Lehrveranstaltung als Blended Learning Design mit Präsenz- und Onlinephasen über den Seminarblog organisiert. Während jede zweite Woche dem studentischen Forschungsprojekt gewidmet war, wurden in den Präsenzphasen wissenschaftstheoretische Ansätze und Diskussionen in Bezug auf die studentischen Forschungsprojekte diskutiert. Um den Theorie-Praxis-Transfer stärker herauszuarbeiten, wurden zusätzlich in den Onlinephasen Aufgaben gestellt, die darauf abzielten, das eigene Forschungsprojekt wissenschaftstheoretisch zu reflektieren.

Tabelle 5.1: Einordnung der Lehrveranstaltung „*Lernen verstehen*" in das didaktische Rahmenmodell für forschendes Lernen (Wintersemester 2013/2014, eigene Darstellung).

5.1.1   Einordnung der Lehrveranstaltung in das Didaktische Rahmenmodell zum forschenden Lernen

Autonomes forschendes Lernen (Stufe 4)	
A. Heuristische Phase	*Studierende generieren selbst Forschungsfragen in einem vorgegebenen Themenfeld. Studierende entwickeln eine eigene Struktur, diese Fragen zu beantworten.*
Studierende entwickeln ein Erkenntnisinteresse und formulieren eine eigene Fragestellung bzw. Forschungsfrage.	Die Studierenden konnten im Rahmen des Themenfeldes (biografisch einschneidende Lernprozesse) frei eine Fragestellung entwickeln. Die Spannweite der entwickelten Forschungsfragen reichte von Fragen zum Lernerlebnis bei der Überwindung von Drogensucht bis hin zu dem Lernerlebnis der ersten Vaterschaft.
Eingeschränktes forschendes Lernen (Stufe 1)	
B. Forschungsdesign *Auseinandersetzung mit einem erkenntnisangemessenen Forschungsdesign.*	*Studierende erarbeiten sich ein Verständnis von einem vorgeschriebenen Forschungsdesign.* Die Struktur dieses Prozesses ist in diesem Lehrszenario stark vorgegeben. Meilensteine gaben die Einhaltung der jeweilig vordefinierten Forschungsschritte vor. Diese tendenziell starke Form der Vorstrukturierung wurde gewählt, damit die Studierenden bei der inhaltlichen Arbeit auf feste Orientierungspunkte wie Methodenvorgaben aber auch einen Zeitplan zurückgreifen konnten.
Autonomes forschendes Lernen (Stufe 4)	
C. Datenerhebung *Studierende recherchieren bereits vorhandene Informationen/Daten oder generieren eigene Daten.*	*Studierende erheben in flexibler Begleitung der Lehrperson Daten.* Die Studierenden ermittelten selbstständig Gesprächspartner für das qualitative Interview und führten dieses durch. Hierbei agierten alle Teams ohne Hilfestellung des Dozenten, lediglich bei der Vorbereitung des Interviews (z.B. Durchsprechen des selbsterstellten Interviewleitfadens) erhielten die Studierenden über den Seminarblog vom Dozenten Feedback.

	Eingeschränktes forschendes Lernen (Stufe 1)
D. Evaluierung & Reflexion	*Studierende prüfen kritisch Daten/Informationen nach vorgegeben Kriterien.*
Studierende unterziehen die Daten einer kritischen Analyse anhand wiss. Qualitätsmerkmale.	Die erhobenen Daten sind anhand von vorgegeben Kriterien geprüft worden. Die vorgegebenen Kriterien ermöglichten es, die Gütekriterien qualitativer und quantitativer Forschung zu kontrastieren. Das eingeschränkte forschende Lernen verfolgte das Ziel, anhand selbst erhobener Daten ein praxisnahes Verständnis von paradigmenspezifischen Gütekriterien und deren wissenschaftstheoretischen Fundierungen zu ermöglichen.
	Autonomes forschendes Lernen (Stufe 4)
E. Analyse & Synthese *Analyse der Daten, in Bezug auf die Forschungsfrage.*	*Analyse und Auswertung eigener Daten mit Bezug auf eine selbst entwickelte Forschungsfrage, Generierung von neuem Wissen.* Zur Auswertung der Daten wurden den einzelnen Research Teams themenspezifische Analyseheuristiken empfohlen, auf die mit Ausnahme eines Research Teams alle zurückgriffen. Bei besagten Research Team ließe sich in dieser Phase folglich von einem offenen Forschen (Stufe 5) sprechen.
	Vorstrukturiertes forschendes Lernen (Stufe 3)
F. Ergebnisse & Ergebnispräsentation	*Studierende sind mit der Fachsprache vertraut, setzen diese bei der Ergebnispräsentation ein und können Begriffe verstärkt in Bezug zueinander setzen.*

Wie lassen sich die Ergebnisse verstehen? Welche Forschungsfragen könnten an diese Ergebnisse anschließen?	Die Ergebnisse des Forschungsprozesses wurden auf dem Seminarblog abgebildet und waren so allen Studierenden zugänglich, die an der Lehrveranstaltung teilgenommen hatten. Es zeigte sich in der Ergebnispräsentation auf dem Blog, dass die Studierenden größtenteils die Daten analytisch aufarbeiten und begrifflich fassen konnten. Dies lag vermutlich auch daran, dass für die gewählten Forschungsfragen seitens der Studierenden bereits ein Vorverständnis vorhanden war. Die inhaltliche Auseinandersetzung der Daten stand während der Lehrveranstaltung im Hintergrund, da im Rahmen des Seminars wissenschaftstheoretische, methodologische und in Konsequenz forschungsmethodische Fragestellungen fokussiert wurden.

Tabelle 5.1: Einordnung der Lehrveranstaltung „*Lernen verstehen*" in das didaktische Rahmenmodell für forschendes Lernen (Wintersemester 2013/2014, eigene Darstellung).

Durch die Analyse der Lernveranstaltung anhand der Phasen und der Stufen des didaktischen Rahmenmodells zeigen sich drei Vorteile dieses Modells:

- Im Abgleich eines konkreten Lehr-/Lernszenarios mit dem didaktischen Rahmenmodell lässt sich die Komplexität eines forschenden Lernens ablesen. Es wird ersichtlich, wie diese Komplexität in den verschiedenen Phasen in seinen Anforderungen an ein selbstgesteuertes Lernen aus didaktischen Gründen variieren kann.

- Zudem wird es durch einen Abgleich zwischen einem konkreten Lehr-/Lernszenario und den abstrakten Formulierungen des didaktischen Rahmenprogramms möglich, das Verständnis der jeweils genutzten Ausdeutung des Forschungsbegriffes im konkreten Lehr-/Lernszenario zu verobjektivieren (zur Breite des Forschungsbegriffs vgl. BAK 1970). Es lässt sich anhand der Kriterien die didaktische Explikation leisten, wie warum in einem Lehr-/Lernszenario des forschenden Lernens geforscht wurde.

Diese Aspekte können zu einem differenzierteren und konkreteren Verständnis von einem forschenden Lernen mit all seinen Dynamiken führen.

5.1.2   Darstellung der Evaluationsergebnisse

Im Folgenden werden die Evaluationsergebnisse zu der Lehrveranstaltung *„Lernen verstehen – Qualitative Zugänge zum Lernerlebnis"* dargestellt. Auf der Grundlage der in Kapitel *4* beschriebenen Evaluationsstrategien wird im Folgendem ein konjunktiver Bildungsraum (re-)konstruiert. Die Äußerungen der Studierenden werden als Teil eines Bedeutungsmusters analysiert. Hierbei wird auf die methodischen Überlegungen zurückgegriffen, die die „Äußerungen" der Studierenden als „Aussagen" verstehen. Auf diese Weise stellt jede Äußerung eine legitime Äußerung im Rahmen eines Diskursuniversums dar.

> Es geht weniger um eine Analyse von Einzelfällen bzw. der hermeneutischen (Re-)Konstruktion der spezifischen Perspektive einzelner Studierende. Eher werden die Aussagen der Studierenden als metonymische Äußerungen einer *Aussagenstruktur* verstanden, die eine Perspektive auf ein Bedeutungsmuster ermöglichen, das den konjunktiven Raum der Lehrveranstaltung konstituiert.

Bei der Analyse sind im Folgenden zu den jeweiligen Punkten mehrere Textstellen/Äußerungen angeführt worden, um die Rekonstruktion des Bildungsraumes so nachvollziehbar wie möglich zu gestalten.

> Im Sinne eines wissenschaftlichen Erkenntnisskeptizismus ist darauf hinzuweisen, dass auch andere Perspektiven auf die Lernveranstaltung und Erlebniserfahrungen möglich sind, die nicht in der Evaluation geäußert wurden.

Das Bedeutungsmuster, welches den Bildungsraum des forschenden Lernens prägt, soll im Folgenden aus der Sicht der Studierenden (re-)konstruierend dargestellt werden. Im Zuge der Analyse ließ sich eine Relation von Elementen herausarbeiten, die den Bildungsraum prägen. Diese Elemente lassen sich inhaltsanalytisch orientiert in folgende Kategorien fassen:

- Selbstwahrnehmung der Studierenden im Blended Learning Design und im selbstgesteuerten Lernen (*5.1.2.1*),
- Wahrnehmung des forschenden Lernens (*5.1.2.2*),
- Forschend Lernen im machtfreien Raum (*5.1.2.3*),
- Wahrnehmung des eigenen Research-Teams (*5.1.2.4*),
- Wahrnehmung des Einsatzes digitaler Medien (*5.1.2.5*),
- Beurteilung des Seminarblogs (*5.1.2.6*).

Im Folgenden sollen diese Kategorien eingehender erläutert werden.

5.1.2.1 Selbstwahrnehmung der Studierenden im Blended Learning Design und im selbstgesteuerten Lernen

Diese Kategorie ist dadurch definiert, dass sich ein/e Studierende/r metakognitiv in Bezug zu dem selbstgesteuerten Lernprozess setzt. Studierende beschreiben nicht ihr Lernen bzw. ihre Erfahrungen in der Lehrveranstaltung, sondern reflektieren diese und geben im Idealfall vor diesem Hintergrund Impulse für Verbesserungen für das Lehr-/Lerndesign. Im Prinzip gaben die Fragestellungen (z.B. die Frage nach der Lernerfahrung im Forschungsprozess oder dem Verbesserungsbedarf) eine solche Reflexion vor. Das Reflexionsangebot der Evaluation wurde von allen Studierenden (N=27) angenommen.[26]

Ein zentrales Element, das die Struktur der Lehrveranstaltung mit definierte und in Konsequenz die Selbstwahrnehmung der Studierenden im selbstgesteuerten Lernen beeinflusste, bestand im Blended Learning Design.

Die strukturierte Offenheit des Blended Learning Designs wurde von den Studierenden in der Mehrheit angenommen. So zeigte sich zwar bei der Einschätzung des Workloads („Bedeutete diese Form der Seminardurchführung mehr oder weniger Workload?") keine Tendenz. Für 12 Studierende (44,4 %)[27] bedeutete dies mehr Workload, für 12 andere Studierende weniger (zwei Studierende [7,4 %] antworteten mit einem „weder-noch", eine Person hat keine Angabe gemacht). Dagegen zeigte sich bei der Frage, in welchem Seminarkonzept mehr gelernt wird (in einem traditionellen Präsenzseminar oder in diesem Seminarkonzept) eine Tendenz der Präferenz: So antworteten 16 von 27 Studierenden (59,3 %), dass sie in diesem Seminarkonzept mehr lernen würden, 6 Studierende (22,2 %) gaben an, dass dies bei einem traditionellen Präsenzseminar der Fall sei (vier Personen gaben an, dass dies in beiden Seminarformen gleich sei [14,8 %], eine Person hat keine Angabe gemacht). Die Präferenz des vorgestellten Seminarkonzepts zeigte sich auch darin, dass 18 Studierende (66,7 %) diese Form des selbstorganisierten Lernens im Blended Learning Design einem traditionellen Seminar vorziehen würden (5 Studierende zogen eine Präsenzsitzung vor [18,5%] und 3 Studierende äußerten keine Präferenz [11,1%], eine Person hat keine Angabe gemacht).

Das selbstgesteuerte Lernen wurde durch das Blended Learning Design ermöglicht. Anhand von Online- und Präsenzphasen entstand eine strukturierte Offenheit. In dieser strukturierten Offenheit konnten die Studierenden selbstgesteuert forschend Lernen. In den Äußerungen zu dem selbstgesteuerten Lernen im Rahmen dieses Blended Learning Designs lässt sich die Relevanz der strukturierten Offenheit erkennen, die zwischen Selbstverantwortung für das eigene Lernen sowie eine als relevant empfundene Betreuung des Dozenten changierten. Die Tendenz, diese Seminarform einem traditionellen Seminar vorzuziehen begründen die Studierenden u.a. wie folgt:

---

26 Das „Reflektieren" wird hier kategorial vom „Beschreiben" abgegrenzt. Während das Beschriebene eine Darstellung des Prozesses ist (z.B. „wir haben dies oder das gemacht"), stellt die Reflexion eine kritische Distanz zu dem Prozess her (z.B. „als wir dies und das gemacht haben, habe ich dies aus denen und jenen Gründen als positiv/negativ empfunden").

27 Die Prozentzahlen wurden zur besseren Lesbarkeit nach der ersten Kommastelle auf- oder abgerundet, deswegen kann es zu leichten Abweichungen kommen.

PKZ[28]22:   Ich fand die Mischung aus eigenem Forschen (und der Zeit dafür durch Online-Phasen) und Präsenzphasen sehr gut. Da einem neben der Präsenzphasen auch Zeit zur eigenen Bearbeitung gegeben wird, fand ich den Workload angemessen.

PKZ 26:   Das erscheint mir sinnvoll- sowohl feste Gruppentermine, als auch regelmäßige Treffen mit dem Dozenten, da beim selbstorganisierten Lernen manchmal die Motivation nachließ, wenn die Unsicherheit zu groß wurde, „ob das alles so Sinn macht" oder ob sich logische Fehler im Denkprozess eingeschlichen haben.

PKZ 19:   Dass man selbst entscheiden konnte womit man sich genau beschäftigen möchte, dass man selbst Zeiten für die Treffen ausmachen konnte und auch, dass durch die zweiwöchentliche Organisation immer genug Zeit für die Gruppenaufgaben war.

PKZ 02:   Voraussetzung um persönlich am besten lernen zu können, stellt eine Mischform aus eigenständigen Lernaufgaben bzw. selbstorganisiertem Lernen sowie geforderten Aufgaben mit festen Fristen und formalen Vorgaben dar.

Das Einbringen eigener Erkenntnisinteressen führte dazu, dass die Studierenden Selbstverantwortung für ihren individuellen Erkenntnisprozess entwickelten:

PKZ 07:   Ich fühlte mich selber verantwortlicher, Inhalte eigenständig herauszufinden, nachzulesen und diese dann in der Präsenzphase aber wieder zu reflektieren und neue Inhalte dazu zu bekommen.

PKZ 26:   Die Fokussierung auf das eigene Interesse konnte den Arbeitsprozess leiten. Dies hat das Eindenken in die gewählten Thematiken stark vereinfacht, weil das gewählte Thema ein bis zwei Gruppenmitglieder „sowieso schon" inhaltlich umgetrieben hat und eine Motivation bestand, sich damit auseinander zu setzen bzw. bestanden bereits alltagsweltliche „Hypothesen".

Die Ablehnung (n=1) bzw. Problematisierung (n=1) des Blended Learning Designs ist dagegen vor allem dadurch geprägt, dass das selbstgesteuerte Lernen Freiheitsräume ermögliche, die vom Lernen ablenken könnten.

---

28 Im Rahmen der Auswertung wurden die Interviewbögen durchnummeriert. „PKZ" steht in diesem Kontext für „Personenkennziffer". Aus Gründen der Nachvollziehbarkeit wurden diese Personenkennziffern bei der hier vorliegenden Ergebnisdarstellung mit abgebildet. So lassen sich beispielsweise Aussagen einzelner Studierenden über die Darstellung der jeweiligen Kategorie hinweg in einen Zusammenhang setzen. Die PKZ-Nummerierung beginnt bei jeder neuen Erhebung bzw. bei jeder evaluierten Lehrveranstaltung von vorn.

PKZ 12:   Im Präsenzseminar bin ich „gezwungen", mich 90 Minuten nur auf die Seminarinhalte zu konzentrieren. Onlinephasen bieten mehr Gelegenheit zur Ablenkung.

PKZ 15:   Wir konnten alles selbst und in unserem Tempo machen, ohne den Anschluss zu verlieren. An manchen Stellen wäre etwas mehr Druck gut gewesen.

Neben der Selbstverantwortung, die die Eröffnung von Freiheitsräumen bedingt und Studierende in die Pflicht nimmt, gab es pragmatische Schwierigkeiten, den Anforderungen eines selbstorganisierten Lernens angemessen begegnen zu können:

PKZ 21:   Teilweise war es anstrengend, neben den ganzen anderen Prüfungsaufgaben hier „am Ball" zu bleiben, das ist allerdings weniger eine Kritik am selbstgesteuerten Lernen, sondern eher an Strukturen. Die Gruppengröße auf 3 Personen zu beschränken wäre eventuell hilfreich gewesen (hier weiß ich allerdings nicht, wie andere Gruppen das empfunden haben).

Die strukturierte Offenheit des Lernszenarios, die durch das Blended Learning Design mit Online- und Präsenzphasen möglich wurde und Phasen des selbstgesteuerten Lernens vorsah, eröffnete einen Möglichkeitsraum, in dem Prozess des forschenden Lernens eigene Interessen zu formulieren. Dieser Möglichkeitsraum wurde von den Studierenden für eine Artikulation des eigenen Erkenntnisinteresses genutzt, wie die Antworten auf die *offene* Frage „Was hat Ihnen an der Form des selbstorganisierten Lernens gefallen?" zeigen (eine Mehrfachnennung war möglich, N=26).

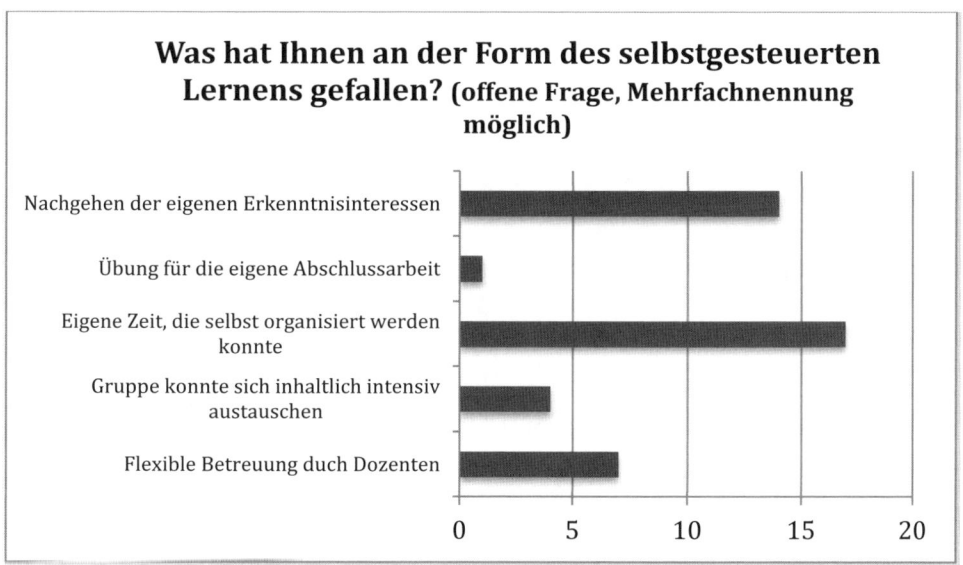

Abbildung 5.3: Balkendiagramm zu der *offenen* Frage: „Was hat Ihnen an der Form des selbstgesteuerten Lernens gefallen?" (Antworten von 26 Teilnehmer/inne/n des Seminars „*Lernen verstehen*", Befragung im Wintersemester 2014/2015, Mehrfachnennung möglich).

Gerade die Wertschätzung der Punkte, die selbstgesteuertes Lernen ermöglichen (die Möglichkeit, die Zeit selbst zu organisieren und das Nachgehen der eigenen Erkenntnisinteressen) lässt sich so deuten, dass in der Tendenz die Studierenden den Möglichkeitsraum, sich als Subjekt ihres forschenden Lernens zu verstehen, reflektierten.

Die Antworten (N=18) auf die Frage, wie das selbstgesteuerte Lernen besser unterstützt werden könne, verweisen u.a. auf die Relevanz, den Studierenden eine Struktur vorzugeben, aus dem heraus sich der Möglichkeitsraum entfaltet. So werden v.a. klare Arbeitsaufträge sowie eine stärkere Verknüpfung zwischen Online- sowie Präsenzphasen und mehr Feedback in den Präsenzphasen zu der studentischen Forschungsarbeit gewünscht. Diese genannten Punkte lassen sich als Indikatoren dafür lesen, dass eine stärkere Strukturierung bzw. Rückbindung des studentischen Forschens an die Lehrperson gewünscht ist, beispielsweise in der Form, dass die studentischen Forschungsprojekte in den Präsenzphasen mehr Raum erhalten:

> PKZ 21:   Mir hätte es gut gefallen, die Interviewinhalte bzw. -ergebnisse stärker ins Seminar einzubeziehen. So „verpuffen" sie. Die Arbeit an den Texten empfand ich als gute Übung. Hauptsächlich hat mich die Arbeit an den Video-Sequenzen begeistert, um theoretische Modelle daran rückzubinden.

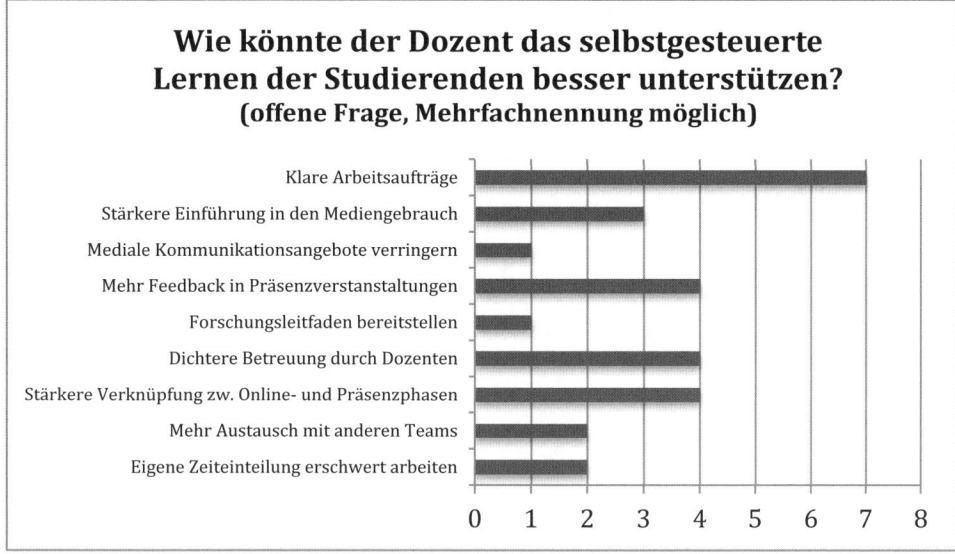

Abbildung 5.4: Balkendiagramm zu der *offenen* Frage: „Wie könnte der Dozent das selbstgesteuerte Lernen der Studierenden besser unterstützen?" (Antworten von 18 Teilnehmer/inne/n des Seminars „*Lernen verstehen*", Befragung im Wintersemester 2014/2015, Mehrfachnennung möglich).

Die bisherigen Ergebnisse lassen sich so deuten, dass forschendes Lernen in diesem Fall zwischen dem Möglichkeitsraum des selbstgesteuerten Forschens und den rahmenden Strukturen changiert (z.B. durch die Präsenzphasen, klare Arbeitsaufträge), die Orientierungspunkte für die studentische Forschungsarbeit geben. Zentral ist hierbei, dass die Lehrperson die Arbeit u.a via Feedbacks dichter begleiten sollte.

Zusammenfassend lässt sich festhalten, dass das Lernszenario aufgrund seiner strukturierten Offenheit, die durch das Blended Learning Design realisiert wurde, eine *normative Selbsttätigkeit* einforderte (Paradox 1, vgl. Kapitel *3.5.1.1. Praxistransfer I: Die Rolle des Lerners oder „das Paradox der normativen Selbsttätigkeit"*). Diese förderte eine intrinsisch motivierte Auseinandersetzung mit dem Inhalt und ein Verantwortungsgefühl, welches sich auch darin zeigt, dass den Studierenden v.a. die eigene Zeiteinteilung sowie das Nachgehen der eigenen Erkenntnisinteressen im Zuge des Lehr-/Lernszenarios gut gefallen hat. Diese beiden Aspekte, stellen Punkte dar, die den Studierenden Verantwortung für ihr eigenes Lernen geben.

5.1.2.2   Wahrnehmung des forschenden Lernens

Das selbstgesteuerte Lernen ging für die Studierenden synergetisch im forschenden Lernen auf. Es wurde keine Differenz zwischen dem „Forschen" und

dem „selbstgesteuerten Arbeiten" geäußert, z.B. in dem Sinne, dass selbstgesteuertes Lernen zwar gut, das Forschen aber nicht die richtige Form dafür sei
o.ä. Selbstgesteuertes Lernen wurde vielmehr als natürlicher Teil des studentischen Forschens wahrgenommen. So lassen sich die Angaben auf die Frage,
was den Studierenden am Forschen gefallen habe (offene Frage, Mehrfachnennung möglich, N=25), als eine weitere Ausdifferenzierung des selbstgesteuerten
Lernens lesen, z.B. die Punkte „Nachhaltigeres Lernen durch Eigenaktivität"
(n=10) und „Eigenständiges Arbeiten generell" (n=9). Die Punkte „Theoretisches Wissen über Forschung in die Praxis umsetzen" (n=8) sowie „Forschen in
Kleingruppen" (n=10) lassen sich wiederum als spezifische Ausprägung des
selbstgesteuerten Lernens durch das forschende Lernen verstehen.

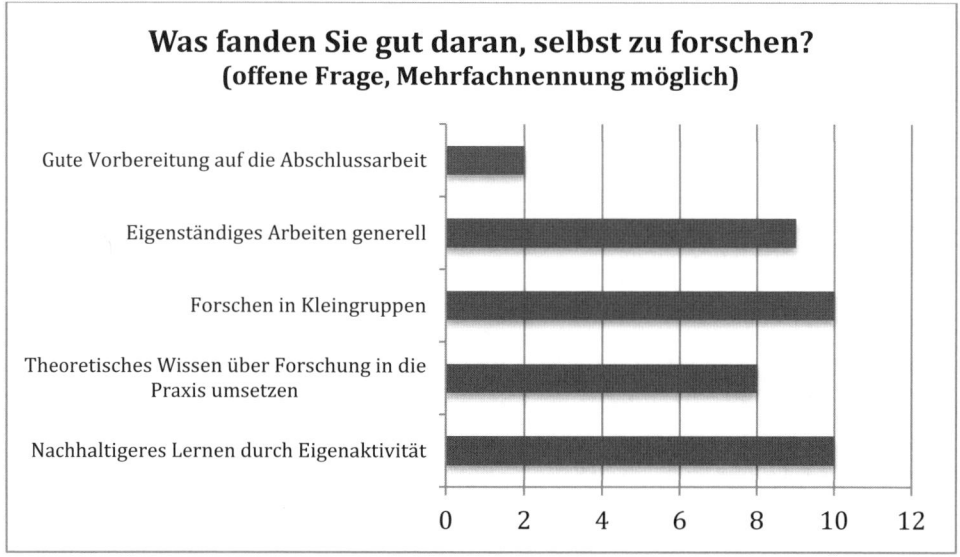

Abbildung 5.5: Balkendiagramm zu der *offenen* Frage: „Was fanden Sie gut daran,
selbst zu forschen?" (Antworten von 25 Teilnehmer/inne/n des Seminars „Lernen verstehen", Befragung im Wintersemester 2014/2015, Mehrfachnennung möglich).

In den studentischen Äußerungen zeigt sich zudem, wie das Zusammenspiel
von dem Nachgehen eigener Erkenntnisinteressen im Zuge des forschenden
Lernens positiv auf die intrinsische Motivation Einwirken kann:

> PKZ 02:   Besonders gut an dem selbstgesteuerten Lernen hat mit gefallen, dass
> man sich in Zusammenarbeit mit den anderen Gruppenmitgliedern ein
> eigenes Forschungsthema und eine eigene -frage erarbeiten und diese
> bearbeiten konnte. Demnach war die Motivation während des gesam-
> ten Prozesses besonders hoch. Es gab mir und den anderen For-
> schungsmitgliedern die Möglichkeit, selbstständig, aber bei Bedarf
> auch unterstützt durch den Dozenten eine eigene Untersuchung durch-

zuführen und sich demnach auch hinsichtlich der Abschlussarbeit aus-
zuprobieren.

PKZ 22: Ich fand die Mischung aus eigenem Forschen (und der Zeit dafür
durch Online-Phasen) und Präsenzphasen sehr gut. Da einem neben
der Präsenzphasen auch Zeit zur eigenen Bearbeitung gegeben be-
kommt, fand ich den Workload angemessen.

PKZ 21: Mir gefiel zum einen die eigenständige Themenwahl in Absprache mit
der Kleingruppe, die Arbeit als Kleingruppe generell. Das Interview
zu führen hat Spaß gemacht und zu neuen Erkenntnissen verholfen, so
dass es nun fast schon schade ist, diese im Seminar nicht mehr präsentieren und weiter ausarbeiten zu können (was wir natürlich in unserer
Freizeit tun könnten, wofür allerdings wenig Zeit ist).

Zur Frage, was fanden Sie gut daran forschend zu lernen?

PKZ 04: Dass das eigene Forschungsinteresse erfüllt wurde und somit mit
Freude bei der Arbeit mehr gelernt wurde als in einem traditionellen
Seminar.

Während des Forschungsprozesses konnten darüber hinaus Reflexionsräume
eröffnet und eine kritische Haltung entwickelt werden:

PKZ 23: […] bei selbstständiger und eigener Arbeit werden viel mehr Dinge
hinterfragt und besprochen, sodass Unsicherheiten gar nicht erst entstehen; Schwerpunktsetzung individuell.

PKZ 17: Es war interessant, das Erkenntnisinteresse zu formulieren und in der
Gruppe zu reflektieren. Die Erhebung hat Spaß gemacht und das
Auswerten ist sehr spannend, da eine Breite an Ergebnissen zum Vor-
schein kam, die gar nicht erwartet wurden.

Das selbstgesteuerte Lernen bzw. das eigene Forschen führte gemäß den Narrationen der Studierenden zu einem nachhaltigeren Lernen. Auf die offene Frage,
„Was fanden Sie gut daran zu forschen?" antworteten 10 (von N=27) Studierende explizit, dass diese Form des Lernens zu einem nachhaltigeren Lernen
führen würde (37 %). Exemplarisch sollen hier drei Antworten der Studierenden
aufgeführt werden:

PZK 26: Das Verständnis eines qualitativen Forschungszugangs konnte gut
nachvollzogen werden; sehr viel besser, als im „theoretischen Nach-
denken" über qualitative Zugänge.

PKZ 24: Durch das selbstständige Erarbeiten prägen sich Sachverhalte besser
ein. Die ständige Präsenz der Inhalte, durch regelmäßiges Arbeiten
führt dazu, dass dieses Wissen auch noch länger abrufbar bleibt. Allerdings führt das auch dazu, dass man nur diese Aufgaben löst und
sich vielleicht nicht weiter mit dem Thema beschäftigt. Fleißige Studenten machen dies natürlich trotzdem. M.M.n. erschwert Gruppenar-

beit aber auch etwas das „mehr Lernen", da auf andere Meinungen Rücksicht genommen werden muss, und man vielleicht nicht immer das selbst nachforschen kann, was einen interessiert und wofür man abseits des vorgegebenen Workloads keine Zeit mehr hat.

PKZ 10: So ist vielmehr hängen geblieben, auch wenn es nur ein kleines Projekt war. Die Arbeit hatte eine gewisse Relevanz und bildet einen roten Faden ab. Vermutlich fanden deshalb auch gute Absprachen statt und es sind alle zu den Treffen erschienen.

Die Narrationen der Studierenden lassen sich wie folgt (re-)konstruieren: Das selbstgesteuerte Lernen ermöglicht einen Bildungsraum, in dem eigene Interessen formuliert wurden und diesen nachgegangen werden konnte. Dies wirkt positiv verstärkend auf die intrinsische Motivation. Im Zuge dessen wurde die Lehrperson nicht als normative Instanz, sondern als flexibler Begleiter wahrgenommen. Das Eröffnen einer dialogischen-mäeutischen Beziehung bzw. das Eröffnen eines machtfreien Bildungsraumes durch eine dialogische Relation der Studierenden-Dozenten-Beziehung wurde von den Studierenden als Unterstützung für ihr forschendes Lernen wahrgenommen. Diese Aspekte zeigen sich besonders in der Dimension des machtfreien Raumes, die das forschende Lernen mit definiert.

5.1.2.3 Forschend Lernen im machtfreien Raum

Gemäß der Überlegungen zum machtfreien Raum als eine Dimension des forschenden Lernens (vgl. *3.8.1 Zwischen Subjektierung und machtfreiem Raum*), wurden Äußerungen zu den *offenen* Fragen (N=15, Mehrfachzuordnungen einer Äußerung zu den Kategorien waren möglich) dieser Kategorie zugeordnet, wenn …

- die solidarisch-anerkennende Egalität zwischen Studierenden bei der Arbeit im Research-Team bzw. bei anderen Gruppen genannt wurde (n=2),
- der Fokus auf den inhaltlichen Austausch (und nicht die Produktorientierung) im Rahmen der Gruppenarbeit stand (n=5),
- eine dialogische Beziehung zum Dozent attestiert wurde (n=1),
- eine Verminderung des Gefühls des Leistungsdrucks durch die Lehrveranstaltung genannt wurde (n=1),
- das selbstgesteuerte Nachgehen des selbst formulierten Erkenntnisinteresses im Zuge des forschenden Lernens (n=12) positiv erwähnt wurde.

Die Wahrnehmung des machtfreien Raumes zeigt sich auch an der veränderten Rolle der Lehrperson, die als Lehrende/r aus semiotischer Perspektive traditio-

nell als normative Instanz in Lehrsituationen angesehen werden kann, da diese
den Inhalt vermittelt, Prüfungsleistungen vorgibt und benotet. Eine andere
Wahrnehmung der Lehrperson manifestiert sich u.a. in den Punkten „Dialog auf
Augenhöhe/dialogische Wissensvermittlung" (n=8), „Bestärkende Rückmeldung" (n=8) sowie „Verständnis des Dozenten für Studierende" (n=8) als Antworten auf die Frage „Was hat Ihnen bei der Betreuung des Dozenten durch den
Dozenten gut gefallen?" (N=27). Diese Punkte lassen sich dahingehend deuten,
dass es im Zuge der Lehrveranstaltung zu einer Abschwächung der Lehrperson
als normative Instanz kam (u.a. durch Punkte wie Dialog auf Augenhöhe, Verständnis des Dozenten für Studierende).

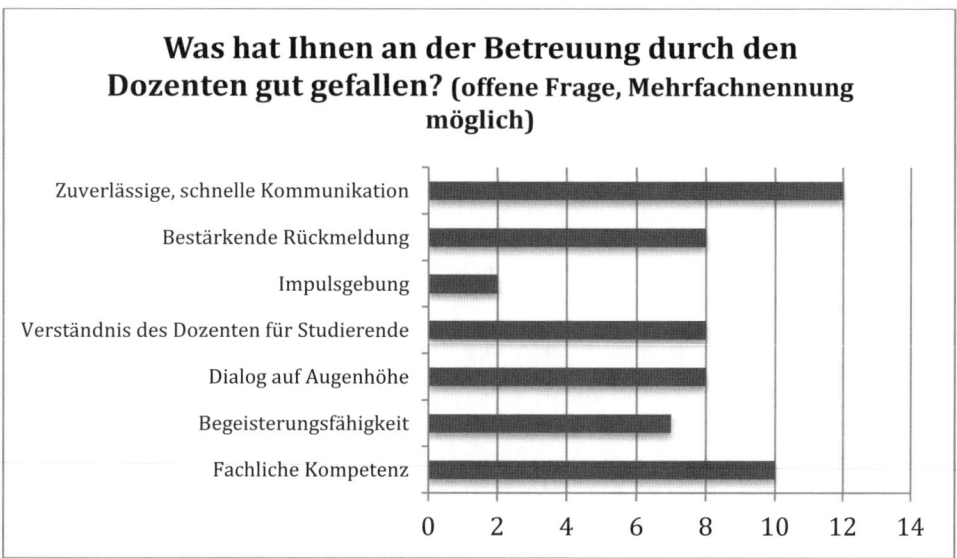

Abbildung 5.6: Balkendiagramm zu der *offenen* Frage: „Was hat Ihnen bei der Betreuung durch den Dozenten gut gefallen?" (Antworten von 27 Teilnehmer/inne/n des Seminars *„Lernen verstehen"*, Befragung im Wintersemester 2014/2015, Mehrfachnennung möglich).

Diese Deutung der Wahrnehmung der Lehrperson seitens der Studierenden lässt
sich anhand der Äußerungen auf diese *offene* Frage weiter (re-)konstruieren. So
wurde beispielsweise die Lernatmosphäre des Seminars wie folgt beschrieben:

PKZ 21:   Einladende Atmosphäre sowohl persönlich als auch räumlich und
           strukturell (bspw. Uhrzeiten), intrinsische Motivation, die durch Be-
           geisterung von anderen auch gestärkt werden kann. Machtverhältnisse
           weitgehend außen vor, ein angenehmes Maß an Herausforderung ohne
           stark zu überfordern.

PKZ 11:   Freiheiten, damit jeder seine eigene Form zum Lernen verwenden
           kann. Die „Ansprüche runterschrauben" (den Druck rausnehmen) und
           motivieren (Lob und Zuspruch), dann macht es Spaß und man lernt

mehr, ist bereit mehr zu lernen und mehr Fleiß in das Seminar zu investieren. Eine gute Anleitung und Unterstützung, kleinschrittig. Wurde meiner Meinung nach bestens in diesem Seminar umgesetzt.

PKZ 07:   Der Austausch zum Thema. Man konnte das Interesse des Dozenten am Thema aber auch an der Arbeit unserer Forschungsgruppe erkennen. Die Kekse und der Tee haben zusätzlich eine gemütliche Atmosphäre geschaffen, so dass mehr das Gefühl eines gemütlichen Austausches als das Gefühl der harten Arbeit entstanden ist. Das brachte auch meiner Meinung nach Motivation, was sich wieder positiv auf unser Engagement ausgewirkt hat.

PKZ 24:   Es gab immer ein offenes Ohr. Probleme wurden nicht retuschiert oder wegdiskutiert, sondern ernst genommen. Es wurde immer auf die Studenten eingegangen, die Dozenten haben also nicht nur ihr „eigenes Ding" durchgezogen.

PKZ 15:   Ich finde es sehr wertschätzend, wenn man mit uns die Inhalte diskutiert und nicht verlangt, dass die kleinen ‚Dummerchen' das aufnehmen und deren Meinung dazu eh nicht interessiert. In diesem Sinne, vielen Dank für diese Evaluation, so ausführlich wurde ich in diesem Master noch nie nach meiner Meinung gefragt.

Zugleich zeigte sich bei den Antworten auf die Frage „Was sollte bei der Betreuung verbessert werden?" (N=16), dass Verbesserungsbedarf in der Erreichbarkeit des Dozenten besteht (n=8). Dies unterstreicht nochmals die Bedeutung der flexiblen Betreuung im forschenden Lernen. Der/die forschend Lehrende, so ließe sich provisorisch verallgemeinernd feststellen, ist ein/e flexibel Lehrende/r, dessen/deren Lehre nicht an die 90 Minuten gebunden ist.

Die Betreuung durch die Lehrperson wurde hier von den Studierenden als wichtiger Faktor im eigenen Prozess des forschenden Lernens wahrgenommen (vgl. Abbildung *5.6*). So wurde es kritisch beurteilt, wenn die Erreichbarkeit der Lehrperson nicht gewährleistet war.

PKZ 24:   Die Erreichbarkeit. Verständlicherweise haben Dozenten viel zu tun und bekommen viele E-Mails, sodass nicht jede Mail gleich beantwortet werden kann. Ich habe also keine konkrete Lösung dafür parat.

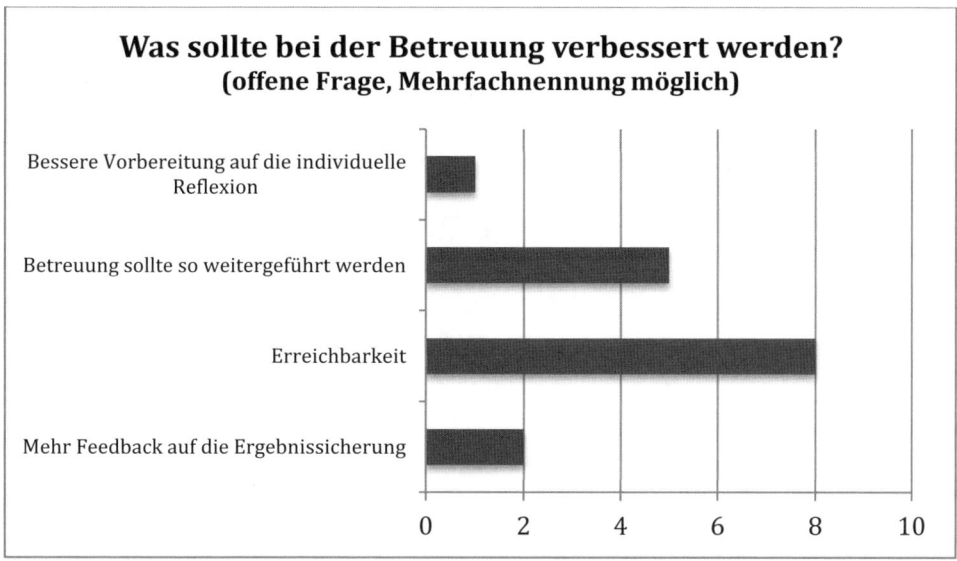

Abbildung 5.7: Balkendiagramm zu der *offenen* Frage: „Was sollte bei der Betreuung verbessert werden?" (Antworten von 16 Teilnehmer/inne/n des Seminars *„Lernen verstehen"*, Befragung im Wintersemester 2014/2015, Mehrfachnennung möglich).

5.1.2.4   *Wahrnehmen des eigenen Research-Teams*

Im Zuge des Prozesses des forschenden Lernens entfaltete sich ein Verhältnis zu den Mitforschenden, das sich als problemlos darstellte, solange bei allen Beteiligten ein Erkenntnisinteresse und damit einhergehend intrinsische Motivation vorhanden war. Dementsprechend wurden auf die *offene* Frage, was im Research-Team gut funktioniert habe (N=26), Punkte genannt, die auf eine gemeinsame Forschungsdynamik verweisen (u.a. „Kooperatives Arbeiten" [n=18], „inhaltliche Auseinandersetzung in der Gruppe" [n=7], „Absprachen in der Gruppe wurden eingehalten" [n=14]).

Auch in den Erzählungen der Studierenden lässt sich nachvollziehen, wie die Forschungsdynamik Gruppenprozesse mit beeinflusst:

> PKZ 07:   Eigene Interessen konnten berücksichtigt werden, der Zugang zum Feld und den Interviewpartnern konnte eigenständig bestimmt werden etc. Wir hatten viele Freiheiten, das fand ich gut. Insgesamt hat das meiner Meinung nach unsere Gruppenarbeit positiv beeinflusst.

> PKZ 02:   Der Arbeitsprozess im Team hat sich im Laufe der Zeit automatisiert. Die Kommunikation im Team war sehr gut und beständig, sodass zu keinem Zeitpunkt Missverständnisse, Nachteile oder Uneinigkeiten entstanden.

142 Forschendes Lernen mit digitalen Medien in Practice

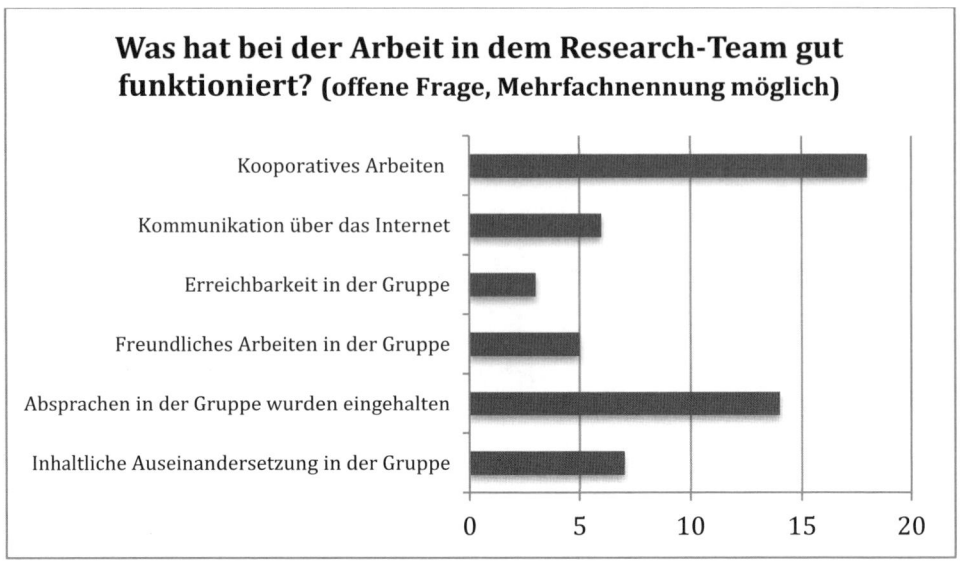

Abbildung 5.8: Balkendiagramm zu der *offenen* Frage: „Was hat bei der Arbeit in dem Research-Team gut funktioniert?" (Antworten von 26 Teilnehmer/inne/n des Seminars „*Lernen verstehen*", Befragung im Wintersemester 2014/2015, Mehrfachnennung möglich).

Wenn das Erkenntnisinteresse allerdings nicht geteilt wurde, wurde dies als Missstand identifiziert, der das Arbeiten erschwerte. Ersichtlich wird dies auch an der Nennung der Punkte auf die Frage „Wie lässt sich Arbeit im Research-Team verbessern?" (n=25, vgl. Abbildung *5.9*), die vorrangig kommunikative Aspekte sowie einen höheren Grad an Verbindlichkeit in dem Research-Team thematisiert:

PKZ 26:   Im Team gab es unterschiedlich hohe Motivation, sich mit den Seminaraufgaben auseinander zu setzen. So entstanden „Reibungsverluste" im Arbeitsprozess, da einige Gruppenmitglieder eher an „effektiver Beendigung" der Aufgabe interessiert waren, andere sich eher intensiv mit einzelnen Aspekten auseinander setzen wollten.

PKZ 14:   Nicht alle Teilnehmenden waren „mit dem Kopf" dabei.

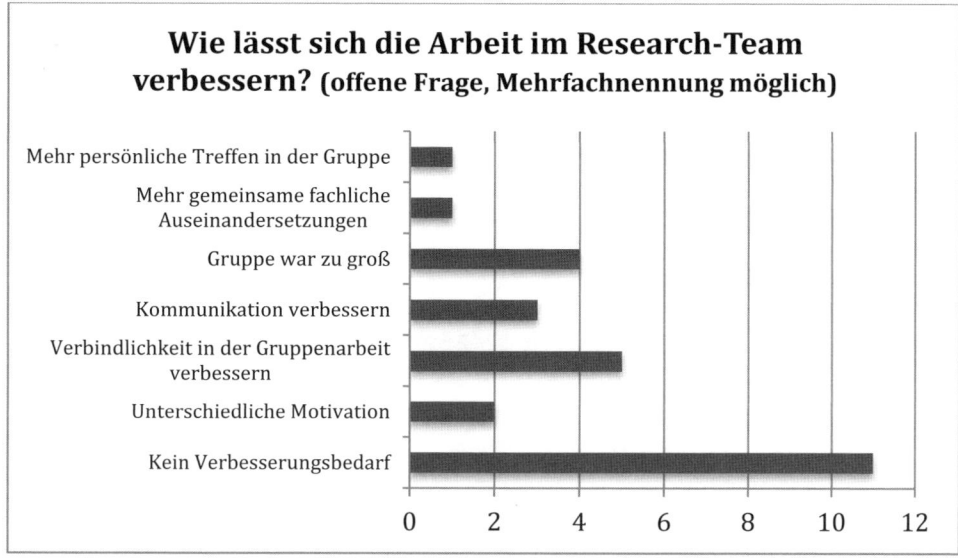

Abbildung 5.9: Balkendiagramm zu der *offenen* Frage: „Wie lässt sich die Arbeit im Research-Team verbessern?" (Antworten von 25 Teilnehmer/inne/n des Seminars „*Lernen verstehen*", Befragung im Wintersemester 2014/2015, Mehrfachnennung möglich).

Die Studierenden außerhalb des eigenen Research-Teams erfuhren in der Reflexion keine Aufmerksamkeit. Dies lag sehr wahrscheinlich daran, dass in diesem Lernszenario kein gruppenübergreifender Peer-Feedback-Prozess implementiert worden ist und die konstruktive Rolle der anderen Studierenden wegfiel, wie sie beispielsweise in den anderen hier dargestellten Praxisbeispielen wie „*Geschichte der Pädagogik*", „*Evaluation von e-Learning*" und „*Das Ich und das*" konzeptionell vorhanden war.

5.1.2.5   *Wahrnehmung des Einsatzes digitaler Medien*

Das Mediennutzungsverhalten im Prozess des forschenden Lernens wurde von den Studierenden nicht gezielt reflektiert. Digitale Medien wurden bei der Gruppenarbeit v.a. als Kommunikations- und Organisationstools eingesetzt, wie die Antworten auf die Frage „Welche Medien haben Sie bei der Gruppenarbeit eingesetzt?" (N=25) zeigen.

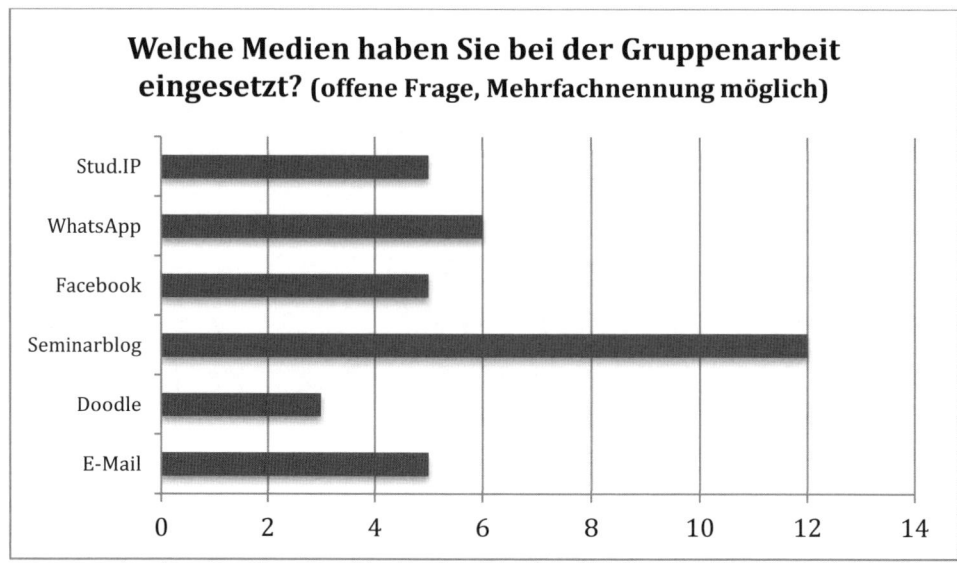

Abbildung 5.10: Balkendiagramm zu der *offenen* Frage: „Welche Medien haben Sie bei der Gruppenarbeit eingesetzt?" (Antworten von 25 Teilnehmer/inne/n des Seminars *„Lernen verstehen"*, Befragung im Wintersemester 2014/2015, Mehrfachnennung möglich).

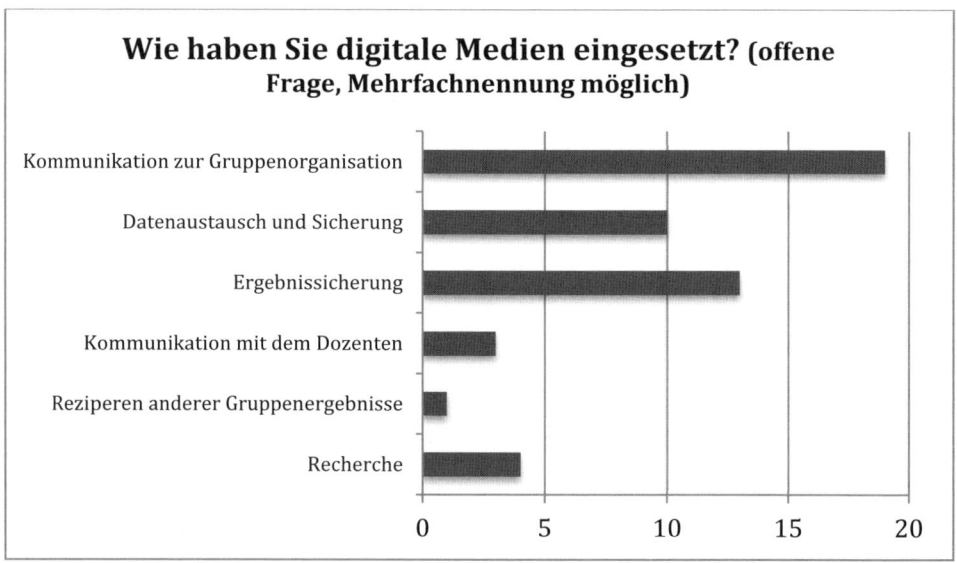

Abbildung 5.11: Balkendiagramm zu der *offenen* Frage: „Wie haben Sie digitale Medien eingesetzt?" (Antworten von 24 Teilnehmer/inne/n des Seminars *„Lernen verstehen"*, Befragung im Wintersemester 2014/2015, Mehrfachnennung möglich).

Der digitale Medieneinsatz diente v.a. Organisationsprozessen und dem Austausch der Sicherung von Arbeitsergebnissen. Dementsprechend wird v.a. die

„Kommunikation zur Gruppenorganisation" (n=19) als unterstützend begriffen, aber diese erhält in den Reflexionen keinen wirklichen Raum. Vereinzelt (n=3) wurde allerdings von Studierenden kritisiert, dass mehrere Medien für den Arbeitsprozess eingesetzt wurden. Dagegen wird eine zentrale Lernplattform favorisiert:

> PKZ 15:   Der Arbeitsprozess wäre einfacher, wenn er nicht an vier Stellen stattfinden würde. Wir hatten den Blog, Mailverkehr und die eigene Studiengruppe in Stud.IP (hier wurde am meisten gemacht), aber dafür rufe ich dann drei unterschiedliche Internetseiten auf. Und dazu noch reale Treffen, aber wenige, das war gut!

> PKZ 15:   Für die Forenarbeit wäre evtl. eine Mini-Einführung gut gewesen, ich hab es nicht hinbekommen dort neue Unterforen zu neuen Themen zu eröffnen. Wenn die Foren mit auf die Blogseite kämen, wäre super, dann hat man alles an einer Stelle und wäre öfter auf dem Blog. So war man dort eigentlich nur, um etwas „abzuliefern", nicht aber zum „Stöbern".

5.1.2.6   Beurteilung des Seminarblogs

Dem Seminarblog wurde explizit von zehn Studierenden eine hervorgehobene Bedeutung für das eigene Lernen zugesprochen. Zudem entwickelten einige Studierende Vorschläge, den Einsatz des Seminarblogs auszuweiten:

> PKZ 24:   Den Blog in das Seminar stärker einbinden, vielleicht sogar Ideen, die währenddessen auftauchen gleich hinein schreiben, so dass sie für alle zugänglich sind, um Gedankengänge besser nachvollziehen zu können.

> PZK 24:   Den Seminarblog während der Sitzung präsent haben, neben der Powerpoint oder sogar stattdessen.

> PKZ 10:   So war es doch super, ggf. wäre es natürlich besser, neue Medien länger als nur ein Semester zu nutzen, da man sich dann gerade daran gewöhnt hat.

Hinsichtlich der Nutzung digitaler Medien, wie dem Seminarblog für das Lernen in der Universität, wird eine intensivere Einführung gewünscht. Digitale Medien als e-Learning-Tools, so ließe sich folgern, bedürfen einer entsprechenden Einführung.[29] An dieser Stelle wäre eine weitergehende Forschungsfrage angebracht, ob bzw. wie Web 2.0 Medien von Studierenden anders angeeignet und wahrgenommen werden, wenn diese als e-Learning-Tools und nicht als Tools für die Privatnutzung eingesetzt werden.

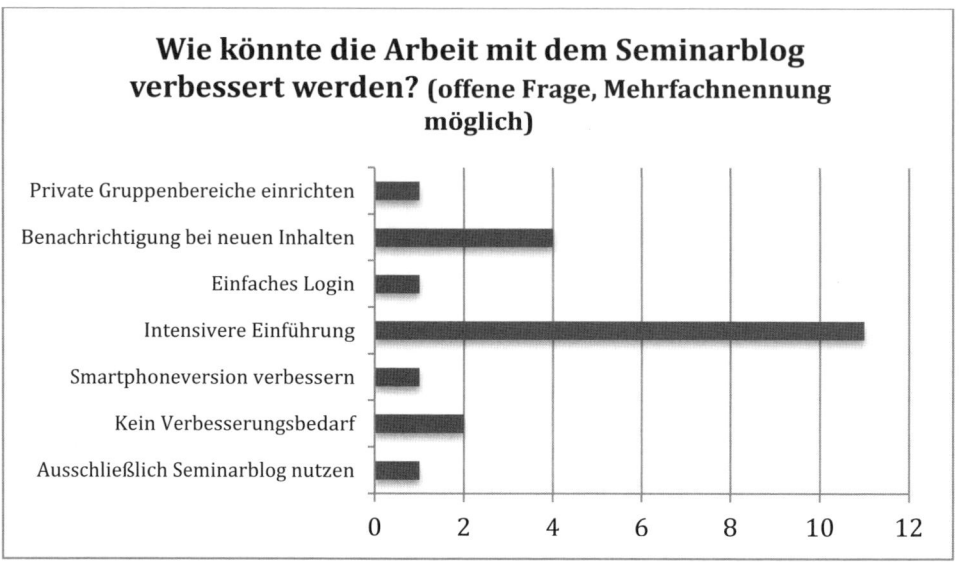

Abbildung 5.12: Balkendiagramm zu der *offenen* Frage: „Wie könnte die Arbeit mit dem Seminarblog verbessert werden?" (Antworten von 12 Teilnehmer/inne/n des Seminars *„Lernen verstehen"*, Befragung im Wintersemester 2014/2015, Mehrfachnennung möglich).

Bei dem Einsatz von digitalen Medien wurde von einer Person die Relevanz betont, dass die Studierenden einen Bereich haben könnten, die nicht dem Blick der Lehrperson ausgesetzt ist. Die Thematisierung des machtfreien Raumes wird dabei auf den Einsatz mit digitalen Medien ausgeweitet:

PKZ 15: Blog, Foren, u. Ergebnissicherung auf einer Internetseite, mit der Option einiges gruppenintern (ohne Dozenteneinsicht) machen zu können. Wobei ich bei unseren Dozenten nicht das Gefühl hatte, sie würden eine unsichere oder fehlerhafte Diskussion negativ bewerten, aber

---

29 Web 2.0 Medien besitzen aus der Perspektive formaler Lernprozesse keinen „Lerninhalt", sondern bieten lediglich die Möglichkeit, für formale Lernprozesse eingesetzt zu werden. Um dies zu erreichen, bedarf es einer didaktischen Einbettung. Durch eine solche didaktische Einbettung wird ein Web 2.0-Medium zu einem „e-Learning-Tool", da es für formale Lernprozesse gezielt nutzbar gemacht wird. Eine Aufgabe einer e-Didaktik, die dem e-Learning 2.0 verpflichtet ist, besteht folglich darin, eine Aufgabenstellung zu finden, durch die ein Web 2.0-Medium sinnvoll im Kontext formaler Lernprozesse eingesetzt werden kann.

hier, glaub ich, fehlt ein grundlegendes Verständnis unter uns Studierenden. Wir haben einfach das Gefühl, ALLES was wir sagen und tun, wird bewertet und eine 2,0 als Note gleicht einer Vollkatastrophe. Fehler machen kommt nicht gut und zu viele Fragen stellen, könnte sich nachteilig auf die Note auswirken. Wenn es hier gelingen würde, ein anderes Rollenverständnis zu schaffen, wäre es noch angenehmer in dieser Seminarform [...] Ich habe das Gefühl wieder mehr Teil meines Studiums zu sein und kann mit entwickeln und muss mich nicht nur berieseln lassen und aufnehmen. Es gibt auch Seminarformen bspw. Projektmanagement, in denen wir selbst etwas entwickeln mussten und dafür Präsenzveranstaltungen weggelassen werden, quasi als Gruppenarbeitszeit, aber das klappt oft eh nicht und man trifft sich irgendwann und es ist ein sehr anstrengender Akt, alle TN zu einem Termin zusammenzubekommen und dann sind die Gruppenkollegen meist noch schlecht vorbereitet. Dadurch, dass hier so viel in Medien und Onlinekommunikation eingebettet war, war ein roter Faden besser zu erkennen, an dem man sich halten kann. Wir waren dadurch insgesamt besser begleitet als bspw. im obengenannten Projektmanagement-Seminar. Die Gruppe kommunizierte vor Treffen schon viel im Forum, wir wussten um dem Stand der Dinge und inwieweit wir vorbereitet für den nächsten Schritt sind und ob noch etwas fehlt. Erleichternd kam hinzu, dass bei einer Aufgabenverteilung diese dann auch wirklich und zügig gemacht und die Ergebnisse in der Stud.IP Gruppe präsentiert wurden. In unserer Gruppe arbeiteten viele eigenständig und trafen eigenständig Entscheidungen für die Gruppe, was aber gut funktionierte, es wurde nicht alles ewig diskutiert und musste auch nicht von jedem abgesichert werden, sondern „einfach mal machen!" – war eher das Motto, ändern könnte man ja hinterher notfalls immer noch.

Generell lässt sich festhalten, dass der Seminarblog als ein e-Learning-Tool wahrgenommen wurde, welches es ermöglichte, die Lehrveranstaltung zu strukturieren. Zugleich löste die Auseinandersetzung mit dem Seminarblog keinen erkennbaren Impuls aus, sich intensiver mit Web 2.0 Medien für den Einsatz in wissenschaftlichen Arbeitsprozessen auseinanderzusetzen. Eher wurden digitale Medien eingesetzt, die bereits stark in die außeruniversitäre Mediennutzung eingebunden sind (vgl. dazu auch die JIM-Studie 2014; HIS-Studie 2008). Aus medienpädagogischer Perspektive ließe sich die didaktische Konsequenz ableiten, die Nutzung digitaler Medien im Sinne von e-Science verstärkt in Lehr- /Lernszenarien einzubinden.

In den Reflexionen offenbaren die Studierenden ein differenziertes, kritisch-reflexives Verhältnis zu der Lehrveranstaltung. Wenn die Äußerungen der Studierenden, wie oben geschehen, in einen analytischen Zusammenhang gestellt und als Aussagen analysiert werden, die einen Bildungsraum aufspannen, stellt dies nur eine (Re-)Konstruktion auf Grundlage des vorhandenen Materials dar. Es wird also erkenntniskritisch ein Aussagegefüge und damit ein Bedeutungsmuster angenommen, das dem analytischen Blick der Evaluation nicht zugänglich war. Trotz dieser strategisch erkenntniskritischen Haltung lässt sich festhalten, dass die *strukturierte Offenheit* des Lehr-/Lernszenarios eine *normative Selbsttätigkeit* seitens der Studierenden evozierte. Diese Selbsttätigkeit ermöglichte es, dass ein Erkenntnisinteresse sowie ein Verantwortungsbewusstsein für das eigene forschende Lernen hervorgerufen wurde. Um dem eigenen forschenden Lernen angemessen nachgehen zu können, war die dialogische und zumindest in Ansätzen machtfreie Beziehung zu der Lehrperson förderlich. Analog dazu war die Beziehung zu den Mit-Forschenden strukturiert, die nicht kompetitiv gefasst war und mehrheitlich als solidarisches Arbeiten beschrieben wurde, das durch ein gemeinsames Erkenntnisinteresse geprägt war. Wurde dieses gemeinsame Erkenntnisinteresse nicht geteilt, drohte die Atmosphäre des gemeinsamen forschenden Lernens zu erodieren. Dieser Umstand lässt sich als Indikator für die Fragilität des hier (re-)konstruierten Bildungsraumes deuten und zeigt auf, wie leicht dieser unterlaufen werden kann, wenn sich kein optimales Zusammenspiel der einzelnen Elemente einstellt. Der Einsatz der digitalen Medien wird von den Studierenden pragmatisch als Unterstützung des Arbeitsprozesses beurteilt und nicht in Bezug zu Medienbildungsprozessen gestellt.

5.2   Seminar: Geschichte der Pädagogik
Was tun wenn das Kind schreit? Eine Frage und die
Geschichte ihrer Antworten

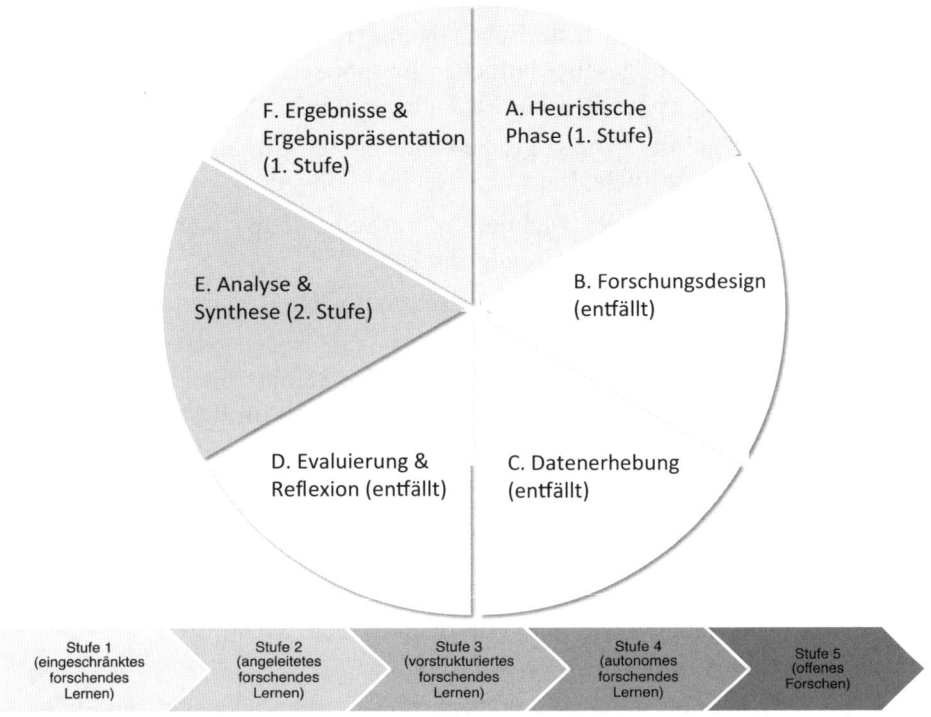

Abbildung 5.13: Forschungskreislauf und Stufen-Legende für die Lehrveranstaltung *„Geschichte der Pädagogik – Was tun wenn das Kind schreit? Eine Frage und die Geschichte ihrer Antworten"* (Sommersemester 2014, eigene Darstellung).

Eingesetzte digitale Medien: Seminarblog

Im Rahmen der Lehrveranstaltung *„Geschichte der Pädagogik – Was tun wenn das Kind schreit? Eine Frage und die Geschichte ihrer Antworten"* (Bachelor, 36 Teilnehmer/innen, im Folgenden mit *„Geschichte der Pädagogik"* abgekürzt) waren die Studierenden dazu aufgefordert, sich in verschiedene pädagogische Strömungen einzuarbeiten, die die Geschichte der Pädagogik sowie gegenwärtige pädagogische Diskurse prägen. Hierfür wurden pädagogische Strömungen ausgewählt, die z.T. Extrempositionen in ihrer Sicht auf das Kind und die Entwicklung von Strategien für die pädagogische Praxis entwickelt haben.

Damit die Studierenden selbstgesteuert handlungs- und produktionsorientiert im Sinne des forschenden Lernens arbeiten konnten, wurde die Veranstaltung im Blended Learning Design organisiert. Jede zweite Woche fand eine Präsenzphase statt. Die andere Woche war dafür vorgesehen, dass ein Research-Team die Präsentation einer pädagogischen Strömung vorbereitete und die anderen Research-

Teams Feedback zu der in der Vorwoche gehaltenen Präsentation einer anderen Gruppe gaben.

Die Präsentation einer pädagogischen Strömung umfasste dabei folgende Punkte:

- Vorstellen des historischen Kontextes: „Was sind die wichtigsten politischen, gesellschaftlichen Ereignisse, in der Zeit, in der sich die jeweilige pädagogische Strömung entfaltete?";

- Verlauf der pädagogischen Bewegung: Anfangspunkt, Endpunkt, gesellschaftliche Relevanz, Nachwirkungen;

- Präsentation der wichtigsten Vertreter, deren Kurzbiografie sowie Darstellung deren Grundgedanken.

Die Studierenden des präsentierenden Research-Teams waren dabei aufgefordert,

- diese Informationen zum einen in den Seminarblog in die jeweils dafür vorgesehenen Kategorien einzubinden (für das Arbeiten mit diesem Seminarblog gab es jeweils pro Gruppe ein Login. Dies bedeutete, dass jedes Mitglied einer Gruppe den gleichen Benutzernamen und das gleiche Passwort nutzte).

- Zum anderen sollten die Studierenden in Form eines Referats nochmals den historischen Kontext, den Verlauf der pädagogischen Strömung sowie die Präsentation der wichtigsten Vertreter und Kurzbiografien vorstellen.

- Anschließend hat die präsentierende Gruppe den anderen Studierenden selbstgewählte Auszüge aus Primärtexten gegeben und mit den anderen Studierenden entlang selbstformulierter Fragen diese Texte diskutiert.

- Im Anschluss an die Präsentation hatten die anderen Research-Teams die Aufgabe, in der folgenden Woche, eine „Stellungnahme" in den Seminarblog zu posten. Hierbei sollte jeweils als Gruppe zu den folgenden Fragen Stellung genommen werden:

- „Was ist aus heutiger Sicht relevant an der vorgestellten pädagogischen Strömung?",

- „Gibt es weiterführende Fragen bzw. Fragen, die noch offen geblieben sind?".

Zu Beginn jeder Präsenzsitzung gab der Dozent eine inhaltliche Zusammenfassung sowie eine Zusammenfassung der studentischen Stellungnahmen. Diese Zusammenfassungen wurden auch jeweils auf die Startseite des Seminarblogs gepostet. Durch das Bloggen der Ergebnisse entwickelte sich ein roter Faden, der die einzelnen Präsenzsitzungen miteinander verknüpfte. Zusammenfassend setzte sich die Prüfungsleistung also aus folgenden Schritten zusammen:

- Erarbeiten einer Präsentation, die in den Seminarblog hochgeladen wurde;

- Halten eines Referates;

- Feedback („Stellungnahmen") auf die Präsentationen der anderen Gruppen;

- abschließende individuelle Reflexion.

Die Startseite zeigt den Ablaufplan der Lehrveranstaltung. In der horizontalen angeordneten schwarzen Leiste des Seminarblogs wurden Bereiche für die Gruppen eingerichtet. Diese Reiter tragen die jeweiligen Namen der Gruppen bzw. die Namen der im Seminar vorzustellenden Epoche („*Mythos vom Kind*", „*Schwarze Pädagogik*" etc.). In der Reihenfolge der angelegten Reiter fanden auch die Präsentationen der einzelnen Gruppen statt. Ein „Meilenstein-Widget" an der rechten Seite zählte im Sinne eines Countdowns rückwärts die Tage bis zum nächsten Präsenztermin (Abbildung *5.14* wurde im Nachhinein erstellt, so dass hier das Widget die Tage bereits heruntergezählt hatte). Exemplarisch zeigt Abbildung *5.14* die aufgeklappten Unterreiter der Gruppe „*Pädagogik im Nationalsozialismus*". Hier wurden weitere Subreiter eingerichtet, die im Zuge der Lehrveranstaltung von der entsprechenden Gruppe befüllt wurden. Darüber hinaus haben die anderen Research-Teams Stellungnahmen zu vorbereiteten Fragen gegeben, die unter dem Reiter „*Konsequenzen für die pädagogische Praxis*" zu finden waren.

Mit der Zeit wuchs auch der Blog (vgl. Abbildung *5.15*): Im Laufe des Semesters ist eine „Begriffswolke" hinzugekommen, die die wichtigsten Begriffe darstellt, die im Rahmen der Lehrveranstaltung erarbeitet worden sind, die Begriffe sind direkt auf die Beiträge verlinkt. Es sind von dem Dozenten Zusammenfassungen zu den Präsenzsitzungen gepostet worden. Zur besseren Übersicht zeigt der Blog nur einen kleinen Ausschnitt der jeweiligen Zusammenfassungen, wird am Ende des gekürzten Beitrages auf „Weiterlesen" geklickt, öffnet sich automatisch der vollständige Beitrag. Diese gebloggten Zusammenfassungen bilden den roten Faden der Veranstaltung ab. Darüber hinaus sind weitere Reiter einrichtet worden („*Online-Aufgabe*" und Angaben zur „*Prüfungsleistung*").

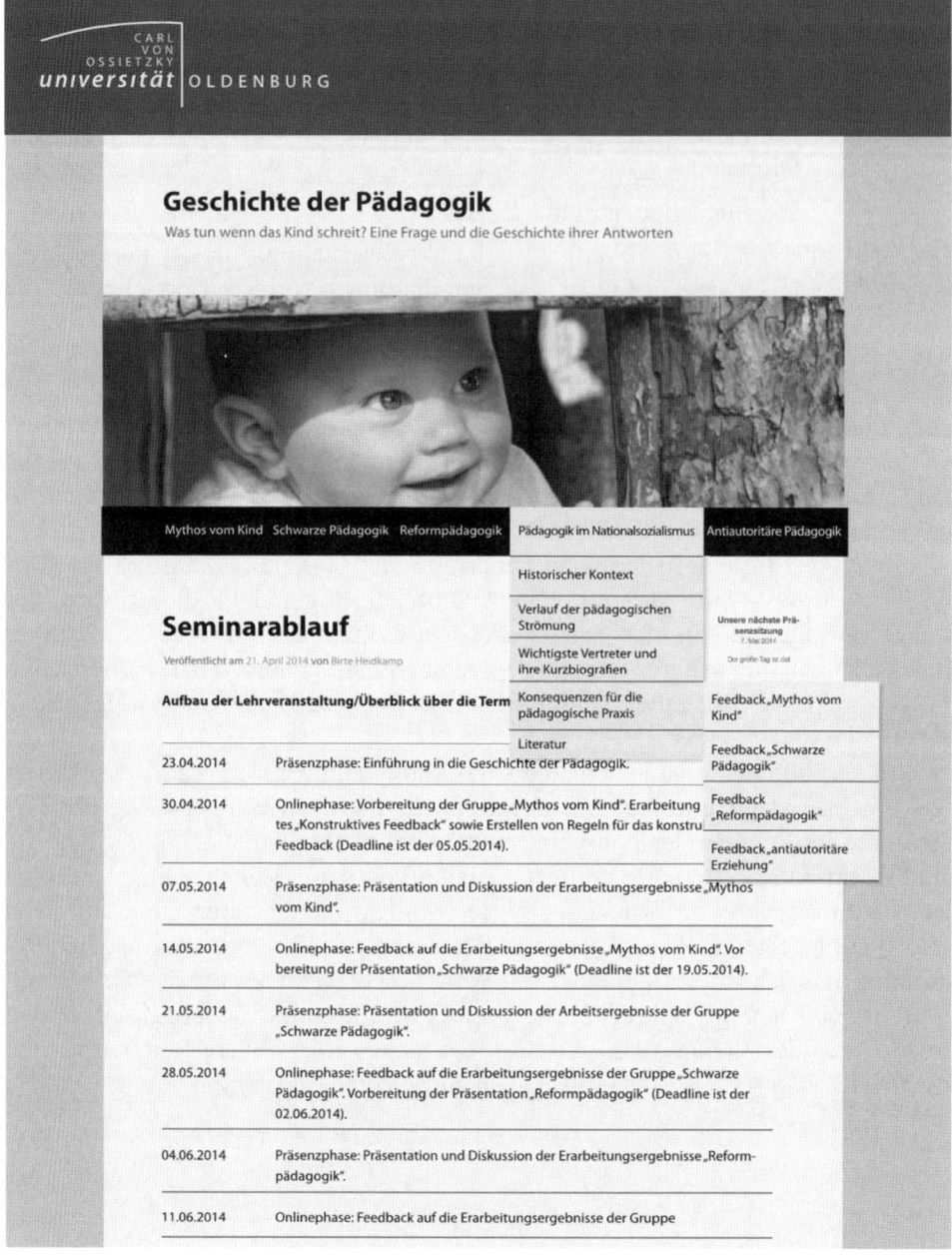

Abbildung 5.14: Der Seminarblog zu der Lehrveranstaltung „*Geschichte der Pädagogik*" (Sommersemester 2014, *Stand vom 21.4.2014*).

Abbildung 5.15: Der Seminarblog zu der Lehrveranstaltung „*Geschichte der Pädago-gik*" (Sommersemester 2014, *Stand vom 22.7.2014*).

5.2.1   Einordnung der Lehrveranstaltung in das didaktische Rahmenmodell zum forschenden Lernen

	Stufe 1 (eingeschränktes forschendes Lernen)
A. Heuristische Phase	*Studierende geben Antworten auf vorgegebene Fragen, definieren Begriffe etc., die in einem Forschungsfeld/in einem Forschungsprojekt wichtig sind. Studierende nutzen eine gegebene Struktur, um diese Fragen zu beantworten.*
Studierende entwickeln ein Erkenntnisinteresse und formulieren eine eigene Fragestellung bzw. Forschungsfrage.	Die Studierenden arbeiteten sich jeweils in das theoretische Grundverständnis pädagogischer Strömungen ein. Dadurch, dass die jeweils präsentierende Gruppen selbst Diskussionsfragen zu den gewählten Primärquellen entwickelte, war es den Studierenden möglich, ein forschend fragendes Erkenntnisinteresse zu den jeweiligen theoretischen Grundpositionen zu entwickeln.
	Entfällt
B. Forschungsdesign	
Auseinandersetzung mit einem erkenntnisangemessenen Forschungsdesign.	Diese Kategorie entfällt, da die Studierenden sich aufgrund der Fokussierung auf die Aufarbeitung pädagogischer Strömungen nicht mit einem Forschungsdesign auseinandersetzten.
	Entfällt
C. Datenerhebung (entfällt)	
Studierende recherchieren bereits vorhandene Informationen/Daten oder generieren eigene Daten.	Den Studierenden wurden über Stud.IP Quellen/Daten zur Verfügung gestellt, so dass keine Daten recherchiert werden mussten.
	Entfällt
D. Evaluierung & Reflexion	
Studierende unterziehen die Daten einer kritischen Analyse anhand wiss. Qualitätsmerkmale.	Da den Studierenden bereits Quellen/Daten vorgegeben wurden, entfiel auch eine weitere Prüfung der wissenschaftlichen Qualität der Quellen/Daten.
	Stufe 2 (angeleitetes forschendes Lernen)
E. Analyse & Synthese *Analyse der Daten, in Bezug auf die Forschungsfrage.*	*Analyse und Auswertung vorgegebener Daten/Informationen nach vorgegebenen Auswertungsstrategien bzw. -kriterien.* Die Studierenden setzten sich zweifach kritisch-analytisch mit den Informationen auseinander: Die Studierenden diskutierten im Rahmen der Präsenzsitzung die Primärtexte anhand der Fragen, die von der präsentierenden Gruppe entwickelt wurden. Eine weitere analytische Auseinandersetzung mit den präsentierten Informationen geschah durch die „Stellungnahmen".

	Stufe 1 (angeleitetes forschendes Lernen)
F. Ergebnisse & Ergebnispräsentation *Wie lassen sich die Ergebnisse verstehen? Welche Forschungsfragen könnten an diese Ergebnisse anschließen?*	*Studierende arbeiten sich in die Fachsprache ein, kennen und nutzen zentrale Fachbegriffe bei der Ergebnispräsentation.* Die Studierenden präsentierten die Ergebnisse online auf dem Seminarblog sowie in der Präsenzsitzung. Damit konnten sich die Studierenden in zwei relevante mediale Präsentationsformen einüben, die im wissenschaftlichen Feld zum Einsatz kommen. Im Rahmen der Präsentation konnten die jeweils präsentierende Gruppe die zentralen Fachbegriffe der jeweiligen pädagogischen Strömung den anderen Studierenden vermitteln.

Tabelle 5.2: Einordnung der Lehrveranstaltung *„Geschichte der Pädagogik"* in das didaktische Rahmenmodell für forschendes Lernen (Sommersemester 2014, eigene Darstellung).

5.2.2   Darstellung der Evaluationsergebnisse

Die Evaluationsstrategie zu der Lehrveranstaltung *„Geschichte der Pädagogik"* ist darauf ausgerichtet, eine (Re-)Konstruktion des Bildungsraumes der Lehrveranstaltung zu leisten. Es ließen sich wie bei den Evaluationsergebnissen zu der Lehrveranstaltung *„Lernen verstehen"* Elemente identifizieren, durch deren Zusammenspiel der Bildungsraum aufspannt wird. Diese Elemente lassen sich inhaltsanalytisch orientiert auch wieder in folgende Kategorien fassen:

- Selbstwahrnehmung im selbstgesteuerten Lernen (*5.2.2.1*),
- Forschend Lernen im machtfreien Raum (*5.2.2.2*),
- Wahrnehmung des eigenen Research-Teams (*5.2.2.3*),
- Wahrnehmung der Studierenden außerhalb des Research-Teams (*5.2.2.4*),
- Wahrnehmung des Einsatzes digitaler Medien (*5.2.2.5*),
- Beurteilung des Seminarblogs (*5.2.2.6*).

Im Folgenden sollen diese Kategorien eingehender erläutert werden.

5.2.2.1   Selbstwahrnehmung im selbstgesteuerten Lernen

Analog zu den Evaluationsergebnissen zu der Lehrveranstaltung *„Lernen verstehen"* wurde in der Veranstaltung *„Geschichte der Pädagogik"* die strukturierte Offenheit des Lernszenarios als Möglichkeitsraum wahrgenommen, der es ermöglichte, Studierenden einen interessensgeleiteten, selbstgesteuerten Lernprozess zu initiieren. Die didaktisch begründete strukturierte Offenheit, die mit dem Blended Learning Design umgesetzt wurde und eine normative Selbsttätigkeit einforderte, scheint von einem Großteil der Studierenden angenommen

worden zu sein. So zeigt sich beispielsweise eine klare Tendenz bei der Einschätzung des Lerneffekts: 22 von N=23 der Studierenden (95,7 %) gaben an,
mehr in diesem vorgestellten Seminarkonzept zu lernen (eine Person hingegen
lernt nach Eigenaussage in einem traditionellen Präsenzseminar mehr [4,3 %]).
Eine Begründung kann in dem selbstgesteuerten Lernen gesehen werden, wie
auch aus den Äußerungen der Befragten (siehe unten) hervorgeht. Auf die *offene* Frage, was den Studierenden bei dieser Form des selbstorganisierten Lernens
gefallen habe (N=21), wurden v.a. Punkte genannt, die ein eigenständiges und
selbstverantwortliches Lernen kennzeichnen („Nachgehen der eigenen Erkenntnisinteressen" [n=5], „eigene Zeit, die selbst organisiert werden konnte" [n=16],
„Gestaltungsfreiraum" [n=9]).

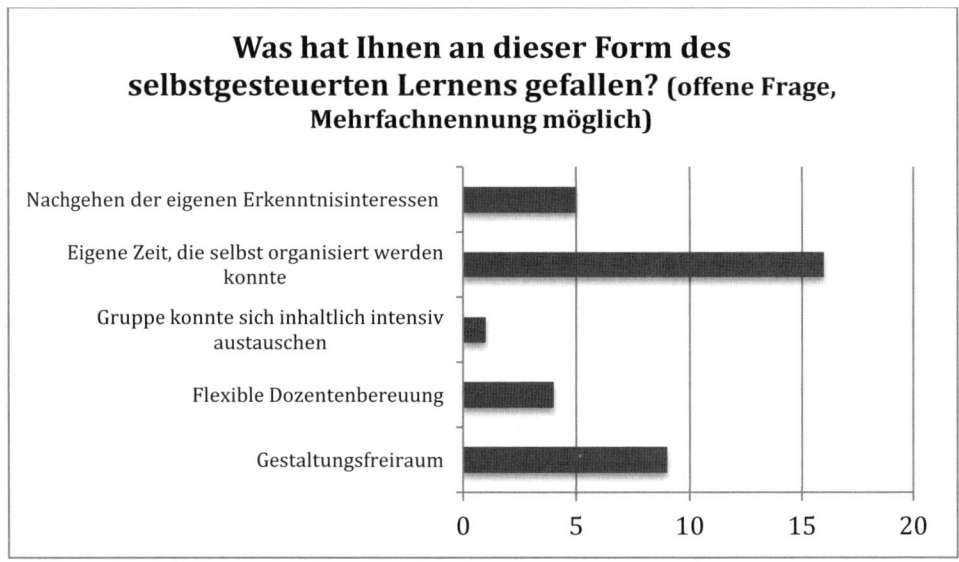

Abbildung 5.16: Balkendiagramm zu der *offenen* Frage: „Was hat Ihnen an dieser Form
des selbstgesteuerten Lernens gefallen?" (Antworten von 21 Teilnehmer/inne/n des
Seminars „*Geschichte der Pädagogik*", Befragung im Sommersemester 2014, Mehrfachnennung möglich).

Die offene Strukturiertheit, die das Blended Learning Design ermöglicht, wird
von Studierenden auf ihren Lernprozess hin reflektiert.

> PKZ 11:   Ich denke, man lernt mehr in diesem Seminarkonzept. Meiner Mei-
> nung nach lernt man immer besser, wenn man „gezwungen" ist, sich
> selbstständig mit dem Thema zu beschäftigen. Die Rezension, die jede
> Gruppe nach jeder pädagogischen Strömung schreiben musste, ließ
> einem keine andere Wahl, als sich mit dem Thema auseinander zu set-
> zen. Zudem sitzt man in einem traditionellen Präsenzseminar oftmals
> nur da und hört zu, was schnell langweilig werden kann.

PKZ 22:   Mir gefällt, dass man sich selbst organisieren muss, sich Arbeitsschritte aufteilen und je nach Zeitplan individuell arbeiten kann. „Step by
step" zum Ziel ist für mich ein Prozess, der jedem die nötige Motivation geben sollte. Diese Prüfungsleistung „zwingt" jeden, sich mit der
Materie auseinander zu setzen und nicht am Ende des Semesters mit
Zwang und Zeitnot zu lernen.

PKZ 20:   Ich finde das Konzept mit den zweiwöchigen Präsenz- und Online-
phasen sehr gut durchdacht, denn zum einen muss man als größere
Gruppe nicht noch einen extra Termin suchen, um das Feedback zu
schreiben, welches im Endeffekt dann wahrscheinlich nur eine Person
geschrieben hätte, zum anderen hatten wir somit einen Freiraum, um
uns auszutauschen und uns mit den verschiedenen Themen auseinanderzusetzen. In unserer Gruppe hat das sehr gut funktioniert.

Das Einbringen des eignen Erkenntnisinteresses führte dazu, dass die Studierenden Selbstverantwortung für Ihren Erkenntnisprozess entwickelten:

PKZ 23:   Ich empfand es als sehr positiv, dass wir uns mit den jeweiligen The-
menschwerpunkten zu drei verschiedenen Zeitpunkten beschäftigt haben. Einmal bei der Vorbereitung für das Seminar, dann sehr anschau-
lich im Seminar selbst und danach bei der Nachbearbeitung und der
Beantwortung der Fragen zum Thema. So konnten die Hauptgedanken
der einzelnen pädagogischen Strömungen reflektiert und gut verinner-
licht werden. Was mich persönlich auch sehr angesprochen hat, waren
die Gegensätze der Selbstständigkeit und der klaren Rahmenbedingungen für die Beantwortung der Fragen. Uns wurde somit offen gelassen, wie wir unser Thema präsentieren möchten. Hier war ein hohes
Maß an Selbstorganisation und Verantwortungsbewusstsein notwendig. Auf der anderen Seite standen die Fragen zu den einzelnen pädagogischen Strömungen. Hierzu gab es klare Vorgaben. Zum einen die
Frage selbst, die natürlich einen klaren Fokus setzt. Und zum anderen
die zeitlichen Vorgaben, bis wann die Antworten online gestellt werden sollten. Durch diese Verknüpfung ist es mir sehr leicht gefallen,
dem Seminar inhaltlich zu folgen und ich konnte meines Erachtens
mehr aufnehmen und behalten, als es in anderen Veranstaltungen der
Fall war.

Wie bei der Lehrveranstaltung „*Lernen verstehen*" reflektierten die Studierenden die Blended Learning Struktur der Lehrveranstaltung als einen Möglichkeitsraum zum selbstorganisierten Lernen. Hierbei schätzten zwar die Studierenden (N=22) den Workload dieses Lehrveranstaltungskonzeptes in der Tendenz eher geringer ein. So gaben 13 Studierende (56,5 %)[30] an, dass diese Se-

---

30 Die Prozentzahlen wurden zur besseren Lesbarkeit nach der ersten Kommastelle
auf- oder abgerundet, deswegen kann es zu leichten Abweichungen kommen.

minarform weniger Workload gegenüber einem traditionellen Präsenzseminar
bedeute. 8 Studierende gaben an, dass dies mehr Workload bedeutet (34,8 %,
ein Studierender beurteilt, dass sich der Workload bei beiden Seminarformen
entspricht, eine Person enthielt sich, je 4,3 %). In den Erzählungen nimmt aber
der Workload weniger Raum ein, auch in den Reflexionen wurde dem Workload keine zentrale Relevanz zugesprochen, wurde eher nebenher erwähnt:

> PKZ 01:   Obwohl ich den Workload höher einstufe als in einem traditionellen
> Seminar, ziehe ich eine Mischveranstaltung vor. Gefallen hat mir ins-
> besondere, dass ich mir die Themenschwerpunkte selbst aussuchen
> konnte und an einer eigenen Idee für einen längeren Zeitraum kontinu-
> ierlich gearbeitet habe.

In den Reflexionen werden dagegen ausführlicher die Möglichkeiten des selbstgesteuerten und damit selbstverantwortlichen Lernens thematisiert. Im Folgenden wird eine Textstelle angeführt, in der die Lehrveranstaltung als ein kohärentes Bedeutungsgefüge zum Empowerment des selbstgesteuerten Lernens verstanden wird. Zudem werden einzelne Elemente wie die Prüfungsleistung und
die digitale Begleitung mit dem Seminarblog in einen Zusammenhang gestellt:

> PKZ 09:   Meiner Meinung nach lernt man mehr und effektiver bei diesem spe-
> ziellen Seminarkonzept. Durch das Wechselspiel zwischen Präsenz
> und Onlinephase ist man verpflichtet, selbstständig zu arbeiten und die
> Seminarinhalte gut vorzubereiten, seien es die eigenen oder die der
> anderen Gruppen. Zudem wird der Arbeitsprozess der Teamarbeit,
> welches in dem Pädagogikstudium immer wieder von großer Bedeu-
> tung ist, gefestigt. Neben der Gruppenarbeit ist jeder/jede StudentIn
> jedoch auf für sich selbst verantwortlich, da nach Abschluss des Se-
> minars eine inhaltliche Reflexion als eigentliche Prüfungsleistung von
> jedem Einzelnen erwartet wird. Hierfür bietet der Seminarblog eine
> ideale Gelegenheit und stellt eine große Unterstützung dar. Ich denke,
> da man sich die jeweiligen Inhalte des Themas eigenständig aneignen
> muss und man eben diese selbst wählen darf, lernt man effektiver, da
> diese Eigenständigkeit und das Interesse für mich eine Grundlage für
> ein erfolgreiches Lernen darstellen.

> PKZ 11:   Man konnte sich ein interessantes Thema seiner Wahl aussuchen.

> PKZ 21:   Durch die selbstständige Auseinandersetzung mit der Gruppe und dem
> eigens gewählten Thema glaube ich, tiefergehende Diskussionen ge-
> habt zu haben.

Trotz dieser strukturierten Offenheit wird auf die Frage, wie die Lehrperson
diese Form des selbstgesteuerten Lernens stärker unterstützen könne (n=8,
„Bessere Erreichbarkeit des Dozenten" [n=2], „Mehr Feedback auf Ergebnissicherung" [n=1], „Stärkere Vorgaben beim Arbeitsprozess" [n=5]), am ehesten
der Wunsch nach Struktur geäußert, die das selbstgesteuerte Lernen unterstützt.

Hier lässt sich das Spannungsverhältnis zwischen Strukturierung und selbstver-
antwortlichem, selbstgesteuertem Lernen (Offenheit) ausmachen, das emanzipative Lernansätze wie das forschende Lernen auszeichnet.

Im Vergleich zu der Lehrveranstaltung „Lernen verstehen" war dieses Seminarkonzept durch eine stärkere Strukturierung geprägt. Dass in den Evaluationsergebnissen der – durch das Blended Learning Design eröffnete – Freiraum als
Möglichkeitsraum oftmals begrüßt wird und zur Übernahme der Verantwortung
des eigenen Lernens führt, zeigt die Ambivalenz einer strukturierten Offenheit
zwischen Selbstbestimmung und vorgegebenen Strukturen. Durch das selbstgesteuerte Lernen, welches durch die strukturierte Offenheit ermöglicht wird, wird
von den Studierenden der Lerneffekt – verglichen mit einer traditionellen Prä-
senzveranstaltung – als größer beurteilt (wie oben dargestellt, gaben 22 der Studierenden [95,7 %] an, mehr in diesem Seminarkonzept zu lernen). Diese Einschätzung zeigt sich auch in den Äußerungen der Befragten.

> PKZ 16:   Ich glaube, dass Studenten durch dieses Seminarkonzept letztendlich
> mehr lernen, weil sie sehr viel Eigenverantwortung tragen und ge-
> zwungen sind, sich bewusst mit dem zugeteilten Thema zu beschäfti-
> gen. Bei traditionellen Präsenzseminaren ist die Aufmerksamkeit viel-
> leicht eher geringer und der Studierende ist weniger gezwungen sich
> mit dem Inhalt selbst auseinander zu setzen. Außerdem kann Inhalt
> eher schlechter nachgeholt werden, wenn eine Veranstaltung verpasste
> wurde, als wenn der Inhalt wie bei dem neuen Seminarkonzept größ-
> tenteils allzeit abrufbar ist.

> PKZ 13:   Ich bin der Auffassung, dass man in diesem vorgestellten Seminar-
> konzept mehr lernt, als in einem traditionellen Präsenzseminar. Dies
> begründet sich darin, dass man den Stoff in der Onlinephase noch
> einmal selbstständig nacharbeitet. Üblich ist es, für die kommende
> Sitzung eines Seminars etwas vorzubereiten und dies gegebenenfalls
> in der Sitzung vorstellt. So ist es jedoch auch oft der Fall, dass man
> sich darauf verlässt, dass man sich dort dann still und heimlich enthal-
> ten kann und somit nicht „gezwungen" ist, etwas zu erarbeiten. Bei
> diesem Konzept ist es jedoch so, dass man das Material in der Prä-
> senzphase ja bereits kennenlernt (quasi ein Lernangebot – man selbst
> muss nichts vorbereiten) und die Fragen für die Onlinephase an dieses
> Material anschließen und man sich lediglich noch ein paar Gedanken
> mehr zu diesem Thema macht. Meiner Meinung nach wirkt dieses
> Konzept dadurch „ungezwungener" und man hat mehr Interesse da-
> ran, sein bereits angeeignetes Wissen zu vertiefen. So war es in mei-
> nem Fall auch manchmal so, dass, wenn wir die Online-Aufgaben ver-
> teilt haben und ich mich enthalten konnte, so habe ich die Fragen rein
> aus Interesse doch noch einmal für mich kurz beantwortet.

Diese Äußerung lässt sich in seiner Aussagenstruktur so deuten, dass eine strukturierte Offenheit eine normative Selbsttätigkeit (Paradox 1, vgl. Kapitel *3.5.1.1*

Praxistransfer I: Die Rolle des Lerners oder „das Paradox der normativen Selbststätigkeit") fördert, die in der Tendenz eine intrinsische Auseinandersetzung mit dem Inhalt und damit eine Verantwortungsgefühl zu evozieren vermag. Dieser Zusammenhang kann eine Begründung dafür sein, dass die Studierenden angaben, dass diese Seminarform zu einem nachhaltigeren/intensiveren Lernen führte.

5.2.2.2   Forschend Lernen im machtfreien Raum

Im Gegensatz zu den Äußerungen zu der Lehrveranstaltung *„Lernen verstehen"* wurden keine expliziten Aussagen zu Machtrelationen gemacht. Allerdings lässt sich auch in der Veranstaltung *„Geschichte der Pädagogik"* das Bedeutungsmuster rekonstruieren, das ein selbstgesteuertes Lernen ein Bildungsraum mit konstituiert, in dem die Studierenden eigene Interessen formulieren und diesen nachgehen konnten. Dies lässt sich an konkreten Äußerungen festmachen, zeigt sich aber auch in der Nennung von Merkmalen, die den machtfreien Raum kennzeichnen. Insgesamt haben acht Studierende folgende Merkmale genannt (Mehrfachnennung möglich):

- Solidarisch-anerkennende Egalität zwischen Studierenden bei der Arbeit im Research-Team bzw. bei anderen Gruppen (n=3),
- Fokus des inhaltlichen Austausches (und nicht die Produktorientierung) im Rahmen der Gruppenarbeit (n=6),
- Dialogische Beziehung zum Dozenten (n=2),
- Verminderung des Gefühls des Leistungsdrucks durch die Lehrveranstaltung (n=1),
- Selbstgesteuertes Nachgehen des selbst formulierten Erkenntnisinteresses im Zuge des forschenden Lernens (n=2).

PKZ 20:   In Anschluss auf unsere Präsentation baten wir die anderen Gruppen ihr Feedback zu geben, hier stellte sich heraus, dass wir einiges hätten anders machen können. Schön wäre es z.B. dieses Seminar oder eine Reihe von Seminaren in dieser Art und nach diesem Konzept weiterzuführen, um die Möglichkeit zu haben, das im Seminar Erlernte umzusetzen. Sicherlich können wir das Erlernte auch unabhängig von dem Konzept anwenden, doch hatte ich das Gefühl, dass die offene Atmosphäre, die in diesem Seminar herrschte, ein anderes Level der Beteiligung bei den StudentInnen hervorbrachte.

PKZ 02:   Das selbstständige Arbeiten nahm den Druck, Leistungen erbringen zu müssen. Da man die Arbeiten mit der Gruppe zu erledigen hatte, konnte man an einem Strang ziehen und je nach Zeit der einzelnen Gruppenmitglieder wurde vereinbart, wer was und wann macht. Die Verantwortung gegenüber der Gruppe war gleichzeitig auch Verant-

wortung gegenüber sich selbst. Es wurde keine Arbeit auf- oder ab-
gewertet, weder vom Volumen noch vom Inhalt. Jeder hat soviel erarbeitet wie er konnte und die Ergebnisse der einzelnen Gruppenmitglieder waren aus meiner Sicht im Gesamtergebnis ausgeglichen und
gut zusammengefasst.

PKZ 08:   Ich denke, dass man mehr in diesem Seminarkonzept gelernt hat. Ich
komme zu dieser Annahme, da ich schon einmal angedeutet habe,
dass ich sehr viel Wissenswertes aus dem Seminar mitnehmen konnte.
Die Methode erscheint mir überaus sinnvoll, da man im ständigen
Austausch mit seinen Kommillitonen ist und sich unterschiedliche
Meinungen und Ansichten ergeben. Die Studierenden werden selber
aktiv und die bloße Vermittlung von Inhalten durch den Dozenten tritt
in den Hintergrund. Ich empfinde diese Vorgehensweise als sinnvoll,
da ich persönlich einen Lernprozess erkennen kann. Natürlich ist dieses Verfahren sehr aufwendig und verlangt ein hohes Maß an Selbstorganisation und Zeitmanagement. Trotz dessen befürworte ich diese
Methode und bewerte es als gute Einsatzmöglichkeit.

Mit der Fokussierung auf das Erkenntnisinteresse und die inhaltliche diskursive
Auseinandersetzung wird auch die Lehrperson als normative Instanz abge-
schwächt, wie sich an der folgenden Äußerung zeigen lässt.

PKZ 09:   Ich denke dadurch, dass man ohne „Vorunterricht" von dem Dozenten
seine Aufgaben beginnt, muss man sich vieles selbst erarbeiten und
verstehen. Dadurch denke ich, dass man mehr von einem Thema lernt,
als wenn man Jemandem nur stumpf zuhört. Zudem fand ich positiv,
dass der Dozent bereits nach der Präsentation ein inhaltliches Feedback gegeben hat und somit die Richtigkeit der Inhalte einer Präsentation bestätigt oder dementiert hat. Ferner möchte ich ein Kompliment
an die jeweiligen Dozenten aussprechen, da sie das Seminar abwechs-
lungsreich und innovativ gestaltet haben. Durch ihre offene und kommunikative Art hat es mir sehr viel Spaß gemacht, den Beiden zu zu-
hören, und freute mich immer Fragen stellen zu können. Zudem ist es
den Dozenten gelungen, die Pädagogik im geschichtlichen Kontext
ausführlich und deutlich zu erklären und zu vermitteln. Ich nehme daher sehr viel Wissen und Erkenntnisse aus diesem Seminar mit und
denke, dass diese auch in meiner Zukunft hilfreich für mich sein werden.

5.2.2.3   Wahrnehmung des eigenen Research-Teams

Bei der Arbeit in den Research-Teams wurde v.a. das „Kooperative Arbeiten"
(n=21) gefolgt von der gemeinsamen „Inhaltliche[n] Auseinandersetzung"
(n=10) hervorgehoben (vgl. 5.17). Dies sind Punkte, die auf ein produktives,
inhaltliches Arbeiten verweisen. Wie bei der Lehrveranstaltung „Lernen verstehen" lief das Arbeiten in den Research-Teams scheinbar problemlos ab, solange

bei allen Beteiligten ein Erkenntnisinteresse und damit einhergehend intrinsische Motivation vorhanden war. Dies zeigt sich beispielsweise, wenn die Studierenden darauf hinweisen, dass durch den Austausch neue Sichtweisen auf
den Inhalt eingenommen werden konnten:

> PKZ 20:   Die Gruppenarbeit war das bereicherndste und lehrreichste Erlebnis in
> meiner bisherigen Studienzeit. Hätten wir auf die Gruppenarbeit ver-
> zichtet, wäre nur mein eigenes Verständnis des Themas übriggeblie-
> ben, das ich dann reflektiert hätte. Ich finde nicht, dass das unbedingt
> zu einem größeren Verständnis der Themen oder der Ansichten ge-
> führt hätte. In der Gruppe hatte ich die Möglichkeit auch andere Mei-
> nungen und Sichtweisen zu erleben und mich damit auseinanderzuset-
> zen, manchmal auch meine eigene Sichtweise zu hinterfragen. Da es
> im Gespräch in einer kleineren Gruppe stattfand, konnte ich mich ak-
> tiv einbringen und so auch viel mehr vom Thema verinnerlichen.

> PKZ 23:   Hätte ich die Fragen allein beantworten müssen, dann wären die Ant-
> worten womöglich eher eindimensional geblieben und ich hätte meine
> persönlichen Ansichten innerhalb der Gruppe nicht vertreten oder ab-
> ändern können.

> PKZ 10:   Es war sehr interessant zu sehen, welche Ideen und Ansichten die an-
> deren Gruppenmitglieder zu dem eigenen Thema haben, v. a. da dabei
> auch neue Aspekte aufgekommen sind, die wir zuvor noch nicht the-
> matisiert hatten.

Zur Frage, ob lieber allein statt in der Gruppe gearbeitet worden wäre:

> PKZ 22:   Nein, da ich persönlich eine Arbeit in Gruppen sehr interessant finde.
> Es stellt immer eine Art Herausforderung dar und ist eine Abwechs-
> lung zu den Arbeiten, die man allein bearbeiten muss. Ich arbeite sehr
> gerne mit anderen Personen, besonders, wenn ich diese zuvor nicht
> gesehen und kennengelernt habe. Auf diese Art und Weise ist es im-
> mer wieder erstaunlich, wie unterschiedlich jeder einzelne ist und
> dennoch an einem Strang zieht.

> PKZ 02:   Gut klappte, dass jedes Gruppenmitglied sich einbrachte und auch ei-
> gene Erfahrungen oder Aneignungen integrierte. Und wenn einer nicht
> weiter wusste, brachte sich ein anderes Gruppenmitglied ein. Wenn
> etwas in der Onlinephase nicht geschafft werden konnte oder einzelne
> Gruppenmitglieder nicht anwesend waren, wurden einzelne Aufgaben
> von zuhause aus bearbeitet, sich gegenseitig zugeschickt, gegebenen-
> falls von anderen korrigiert oder auch konstruktiv kritisiert. [...]
> Durch die Perspektiven der anderen Gruppenmitglieder hat man
> nochmal selbst weitere Blickwinkel erhalten.

Stärker als in der Lehrveranstaltung „Lernen verstehen" wurde in dieser Lehrveranstaltung der inhaltliche Austausch im Sinne sozial-konstruktivistischer
Wissensgenerierungsprozesse beschrieben. Dies zeigt sich auch

- in der Nennung des Punktes „Inhaltliche Auseinandersetzung" (n=10, auf die Frage: „Was hat bei der Arbeit im Research-Team gut funktioniert?", Abbildung *5.17*, N =22, offene Frage) sowie

- an der Anzahl der Antworten auf die offene Frage: „Was hat Ihnen an dieser Form des selbstgesteuerten Lernens gefallen?" (vgl. Abbildung *5.16*), die die Formen *kollaborativer* Arbeit beschreiben (n=11 bei N=22). So wurden kollaborative Arbeitsformen fast vier mal mehr genannt als die Formen des *kooperative* Arbeiten (n=3).

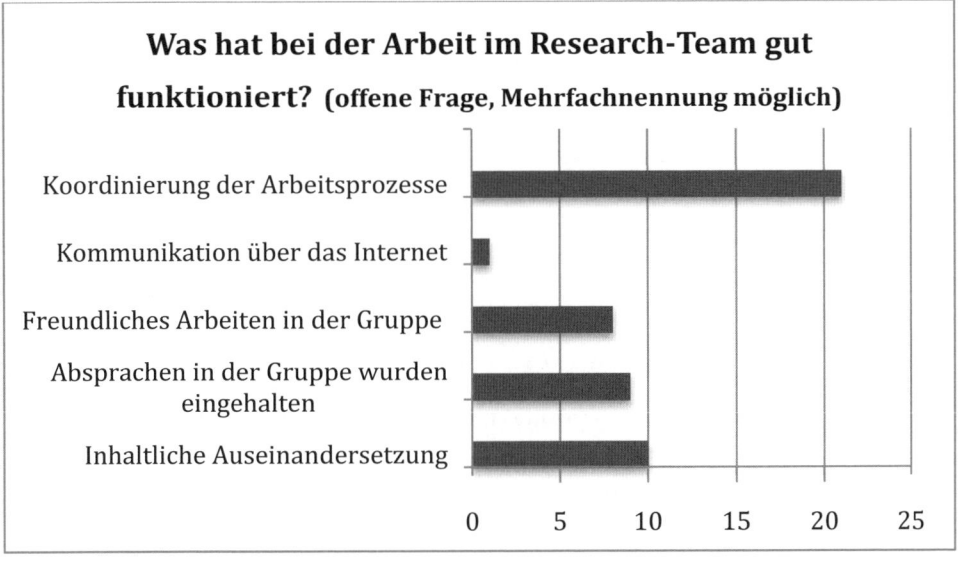

Abbildung 5.17: Balkendiagramm zu der *offenen* Frage: „Was hat bei der Arbeit im Research-Team gut funktioniert?" (Antworten von 22 Teilnehmer/inne/n des Seminars „*Geschichte der Pädagogik*", Befragung im Sommersemester 2014, Mehrfachnennung möglich).

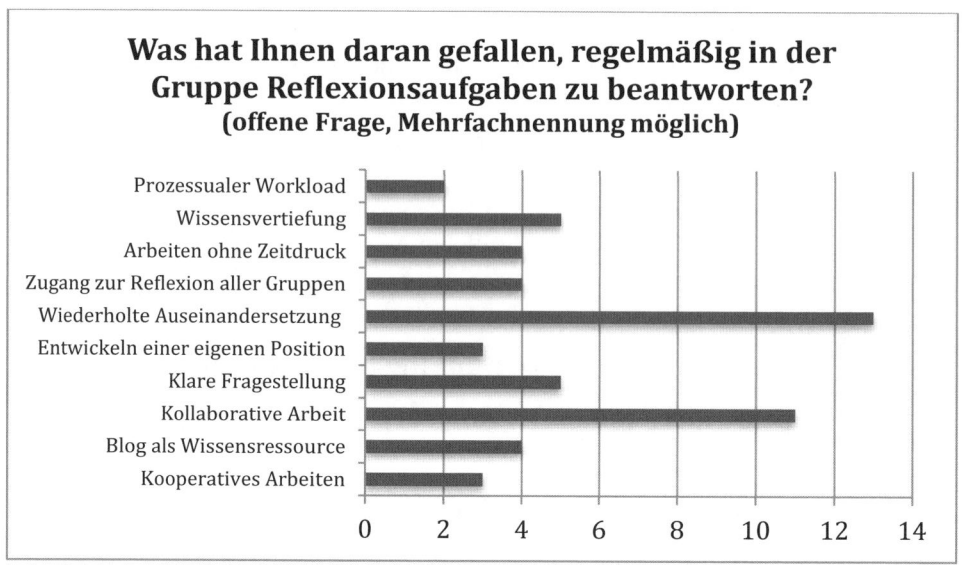

Abbildung 5.18: Balkendiagramm zu der *offenen* Frage: „Was hat Ihnen daran gefallen, regelmäßig in der Gruppe Reflexionsaufgaben zu beantworten?" (Antworten von 22 Teilnehmer/inne/n des Seminars „*Geschichte der Pädagogik*", Befragung im Sommersemester 2014, Mehrfachnennung möglich).

Wie in der Lehrveranstaltung „*Lernen verstehen*" traten allerdings auch Schwierigkeiten in der Gruppenarbeit auf. War dies in der erstgenannten Veranstaltung bei 27 Studierenden eine relativ geringe Anzahl (n=3), äußerten sich in der Veranstaltung „*Geschichte der Pädagogik*" mehr Studierende (n=6 bei 23 Studierenden) kritisch zum Gruppenarbeitsprozess. Zur Veranschaulichung werden hier einige Äußerungen dargestellt:

PKZ 03:   Die regelmäßigen Treffen wurden von einigen Gruppenmitgliedern häufiger nicht wahrgenommen, obwohl feststand, dass wir uns jede Woche im Seminarraum treffen. Außerdem hatte ich das Gefühl, dass einige Gruppenmitglieder mehr erarbeitet haben, als die anderen, wodurch Unzufriedenheit entstand.

PKZ 16:   Es gab große Probleme dabei, Termine zu finden, bei denen alle Gruppenmitglieder Zeit haben. Des Weiteren wurden Aufgaben zum Teil von nur wenigen Gruppenmitgliedern übernommen, da andere zu den vereinbarten Termin schlichtweg nicht erschienen. Darüber hinaus haben einige Gruppenmitglieder andere kontrollieren müssen, da diese ihre Aufgaben eher halbherzig erledigt haben und andere Mitglieder mit der Leistung nicht zufrieden waren. Auch nach Abschluss der Arbeit war ich persönlich nicht zufrieden mit allen Posts zu meiner Gruppe, aber das ist auch das Schicksal von Gruppenarbeit.

PKZ 08:   Es wäre eine Möglichkeit fest zu legen, dass die Gruppenmitglieder in der Onlinephase anwesend sein müssen, um die Aufgaben zu besprechen. Ich hatte das Gefühl, dass jeder frei entscheiden konnte, ob er anwesend ist oder nicht. Wenn dieser Spielraum nicht gegeben wäre, müssten die Gruppenmitglieder nicht innerhalb des Teams dafür Sorge tragen, dass alle regelmäßig erscheinen. Es stellte sich nämlich ziemlich schnell heraus, wer anwesend und aktiv war und wer nicht, welches zum Seminarende eine etwas angespannte Atmosphäre verursachte, da einige sich ungerecht behandelt fühlten.

PKZ 11:   Es hätte bessere Absprachen geben müssen. Oft waren die Absprachen eher verwirrend und wurden somit auch nicht eingehalten. Zudem waren die Arbeitsaufträge innerhalb der Gruppe oft sehr unfair verteilt und die Tatsache, dass es keine direkte Anwesenheitspflicht gab, wurde gerne ausgenutzt.

PKZ 14:   Eventuell sollte der Arbeitseinsatz der einzelnen Mitglieder doch in irgendeiner Form vorgegeben, dokumentiert bzw. kontrolliert werden. Zum Beispiel, dass jeder so und so häufig Antworten schriftlich ausformuliert und postet [...] Beim Erarbeiten der Antworten zu den Feedbackfragen beteiligten sich meist nicht alle Mitglieder am Gespräch in der Online-Phase. Sie überließen den Anderen das Diskutieren, beteiligten sich nur auf Nachfrage oder waren leider teilweise mit anderen Themen beschäftigt. Dieses Verhalten empfand ich teilweise als hinderlich, da sie das Gespräch und die Bearbeitung nicht voranbrachten bzw. aufhielten. Außerdem empfand ich es in diesem Zuge auch als wenig sozial, sich häufig auf den Einsatz Anderer zu verlassen, sein Verhalten nicht zu begründen oder sich teilweise auch nicht für andere Aufgaben wie z.B. das Stichpunkte machen, die anschließende schriftliche Ausarbeitung oder das Posten anzubieten. Verbesserungsbedarf besteht demnach bei dem gerecht verteilten Arbeitseinsatz, dem Sozialverhalten und dem Handeln zum Wohl aller Mitglieder und zur höheren Qualität des Ergebnisses.

Eine Person hätte lieber ganz alleine die Feedbackfragen beantwortet:

PKZ 16:   Ich hätte die Fragen lieber allein beantwortet, da keine Meinungsverschiedenheiten auftreten können und ich selbst dafür verantwortlich gewesen wäre, mit den Antworten zufrieden zu sein. Des Weiteren würden dann die teilweise chaotischen Versuche, gemeinsame Termine zu verabreden, wegfallen.

In diesen Äußerungen zeigt sich deutlich die Fragilität eines kollaborativen bzw. kooperativen Lernens. Vor allem, wenn kein gemeinsames Erkenntnisinteresse gegeben ist. Diese Feststellung lässt sich auch an den Antworten (N=17, vgl. Abbildung *5.19*) auf die Frage festmachen, die auf das Verbesserungspotenzial in den Research-Teams abzielt und v.a. die „Verbindlichkeit in der Gruppenarbeit" (n=10) nennt.

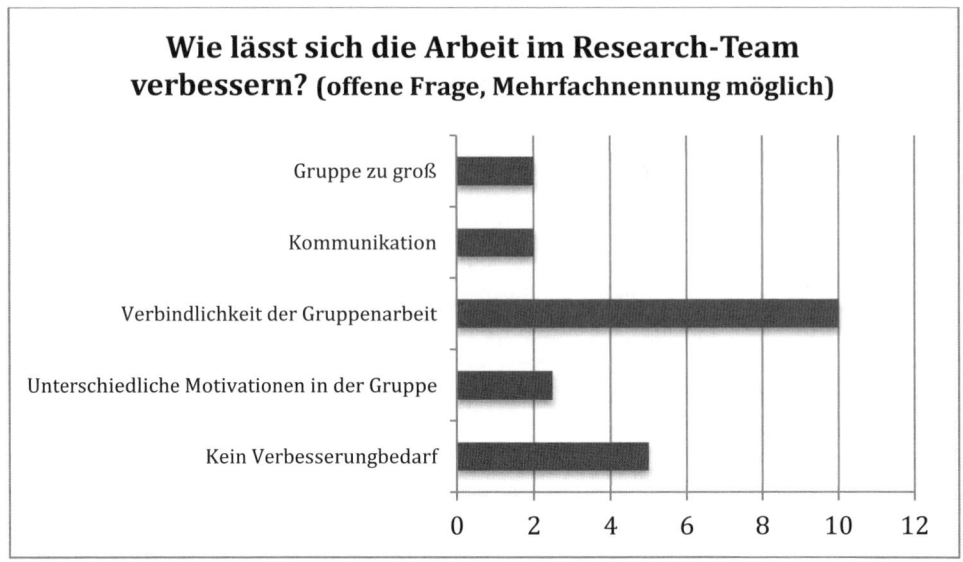

Abbildung 5.19: Balkendiagramm zu der *offenen* Frage: „Wie lässt sich die Arbeit im Research-Team verbessern?" (Antworten von 17 Teilnehmer/inne/n des Seminars „*Geschichte der Pädagogik*", Befragung im Sommersemester 2014, Mehrfachnennung möglich).

5.2.2.4   Wahrnehmung der Studierenden außerhalb des Research-Teams

Den Studierenden außerhalb des eigenen Research-Teams wurde im Rahmen der Lehrveranstaltung die Bedeutung einer *rückmeldenden Instanz* zugeschrieben, die auch inhaltliche Impulse zu setzen vermag. Dadurch, dass die Reflexionen zu den jeweils präsentierten Themen in den Seminarblog gepostet wurden, war diese Impulsgebung digital vermittelt, dies wurde aber von den Studierenden in ihren Reflexionen zur Lehrveranstaltung nicht weiter thematisiert. Auf die Frage, ob die Blogantworten/„Stellungnahmen" zu dem eigenen Thema gelesen wurden, antworteten 8 Studierende (34,8 %) mit „ja", 6 Studierende (26,1 %) haben die Antworten auf die Fragen zum Inhalt ihrer Präsentation zumindest „teilweise" gelesen und 3 Studierende (13,0 %) haben die Blogantworten gar nicht gelesen (6 Studierende [26,1 %] haben diese Frage nicht beantwortet). Die Stellungnahmen zu den Präsentationen von anderen Teams wurde dagegen stärker rezipiert: 14 Studierende (60,9 %) lasen die Blogantworten der anderen Research-Teams zu anderen Präsentationen ganz, 4 Studierende (17,4 %) teilweise und 2 Studierende (8,7 %) gar nicht (3 Studierende [13 %] haben diese Frage nicht beantwortet). Die Rolle der Feedbacks zeigt sich v.a. in den Äußerungen, in denen die Studierenden das Erhalten der Feedbacks thematisieren.

PKZ 16:   Es war interessant zu sehen, wie viel Inhalt die Gruppen von dem ei-
          genen Referat mitgenommen haben und wie hilfreich der Seminar-
          Blog gewesen sein konnte. Es war schön zu sehen, wenn einige Grup-
          pen über den Pflichtteil der gerade ausreichenden Beantwortung hin-
          ausgingen und neue Gedanken erwähnten.

PKZ 09:   Die Antworten der anderen Gruppenmitglieder haben mir sehr weiter
          geholfen. Es war sozusagen ein Feedback der eigenen Präsentation in
          Form von inhaltlichen Antworten. Dies zeigte unserer Gruppe, ob wir
          unsere Inhalte gut genug und strukturiert erläutern und vermitteln
          konnten. Da von den anderen Gruppenmitgliedern gute und ausrei-
          chende Antworten verschriftlicht worden sind, denke ich, dass uns
          dies gut gelungen ist. Außerdem hat mir das Feedback von den Do-
          zenten sehr weiter geholfen.

Zur Frage, wie es war, Antworten zum eigenen Thema zu erhalten:

PKZ 11:   Ziemlich gut. Ich möchte ja wissen, was Andere zu einem bestimmten
          Thema denken. Ob meine eigene Meinung sich dadurch ändert ist
          fraglich, aber es ist auf jeden Fall interessant, andere Meinungen zu
          hören.

5.2.2.5   Wahrnehmung des Einsatzes digitaler Medien

Der Einsatz digitaler Medien diente eher der Koordination des Arbeitsprozesses. Von den Befragten wurden neben der Nutzung des universitären LMS Stud.IP (n=9) Facebook (n=3) und WhatsApp (n=5) digitale Medien genannt, die zur Kommunikation eingesetzt wurden. Der Einsatz avancierter Web 2.0 Medien, die der Generierung von Inhalten (z.B. kollaborative Schreibtools wie Google Drive, Etherpad, Authorea und Padlets) oder der gemeinsamen Recherche (z.B. Socialbookmarking-Tools wie Diigolet oder Zootero) dienen, wurden nicht genannt. Bei den Antworten auf die Frage, was jeweils bei dem Einsatz digitaler Medien in der Gruppenarbeit gut bzw. nicht so gut funktioniert habe, zeigt sich, dass hier Organisations- und Koordinationsaspekte genannt wurden.

Aus medienpädagogischer Perspektive eröffnet sich vor dem Hintergrund dieser Angaben die hochschuldidaktisch relevante Frage, wie bei Studierenden verstärkt ein Bewusstsein geschaffen werden kann, Web 2.0 Medien für das universitäre Lernen jenseits von Organisations- und Koordinationsprozessen einzusetzen – z.B. zur online gestützten kollaborativen Generierung von Inhalten.

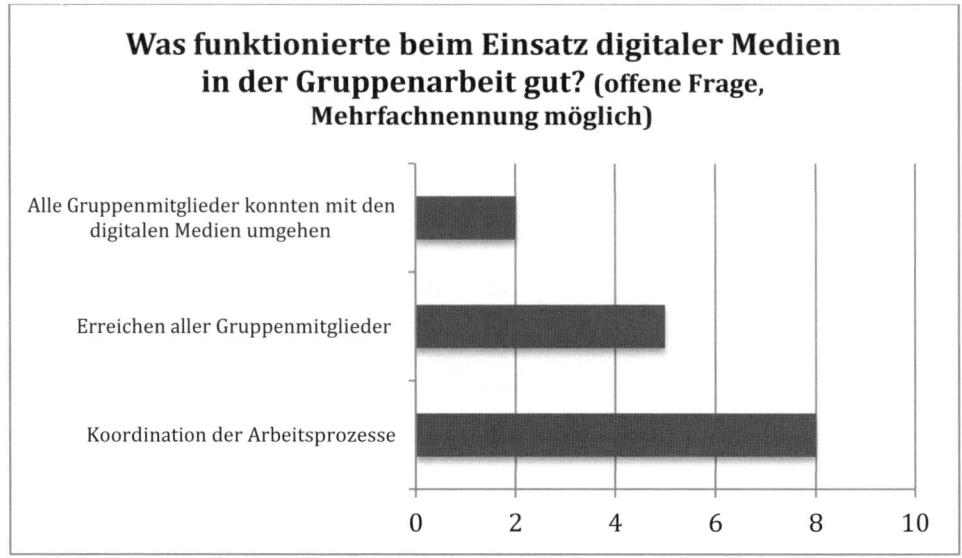

Abbildung 5.20: Balkendiagramm zu der *offenen* Frage: „Was funktionierte beim Ein-satz digitaler Medien in der Gruppenarbeit gut?" (Antworten von 11 Teilnehmer/inne/n des Seminars *„Geschichte der Pädagogik"*, Befragung im Sommersemester 2014, Mehrfachnennung möglich).

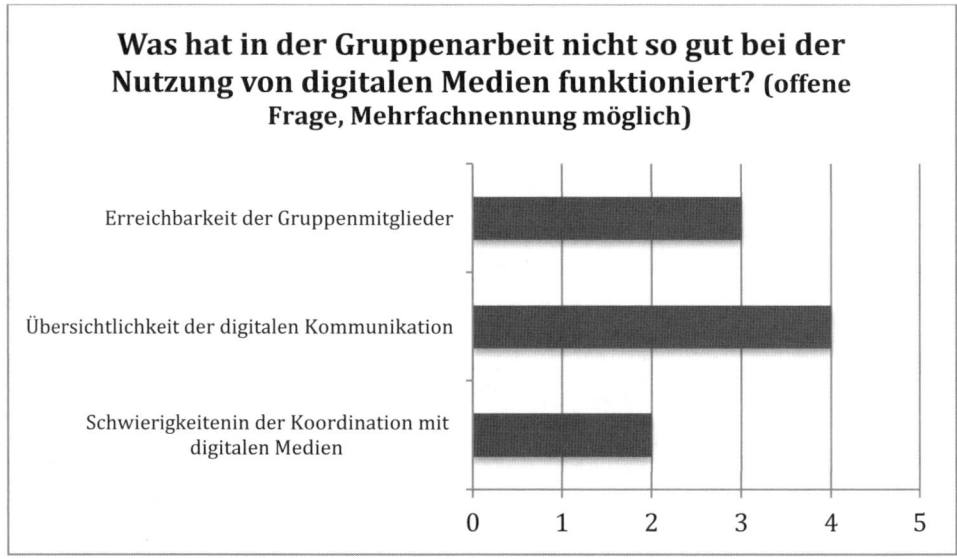

Abbildung 5.21: Balkendiagramm zu der *offenen* Frage: „Was hat in der Gruppenarbeit nicht so gut bei der Nutzung von digitalen Medien funktioniert?" (Antworten von 11 Teilnehmer/inne/n des Seminars *„Geschichte der Pädagogik"*, Befragung im Sommer-semester 2014, Mehrfachnennung möglich).

5.2.2.6   Beurteilung des Seminarblogs

Der Seminarblog wurde als ein Medium wahrgenommen, welches die Struktur der Lehrveranstaltung mit definierte. In diesem Kontext wurde der Seminarblog vor allem als eine „dezentrale" (n=9, also von Zeit und Ort unabhängige), „stabile Wissensressource" (n=14) verstanden, die eine Ergebnissicherung ermöglicht (vgl. Abbildung 5.22).

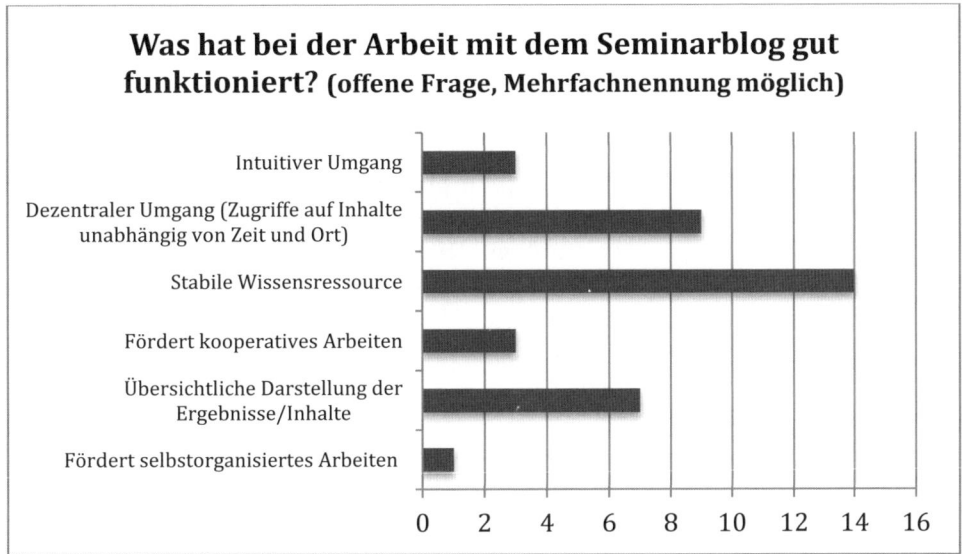

Abbildung 5.22: Balkendiagramm zu der *offenen* Frage: „Was hat bei der Arbeit mit dem Seminarblog gut funktioniert?" (Antworten von 22 Teilnehmer/inne/n des Seminars „*Geschichte der Pädagogik*", Befragung im Sommersemester 2014, Mehrfachnennung möglich).

Auch in den Äußerungen der Studierenden wird der Vorteil des Seminarblogs als dezentrale Wissensressource betont:

PKZ 06:   Gut war, dass die Informationen immer online abrufbar waren. Somit hat man keine Zettel, die immer mitgenommen werden müssen, falls man nochmal nachschauen möchte. Online ist heutzutage leichter, da viele ein Netbook, das Handy oder ähnliches bei sich tragen. Das Hochladen der Texte ergab keine Schwierigkeiten.

PKZ 09:   Zudem fand ich den Seminarblog sehr hilfreich, der immer wieder die Möglichkeit bot, sich auch rückläufig über das Seminar informieren zu können und nun sehr hilfreich für die inhaltliche Reflexion meinerseits ist.

PKZ 20:   Sehr gut finde ich, dass alle Themen, die wir im Seminar kennenlernten, mit den Ausarbeitungen und dem Feedback von den jeweiligen

Gruppen, an einem Ort zu finden war. Es ist sehr übersichtlich und gibt dem gesamten Seminar einen wunderbar strukturierten Rahmen. Dieser fehlt mir oft bei der traditionellen Vorgehensweise. Das zu bearbeitende Material wirkt dann unübersichtlich und dadurch überfordert. Mit dem Blog können wir immer genau sehen, wo wir uns in dem Lernprozess befinden und dies verhindert eine mögliche Lernblockade.

PKZ 16:   Ich denke, dass ich inhaltlich gute Arbeit geleistet habe. Die Aufgabenbewältigung wurde durch den Online-Seminarblog übersichtlich gemacht. Darüber hinaus denke ich, wollte, der Großteil der Gruppe auch einen gut gelungenen Beitrag posten, da dieser ja auch für alle zu sehen ist.

Die geäußerten Umgangsschwierigkeiten mit dem Seminarblog betrafen, ähnlich wie bei *„Lernen verstehen: qualitative Zugänge zum Lernerlebnis"*, vor allem die „Usability" des Seminarblogs. Hieraus lässt sich schließen, dass trotz der intuitiven Gestaltung von Web 2.0 Medien eine gezielte Einführung bei dem Einsatz digitaler Medien zu leisten ist.

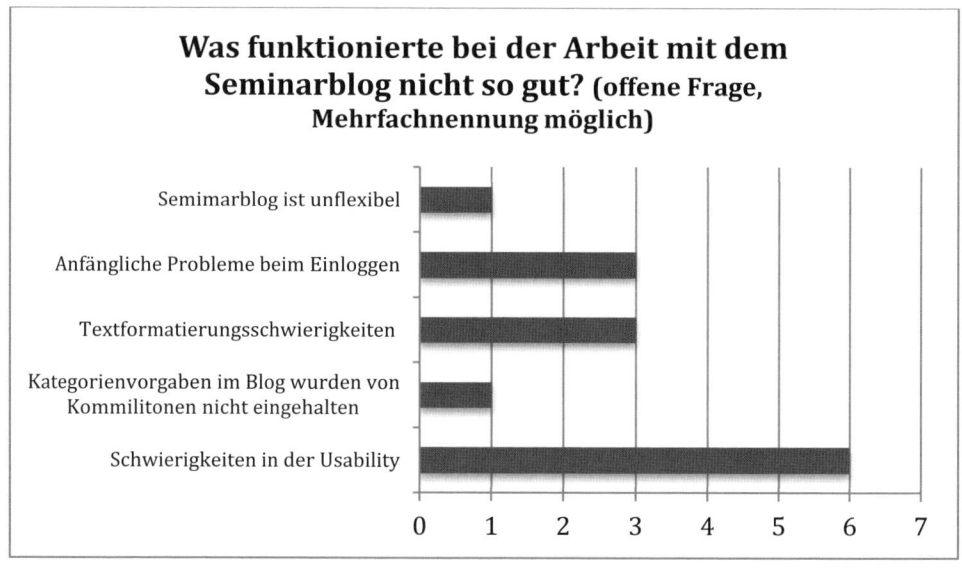

Abbildung 5.23: Balkendiagramm zu der *offenen* Frage: „Was funktionierte bei der Arbeit mit dem Seminarblog nicht so gut?" (Antworten von 13 Teilnehmer/inne/n des Seminars *„Geschichte der Pädagogik"*, Befragung im Sommersemester 2014, Mehrfachnennung möglich).

PKZ 20:   Anfangs ist es eine Herausforderung, sich mit der Bearbeitung eines Blogs auseinanderzusetzen. Im ersten Seminar hatte ich Bedenken, ob dieses Konzept für eine Umsetzung nicht zu umständlich wäre, denn es war mir bislang unbekannt. Im Nachhinein kann ich sagen, ich bin von diesem Konzept vollkommen überzeugt und wünsche mir weitere solcher Veranstaltungen in der Zukunft. Meiner Meinung nach ist das Arbeiten mit dem Blog eine hervorragende Lernmethode und ich habe dazu keine Verbesserungsvorschläge.

PKZ 04:   Die eigenständige Bearbeitung der hochgestellten Texte von anderen Gruppen klappte meiner Meinung nach sehr gut. Es lässt mehr Selbstorganisation des Lernprozesses zu.

PKZ 06:   Gut war, dass die Informationen immer online abrufbar waren. Somit hat man keine Zettel, die immer mitgenommen werden müssen, falls man nochmal nachschauen möchte. Online ist heutzutage leichter, da viele ein Netbook, das Handy oder Ähnliches bei sich tragen. Das Hochladen der Texte ergab keine Schwierigkeiten.

In der Befragung wurden Vorschläge geäußert, den Seminarblog noch stärker als Austauschplattform zwischen Lehrperson und Studierenden zu nutzen sowie Ideen zum Einsatz digitaler Medien entwickelt, die Ansätzen des Social Bookmarking ähneln. In der Befragung von Studierenden lässt sich eine heuristische Quelle ausmachen, um (e-)didaktische Strategien zu generieren. Zwei Äußerungen sollen hier exemplarisch angeführt werden:

PKZ 14:   Vielleicht könnten in Seminaren häufiger z.B. Seminarblogs eingebaut werden, auf denen dann alle Teilnehmer Fragen etc. posten können und die Dozenten die jeweilige Antwort dazu. Häufig ist es ja der Fall, dass Informationen nicht alle Teilnehmer erreichen und nur seltener eine Art Rundmail auf auftauchende Fragen geschickt werden. So wäre mehr Transparenz geschaffen und für den Dozenten tendenziell weniger Arbeit, da er theoretisch nur einmal jede Frage im Blog beantworten müsste.

PKZ 17:   Die Blogeinträge haben gut funktioniert. Toll wäre, wenn man sehen könnte, mit welchen Medien und Quellen die anderen Gruppenmitglieder gerade arbeiten oder gearbeitet haben, wenn man selbst an seiner Aufgabe arbeitet. Dies müsste automatisch passieren, ohne dass die anderen einem mitteilen müssen: „Hey, ich habe hier was Interessantes zum Thema gefunden", sondern es müsste gleich sichtbar sein, welche Quellen genutzt wurden, das würde die Arbeit erleichtern und gleichzeitig die Arbeit besser verknüpfen. Natürlich sollte der Einzelne selbst entscheiden dürfen, ob seine Quellen sichtbar sein sollen oder nicht. So eine Art Button: Genutzte Quellen/Literatur teilen.

Zusammenfassend lässt sich festhalten, dass in der Tendenz der Einsatz digitaler Medien als sinnvolle Ergänzung wahrgenommen wurde, wobei auch hier wie in der Lehrveranstaltung „Lernen verstehen" keine Reflexion zum eignen Medienbildungsprozess (z.B. wie verändert der Seminarblog mein Arbeiten mit digitalen Medien) angestellt worden ist. Es werden aber konstruktive Vorschläge (N=18) eingebracht, universitäres bzw. forschendes Lernen mit digitalen Medien zu unterstützen.

Es lassen sich, wie in der Lehrveranstaltung „*Lernen verstehen*" bei der Strukturierung des Bildungsraums ähnliche Dynamiken identifizieren: Die Möglichkeit des selbstgesteuerten Lernens wirkt mit den anderen Elementen, wie „forschendes Lernen im machtfreien Raum" und die „Wahrnehmung des eigenen Research-Teams" zusammen. Die Lehrveranstaltung „*Geschichte der Pädagogik*" wird im Gegensatz zu der Lehrveranstaltung „*Lernen verstehen*" durch die stärkere Einbindung der anderen Studierenden erweitert, indem die Studierenden dazu angehalten wurden „Stellungnahmen" zu den jeweiligen Präsentationen zu formulieren. In der Tendenz werden die Studierenden außerhalb des eigenen Research-Teams in ihrer Funktion als Feedbackgebende wahrgenommen. Dies stärkt den gemeinschaftlichen Erkenntnischarakter der Lehrveranstaltung, der sich auch in der Wahrnehmung der Arbeit in den Research-Teams zeigt. Allerdings zeigen diese Evaluationsergebnisse auch auf, dass eine gelungene Zusammenarbeit und ein gemeinsames (forschendes) Lernen ein geteiltes Erkenntnisinteresse und Engagement voraussetzen. Ist beides nicht gegeben, lässt sich das Zusammenspiel der Elemente des forschenden Lernens nicht synergetisch entfalten.

5.3   Seminar: Das Ich und das Netz
Subjektorientiertes e-Learning 2.0 in Practice

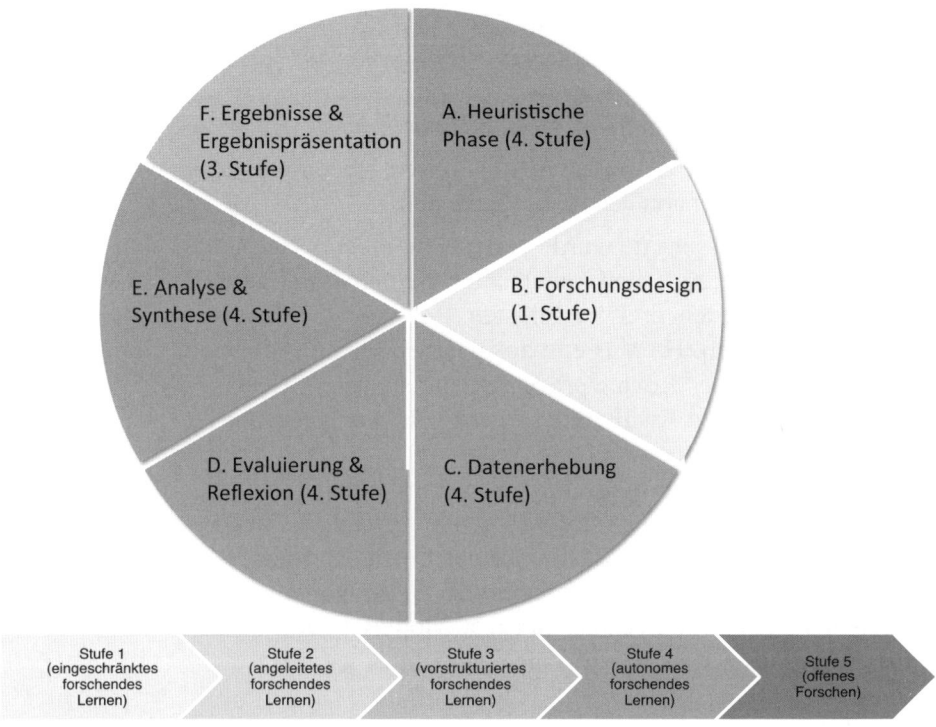

Abbildung 5.24: Forschungskreislauf und Stufen-Legende für die Lehrveranstaltung *„Das Ich und das Netz - Subjektorientiertes e-Learning 2.0 in Practice"* (Wintersemester 2013/2014, eigene Darstellung).

Eingesetzte digitale Medien: Seminarblog, Google Drive

Im Folgenden wird die Lehrveranstaltung *„Das Ich und das Netz – Subjektorientiertes e-Learning 2.0 in Practice"* (Master, 12 Teilnehmer/innen, nachfolgend *„Das Ich und das Netz"* genannt) vorgestellt.

Zu Beginn der Veranstaltung teilten sich die Studierenden selbst in drei Research-Teams ein. Jedes Research-Team wurde aufgefordert, onlinebasiert über kollaborative Schreibtools wie Google Drive ein Wissenschaftsessay zu erstellen. Die Essays waren für die Veröffentlichung in *forsch! Das studentische Online-Journal der Carl von Ossietzky Universität* vorgesehen (vgl. *5.5 Digitale Ergebnispräsentation des forschenden Lernens*). Die Veranstaltung wurde im Blended Learning Design durchgeführt. Während jede zweite Woche der Arbeit an dem Essay gewidmet wurde, sind in jeder anderen Woche in einer Präsenzsitzung

*   inhaltliche Aspekte des Themas erörtert (z.B. Medienethik, subjektorientierte Pädagogik etc.) sowie

- technische Schwierigkeiten besprochen worden, die im Rahmen der Nutzung von Web-2.0-Tools entstehen können.

Bei der Erstellung des Essays waren die drei Research-Teams dazu angehalten,

- in Form einer Forschungsfrage selbstbestimmt ein Thema für das Essay zu finden,

- eine Gliederung zu erstellen und

- den Text zu verfassen sowie nach Überarbeitungshinweisen eine finale Version des Essays zu erstellen.

Jeder dieser Arbeitsschritte wurde von einem anderen Research-Team begutachtet. Die Teams, deren Arbeit begutachtet wurde, waren aufgefordert, wiederum ein Feedback zu den drei wichtigsten Punkten des jeweils erhaltenen Peer-Feedbacks zu geben. Hieraus entwickelte sich eine alternierende Form und dialogische Struktur des Reviewprozesses, die sicherstellte, dass die Studierenden durch das Geben und Erhalten des Feedbacks aus mehreren Perspektiven Feedbackprozesse trainierten.

Die Prüfungsleistung in der Pilotlehrveranstaltung war formativ, also prozessbegleitend, und sah – neben der sukzessiven Erstellung des Essays und der Begutachtung eines anderen Essays in seiner Entstehungsphase – eine abschließende, zweiseitige individuelle Reflexion vor. Diese individuelle Reflexion erschien u.a. aus dem Grund notwendig, um den Modulvorgaben, eine individuell beurteilbare Prüfungsleistung zu erbringen, gerecht zu werden.

Abbildung 5.25: Der Seminarblog zu der Lehrveranstaltung „*Das Ich und das Netz*"
(Sommersemster 2014).

Mit Bezug auf das didaktische Rahmenmodell lässt sich diese Form des Erstellens eines wissenschaftlichen Essays, welches u.a. durch den spezifischen Medieneinsatz vorstrukturiert ist, zumeist den Phasen des forschenden Lernens auf Stufe 4 (Studierende initiieren und bestimmen den Forschungsprozess und werden von der Lehrperson flexibel begleitet) zuordnen.

5.3.1   Einordnung der Lehrveranstaltung in das didaktische Rahmenmodell zum forschenden Lernen

	Stufe 4 (autonomes forschendes Lernen)
A. Heuristische Phase *Studierende entwickeln ein Erkenntnisinteresse und formulieren eine eigene Fragestellung bzw. Forschungsfrage.*	*Studierende generieren selbst Forschungsfragen in einem vorgegebenen Themenfeld. Studierende entwickeln eine eigene Struktur, diese Fragen zu beantworten.* Die Erfüllung dieser Kriterien wurde dadurch gewährleistet, dass die Studierenden im Rahmen des Themenfeldes jede beliebige Fragestellung entwickeln konnten. Um den Studierenden eine basale Orientierung zu ermöglichen, wurden einige Forschungsfragen exemplarisch vorformuliert. Auf diese hätten die Studierenden auch zurückgreifen können, worauf jedes der drei Research-Teams aber verzichtete.
	Stufe 1 (eingeschränktes forschendes Lernen)
B. Forschungsdesign *Auseinandersetzung mit einem erkenntnisangemessenen Forschungsdesign.*	*Studierende erarbeiten sich ein Verständnis von einem vorgeschriebenen Forschungsdesign.* Ein Merkmal, das den Forschungsprozess im Zuge der Essayerstellung auszeichnete, liegt in der reflektierten Auseinandersetzung mit theoretischen Positionen und bereits vorliegenden Daten zur Klärung einer Forschungsfrage bzw. eines Essaythemas. Die Struktur dieses Prozesses ist in diesem Lehr-/Lernszenario stark vorgegeben, so dass die Auseinandersetzung mit der vorgegebenen Struktur (Meilensteine, bis wann die einzelnen Arbeitsschritte bei der Essayerstellung und Begutachtung abgeschlossen sein sollen) zu einem Verständnis eines Forschungsdesigns (im Sinne einer Grundlage einer strukturierenden Untersuchung) für ein wissenschaftliches Essay führt.
	Stufe 4 (autonomes forschendes Lernen)
C. Datenerhebung	*Studierende erheben in flexibler Begleitung der Lehrperson Daten.*

Studierende recherchieren bereits vorhandene Informationen/Daten oder generieren eigene Daten.	Die Studierenden recherchieren in ihrem Research-Teams Daten, z.B. in Form des Erarbeitens von Theoriesätzen (im Sinne eines nicht empirischen Forschen lässt sich das Erarbeiten von theoretischen Positionen als eine Form der Datenerhebung verstehen), diskutierten diese und fassten die erarbeiteten Erkenntnisse im Essay zusammen. Hierbei agierten alle Teams ohne Hilfestellung des Dozenten.
Stufe 4 (autonomes forschendes Lernen)	
D. Evaluierung & Reflexion *Studierende unterziehen die Daten einer kritischen Analyse anhand wiss. Qualitätsmerkmale.*	*Studierende prüfen kritisch selbst erhobene Daten nach Kriterien, die entweder diskursiv mit den Lehrpersonen erarbeitet oder von den Studierenden selbst bestimmt worden sind.* Die kritische Reflexion der recherchierten Daten und Informationen und des eigenen Erkenntnisstandes vollzog sich prozessbegleitend durch das digital gestützte konstruktive Feedback.
Stufe 4 (autonomes forschendes Lernen)	
E. Analyse & Synthese *Analyse der Daten, in Bezug auf die Forschungsfrage.*	*Analyse und Auswertung eigener Daten mit Bezug auf eine selbst entwickelte Forschungsfrage, Generierung von neuem Wissen.* Diese Phase geht im Zuge des Prozesses der Essayerstellung synergetisch in den anderen Phasen auf und wird qualitätssichernd durch das digitalbasierte konstruktive Feedback begleitet.
Stufe 3 (vorstrukturiertes forschendes Lernen)	
F. Ergebnisse & Ergebnispräsentation	*Studierende sind mit der Fachsprache vertraut, setzen diese bei der Ergebnispräsentation ein und können Begriffe verstärkt in Bezug zueinander setzen.*

Wie lassen sich die Ergebnisse verstehen? Welche Forschungsfragen könnten an diese Ergebnisse anschließen?	Diese Phase geht ebenfalls wie Phase E synergetisch in dem Durchlaufen der anderen Phasen auf, da die Ergebnisse prozessbegleitend erarbeitet und, durch die Implementierung des digitalbasierten konstruktiven Feedbacks, präsentiert sowie diskutiert/reflektiert werden. Metonymisch ist aber diese Phase aber auch eigenständig in dem Vorlegen einer finalen Version des Essays in diesem Lehr-/Lernszenario des forschenden Lernens vertreten. Die Essays reflektierten kritisch Positionen ohne eine dezidiert neue Perspektive abzuleiten. Wäre dies geleistet worden, wären die Bedingungen für die Stufe 4 erfüllt worden.

Tabelle 5.3: Einordnung der Lehrveranstaltung *„Das Ich und das Netz"* in das didaktische Rahmenmodell für forschendes Lernen (Wintersemester 2013/2014, eigene Darstellung).

5.3.2   Darstellung der Evaluationsergebnisse

Die Veranstaltung bestand aus zwölf Teilnehmenden, die alle den per E-Mail versandten Evaluationsbogen ausgefüllt zurück gesendet haben. Die Auswertung ergab, dass

- die Arbeit mit dem Seminarblog von den Studierenden durchweg positiv aufgenommen wurde.

- In der Evaluation wiesen die Studierenden zum Großteil darauf hin (n=9 von N=12), dass von den Dozent/inn/en eine stärkere inhaltliche Verknüpfung zwischen den Präsenz- und Onlinephasen geleistet werden sollte.

- Auf die Frage, im welchen Seminarkonzept Studierende besser lernen – traditionelles Präsenzseminar oder Blended Learning Seminar mit Onlinephasen zum selbstgesteuerten Lernen – antworten n=9 von N=12 Studierenden, dass sie in diesem Seminarkonzept mehr lernen würden. Die Begründungen waren, dass die Studierenden auf diese Weise stärker selbstgesteuert arbeiten können und ein komplexerer Lernprozess zu bewältigen sei. Der Rest (n=3) antwortete, dass diese verschiedenen Seminarformen verschiedene Erkenntnisfoki ermöglichen und daher andere Dinge gelernt würden. Bei diesen drei Antworten wurde aber der Akzent des selbstgesteuerten Arbeitens als Mehrwert dieses Seminarkonzepts genannt.

- Alle Studierenden begrüßten das „digitalbasierte konstruktive Feedback" als didaktische Strategie. In den offenen Antworten wurden von drei Studierenden darauf hingewiesen, dass das Feedback nicht konstruktiv genug gewesen sei (also ohne Lösungsvorschläge bzw. konkrete Verbesserungshinweise).

- Ein Großteil der Studierenden (n=10) hatte rückblickend vorge-schlagen, dass bei einer nächsten Veranstaltung die Vielfalt und der Einsatz von verschiedenen Web 2.0 Medien von den Dozent/inn/en im Seminar zu Beginn vorgestellt werden könnte. So würden die Studierenden die Möglichkeit bekommen, gezielter auf andere digi-tale Medien für ihren selbstgesteuerten Lernprozess zurückgreifen zu können.

- Von allen Studierenden wurde die Einführung in die Arbeit mit dem Seminarblog, die in der ersten Sitzung geleistet wurde, begrüßt und als notwendig empfunden.

- Der Arbeitsprozess in Gruppen wurde mehrheitlich als positiv (n=10) erlebt.

Die Evaluationsergebnisse lassen sich dahingehend deuten, dass diese Form des digital gestützten, selbstgesteuerten Lernens positiv erfahren wurde. Aus eini-gen Äußerungen ging hervor (n=6), dass eine Voraussetzung die klare Vermitt-lung im Umgang mit den Web 2.0 Medien darstellt. Wird das verwendete Web 2.0 Medium nicht als mögliches Bildungstool vermittelt, so ließe sich folgern, wird es als solches nicht wahrgenommen und nicht eingesetzt. Fünf Studierende gaben an, dass die Aufgabe dieser Vermittlung von digitalen Medien für Lern-prozesse bei der Lehrperson liege.

Dass die Lehrperson ebenfalls ein schriftliches konstruktives Feedback auf die jeweiligen Arbeitsergebnisse gibt, wie es sich drei Studierenden gewünscht ha-ben, lässt darauf schließen, dass selbstgesteuertes Lernen zwar begrüßt wird, die Lehrperson jedoch im Sinne der strukturierten Offenheit ein wichtiger Orien-tierungspunkt bleibt.

Des Weiteren lässt sich an den Evaluationsergebnissen ablesen, dass diese Pi-lotlehrveranstaltung einen konjunktiven Erfahrungsraum schuf, in dem die Ler-nenden sich einem gemeinsamen Erkenntnisprozess verpflichtet sahen. Dies lässt sich an der Übersicht der Äußerungen zu ausgewählten Fragen aufzeigen, die das konstruktive Feedback thematisieren.

Das Geben des Feedbacks wurde nicht als Pflicht, sondern als Hilfestel-lung wahrgenommen (n=9):

> PKZ 01:   Mir gefällt es andere bei ihrer Arbeit unterstützen zu können und ich gebe gerne Feedback.

In keiner der Äußerungen ließ sich auf einseitige Abhängigkeitsverhältnisse oder asymmetrische Beziehungen der Research-Teams untereinander schlie-ßen. Es scheinen sich also keine Hierarchien zwischen Feedbackgebern und -nehmern herausgebildet zu haben. Vielmehr äußerten sich die Studierenden in der Tendenz dahingehend (n=8), einem gemeinsamen Erkenntnisprozess verpflichtet zu sein:

> PKZ 10:   Mir hat es Spaß gemacht, mich auch noch mit einem weiteren Thema auseinanderzusetzen und viel darüber zu erfahren. Außerdem finde ich es einfacher, eine vorhandene Arbeit zu begutachten und Verbesserungsvorschläge zu geben, als eine neue Arbeit zu einem bestimmten Thema zu erstellen.

Das Erhalten des Reviews wurde in keiner der 12 Äußerungen als eine Beurteilung erlebt, sondern eher als ein wichtiger Kommentar im Erkenntnisprozess begriffen. Zur Frage, wie es war ein Feedback zu erhalten und ob das Feedback die Gruppenarbeit weitergebracht habe:

> PKZ 02:   Ein Feedback zu erhalten habe ich als positiv empfunden, da es zur Klarheit über den Aufbau und Inhalte unseres Essays beigetragen hat. Das erste Konzept war beispielsweise sehr umfangreich, darauf wurden wir durch das Feedback aufmerksam.

> PKZ 05:   Als das Feedback hochgestellt war, war ich schon gespannt, was uns erwarten wird. Wenngleich dieses Essay nicht bewertet werden würde, haben wir uns Mühe gegeben, einen interessanten und guten Text zu formulieren. Das Feedback war also nicht uninteressant. Die Kritikpunkte waren hierbei sehr fair und nachvollziehbar formuliert, so dass wir auch etwas daraus mitnehmen konnten.

> PKZ 06:   Es war schön ein Feedback zu den schriftlichen Abgaben zu bekommen. Meist geschieht das im universitären Kontext ja nicht. Das Feedback war im Großen und Ganzen auch sehr hilfreich, vor allem, weil es nochmal die Gedanken zu seiner eigenen Arbeit erweitert hat.

Die Erkenntnisdynamik, die sich dadurch entfaltete, dass Feedbackgeben und -nehmen als dialogische Prozesse im weitesten Sinne verstanden worden sind, kann auch dadurch gefördert worden sein, dass Studierende zugleich Feedbackgeber und -nehmer waren, was jeweils eine Perspektivübernahme erleichterte:

> PKZ 09:   Ich empfand es als äußerst angenehm ein Feedback von einer anderen Gruppen zu bekommen. So hatte unsere Gruppe die Möglichkeit, unser bisher Geschriebenes zu überdenken sowie zu überarbeiten und Informationen, die uns evtl. vorher nicht in den Sinn gekommen sind, zu integrieren. Des Weiteren musste ich in meinem Bachelor Studium häufig die Erfahrung machen, ein Review von einem Dozenten zu bekommen. Bei diesem fühlte ich mich doch (im Hinblick auf die Endnote) sehr unter Druck gesetzt, die von ihm genannten Mängel zu korrigieren. Dieses Gefühl kam bei dem Gruppenfeedback absolut nicht auf. Da alle Feedbacks freundlich geschrieben worden sind nahm unsere Gruppe die Anmerkungen eher als Ratschläge statt als Mängel an. Ebenso gefiel es mir sehr gut, dass alle Gruppen in ihrem Feedback nicht nur potenzielle Veränderungsmöglichkeiten aufgezeigt haben, sondern ebenso Aspekte genannt haben, die ihnen in dem Essay gut

gefallen haben. Dies motivierte unsere Gruppe im gesamten Schreib-
prozess.

PKZ 04:   Schwierig fand ich vor allem das Formulieren. Man mochte Tipps geben und Veränderungsvorschläge, muss aber dabei aufpassen, nicht
vor den Kopf zu stoßen bzw. zu bevormunden. Außerdem war es
schwierig, eigene Vorstellungen von einem guten Text rauszuhalten
quasi die Möglichkeit für andere Lösungen zu akzeptieren […] Insgesamt ist es schwierig einzuschätzen, ob die eigene Kritik berechtigt
und angebracht ist, oder ob man gerade selber am Ziel vorbeischießt.

Hier zeigt sich exemplarisch, dass eine erkenntniskritische Haltung auch in
Bezug auf die eigene Meinung und die Legitimität anderer Wissensdeutungen
anerkannt wird. Eine erkenntniskritische Haltung spiegelt die Einstellung wieder, dass Studierende Wissen in einem sozial-konstruktivistischen Lernprozess
(ko-)konstruieren und dieser Prozess von den Studierenden selbst als sensibler
Prozess erfahren und demgemäß reflektiert wird.

Die Teilnehmer/innen der Lehrveranstaltung haben sich in der Tendenz eher
als *solidarische Wissensgemeinschaft* verstanden (n=8). So formuliert ein/e Teil-
nehmer/in.

PKZ 01:   Mir gefällt es anderen bei ihrer Arbeit unterstützen zu können und ich
gebe gerne Feedback.

Der Prozess der Begutachtung wurde in der Tendenz explizit als sozialer Prozess geschildert (n=8), in dem Erkenntnisse ausgetauscht und Wissens validiert
werden konnte:

PKZ 01:   Mir hat es gefallen mit der Gruppe gemeinsam ein Review zu erarbeiten, da wir uns durch unsere unterschiedlichen Perspektiven sehr gut
ergänzt haben. Weiterhin konnten wir durch Mehrfachnennungen besonders wichtige Aspekte gut erkennen.

PKZ 02:   Ich fand das Reviewen in der Gruppe sehr angenehm, da man sich untereinander austauschen konnte, über die Texte diskutieren konnte und
somit auf weitere Punkte aufmerksam wurde, die einem selbst wahrscheinlich nicht auffallen würden.

Die Verknüpfung von intrinsischer Motivation und selbstgesteuerten Lernen
lässt sich anhand der Evaluationsergebnisse ebenfalls freilegen:

PKZ 02:   Die Selbstorganisation fand ich persönlich sehr gut. Da durch die
Selbstorganisation Fähigkeiten wie Zeitabschätzung, Kommunikation,
Selbsteinschätzung, Selbstverantwortung ausgebaut werden können.
Auch die Motivation zum Lernen und Arbeiten ist höher, da bei-
spielsweise das Essay-Thema nach Interesse ausgewählt werden durf-
te und somit die Bereitschaft zum Erforschen höher war. Ich hatte das
Gefühl, dass die Teilnehmer sich mit ihrem Thema aufgrund der

Selbstorganisation und Selbstbestimmung intensiver beschäftigt haben.

Hierbei wird auch die normative Selbsttätigkeit von einigen Studierenden explizit als *Empowerment* (n=5) erfahren:

PKZ 06: Mir gefällt, dass den Seminarteilnemer/inne/n die Kompetenz der Bewertung der anderen Essays zugetraut wird. Durch diesen Arbeitsprozess wird man nicht nur „gezwungen" sich mit den Arbeitsergebnissen
der anderen Teams auseinanderzusetzten, was man sonst vermutlich
eher nicht tun würde, sondern denkt auch über die eigenen Ergebnisse
anders nach.

PKZ 05: Ich empfand es als sehr förderlich und spannend, dass den drei Ar-
beitsgruppen im Seminar eine freie Arbeitsweise zugestanden wurde.
Dadurch konnten die Teams jeweils für sich entscheiden, welche Vorgehensweise für die Erreichung ihres Arbeitsziels am besten passt. Die
Dozent/inn/en mischten sich nur insofern ein, dass sie vereinzelte
Etappenziele im Verlaufsplan setzen. Dadurch wusste jede Gruppe,
bis wann sie eine Aufgabe zu erfüllen hatte – ein externer Motivati-
onsfaktor, der aber nicht schwerwiegend in den Arbeitsfluss eingriff.
Die Gruppen mussten selbst über ihre Arbeitsweise entscheiden, ihre
Arbeitsergebnisse den anderen beiden Gruppen zum Feedback einrei-
chen und konnten dieses Feedback dann für ihre weitere Arbeit ver-
werten. Durch diese „Kompetenzzuschreibung" und Verantwortungs-
übertragung auf die einzelnen Gruppen kam deutlich stärker als in traditionellen Seminaren das Gefühl auf, selbstständig und autonom Ur-
teile und Aussagen zu treffen. Den Aussagen der Gruppen wurde eine
stärkere Relevanz zugeschrieben, denn „das letzte Wort" (Feedback)
hatten die Gruppen. Dadurch kam eine nahezu reale, berufliche Arbeitsatmosphäre auf. Auch in der Berufswelt agieren Teams zusammen und müssen sich darin üben, autark zu arbeiten und konstruktive
Feedbacks zu geben. Ich war in der Arbeitsphase gespannt, was für
ein Feedback wir erhalten würden und las mir auch die Rückmeldun-
gen zu den beiden anderen Gruppenarbeiten durch. Dadurch, dass der
Lernprozess so transparent gestaltet wurde, konnten wir nicht nur aus
unseren eigenen Essays und den Feedbacks der Dozent/inn/en lernen,
sondern auch von den anderen Arbeitsprozessen. Meiner Ansicht nach
bietet dieser Arbeitsprozess mehr Möglichkeiten sich aktiv und ent-
sprechend der eigenen Fasson einzubringen.

Der *konjunktive Raum*, der durch dieses didaktische Szenario und die darin ab-
laufenden Interaktionsformen geschaffen wurde, lässt sich als ein weitestgehend
„machtfreier Raum" begreifen:

Die Lernenden haben sich als Teil einer Lerngemeinschaft begriffen, bei der
im Sinne des kommunikativen Handelns das geteilte Erkenntnisinteresse im Vordergrund stand, dies prägte den Lernprozess. Dementsprechend wurden die Lehr-

personen nicht als autoritäre, normative Instanzen wahrgenommen. Eher rückte die Arbeit der Gruppen in den Fokus, die Dozent/innen wurden explizit von 5 Studierenden als Berater/Begleiter wahrgenommen.

> PKZ 11: Dieser Prozess hilft meiner Meinung nach dabei, eine eigene (in diesem Fall gruppenabgestimmte) Position zu entwickeln, die losgelöst von evtl. Erwartungen der Dozent/inn/en reifen kann. Außerdem ist es spannend, während des Entstehungsprozesses Einblicke in andere Gruppenarbeits-Zwischenergebnisse zu erhalten und diese mit den eigenen vergleichen zu können.

> PKZ 03: Besonders gut hat mir gefallen, dass die Dozent/inn/en jeder Zeit erreichbar waren und mit Rat und Tat zur Seite standen.

Von drei Studierenden wurde dennoch mehr begleitender Einsatz seitens der Lehrpersonen gefordert, z.B. in Form von einem zusätzlichen konstruktiven Feedback. Dies verweist auf die Relevanz der Lehrperson als fachliche Instanz und fachlichen Orientierungspunkt.

> PKZ 08: Manchmal fehlte mir die Rückmeldung der Dozent/inn/en, weil ich nicht einschätzen konnte, wie viel Vertrauen ich den Reviews der anderen Gruppe schenken konnte.

> PKZ 05: Rückblickend hätte ich mir doch noch ein – wenngleich kurzes – schriftliches Feedback zu unseren Arbeiten gewünscht.

Die digitalen Medien wurden von allen Gruppen zur Kommunikation eingesetzt. Zum Einsatz kamen „Blubber" (das Foren-Plugin von Stud.IP, in einer Gruppe genutzt), „E-Mail", „WhatsApp", und „Facebook" (jeweils in allen Gruppen genutzt).

Die inhaltliche Arbeit wurde von zwei der drei Gruppen über Google Drive organisiert. Hierfür wurde den Studierenden auch ein Tutorial zur Einführung erstellt. Trotz des Medieneinsatzes wurde der Seminarblog in den Reflexionsfragen ebenso wenig thematisiert wie die Nutzung kollaborativer Schreibtools.

Zusammenfassend lässt sich festhalten, dass die Studierenden durch das digitalbasierte, konstruktive Feedback und die damit einhergehende normative Selbsttätigkeit einen konjunktiven Bildungsraum konstruiert haben. Dieser „konjunktive Bildungsraum" ist durch ein dialogisches Miteinander geprägt. Im Sinne Merschs Paradox des „Verschwinden des Medialen im Erscheinen" erfahren die digitalen Medien keine größere Aufmerksamkeit, während das konstruktive Feedback einen großen Raum in den Reflexionen einnimmt. Medien scheinen eher als Mittel zum Zweck wahrgenommen zu werden. Die Vermittlung von Einsatzmöglichkeiten neuer digitaler Medien in formalen Lernprozessen sollte von der Lehrperson impulsgebend initiiert werden. Dies zeigt die Relevanz von medienpädagogischen Strategien bzw. Interventionen auf, um eine akademische Medienkompetenz im digitalen Zeitalter angemessen zu fördern.

Anknüpfend an die positiven Erfahrungen mit dem konstruktiven Feedback in dieser Pilotlehrveranstaltung wurden weitere Lehrveranstaltungen durchgeführt, in denen das onlinebasierte konstruktive Feedback in Variationen eingesetzt wurde.[31]

5.4   Seminar: Evaluation von e-Learning

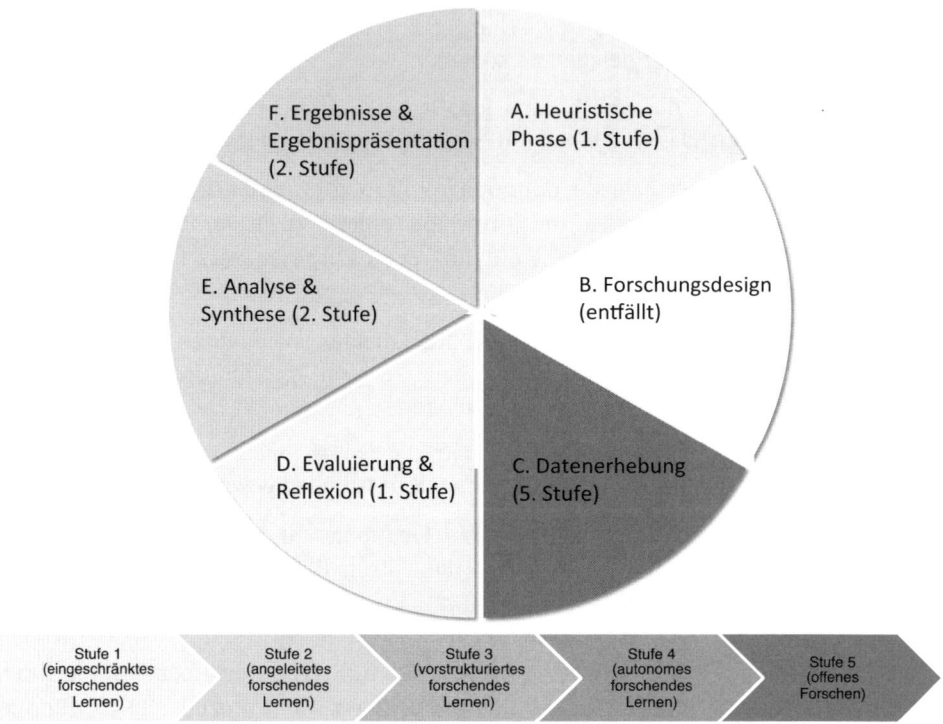

Abbildung 5.26: Forschungskreislauf und Stufenlegende für die Lehrveranstaltung *„Evaluation von e-Learning"* (Sommersemester 2015, eigene Darstellung).

Eingesetzte Medien: Seminarblog, Padlet, Google Drive, Twitter
Im Rahmen der Lehrveranstaltung *„Evaluation von e-Learning"* (Master, 9 Teilnehmer/innen) setzten sich die Studierenden mit dem Qualitätsbegriff und Evaluationsstrategien im e-Learning auseinander. Die Studierenden erarbeiteten sich in einem Blended Learning Design diskursrelevantes Wissen. Zudem setzen sie in Lehr-/Lernszenarien digitale Medien ein (u.a. in Form einer Twitter-debatte), entwickelten dafür Evaluationsstrategien und evaluierten in einem nächsten Schritt die eigene Mediennutzung anhand der selbst entwickelten Eva-

---

31 Beispielsweise wurden Lehrveranstaltungen durchgeführt, in denen jede Gruppe von allen anderen Gruppen ein Feedback auf ihr studentisches Forschungsprojekt erhielt.

luationsstrategien. Die Studierenden befanden sich also in einer Doppelrolle, sie waren zugleich Anwender/innen von digitalen Medien und Evaluierende dieses Prozesses. Neben dem

- Entwerfen eines eigenen Lehr-/Lernszenarios und dem
- Entwerfen eines Evaluationsdesigns,
- bildet eine individualisierte Reflexion

die Prüfungsleistung.

Im Folgenden soll die Twitterdebatte im Fokus stehen, die im Rahmen dieser Lehrveranstaltung durchgeführt wurde. Die Diskussionsfrage der Twittterdebatte lautete „Ist der Konnektivismus eine neue Lerntheorie?". In einer zweiten Twitterdebatte, die mit den gleichen Studierenden in einer anderen Veranstaltung im gleichen Modul durchgeführt wurde, setzten sich die Studierenden mit der sogenannten „Kozma-Clark Debatte" auseinander, im Rahmen derer die Relevanz des Medieneinsatzes in Lernprozessen diskutiert wird (Carter 1996).

Der Ablauf der Twitterdebatte gliederte sich in drei Phasen:

1. Vorbereitung   –   Sammeln der Argumente,

2. Durchführung   –   Durchführen der Twitterdebatte,

3. Nachbereitung   –   inhaltliche (Re-)Konstruktion und Evaluation der Twitterdebatte.

5.4.1   Vorbereitung – Sammeln der Argumente

Eingangs waren die Studierenden aufgefordert, sich in Stud.IP einer Pro- (der Konnektivismus ist eine neue Lerntheorie) oder Kontragruppe (der Konnektivismus stellt keine neue Lerntheorie dar) zuzuordnen. Für die Vorbereitung standen den Studierenden Grundlagentexte im Seminarblog zum Download zur Verfügung. In einem zweiten Schritt wurden die Studierenden aufgefordert, mittels eines Web 2.0-Mediums (z.B. Etherpad, Google Drive, Padlet) Argumente für die anstehende Debatte zu sammeln. Die Lehrperson sollte zu diesem Medium eingeladen werden, die andere Gruppe wiederum keinen Zugang zu diesem Medium haben, da hier die Argumentation für die folgende Debatte vorbereitet wurde. Nach der Twitterdebatte wurden diese Medien in den Seminarblog eingebunden und waren so auch der jeweils anderen Gruppe zugänglich. Als Medien für die Vorbereitung wählte eine Gruppe Google Drive, die andere Gruppe verwendete Padlet (vgl. Abbildung *5.28*).

Abbildung 5.27: Der Seminarblog mit eingebetteter Twitterwall, Lehrveranstaltung *„Evaluation von e-Learning"* (Sommersemester 2015, *Stand vom 03.06.2015*).

5.4.2   Durchführung der Twitterdebatte

Die Twitterdebatte fand im Rahmen einer Seminarsitzung statt, der Hashtag für die Debatte lautete *„#flifmedien"*. Eingangs fanden sich die Studierenden zusammen und es wurde nochmals rekapitulierend der geplante Ablauf der Twitterdebatte durchgegangen. Jede Gruppe besaß einen eignen Twitteraccount. Die Accounts wurden eigens für diese Veranstaltung eigerichtet. Da die Studierenden noch keine Erfahrungen mit Twitter hatten, erhielten sie ein kleines schriftliches Tutorial, das mit den Lehrpersonen durchgesprochen wurde. Anschließend gingen die Pro- und Kontragruppe in zwei unterschiedliche Räume, um getrennt voreinander via Twitter alternierend die Argumente auszutauschen. Die Debatte wurde von der Lehrperson eröffnet und beendet.

5.4.3   Nachbereitung – inhaltliche (Re-)Konstruktion und Evaluation der Twitterdebatte

In der Auswertungsphase wurde eine Woche später von der Lehrperson der Argumentationsverlauf der Twitterdebatte (re-)konstruiert und mit den Studierenden diskutiert. So konnte der Verlauf der Debatte und die ausgetauschten Argumente jenseits der Zugehörigkeit zu einer Pro- und Kontragruppe verobjektiviert und analytisch inhaltlich aufgearbeitet werden.

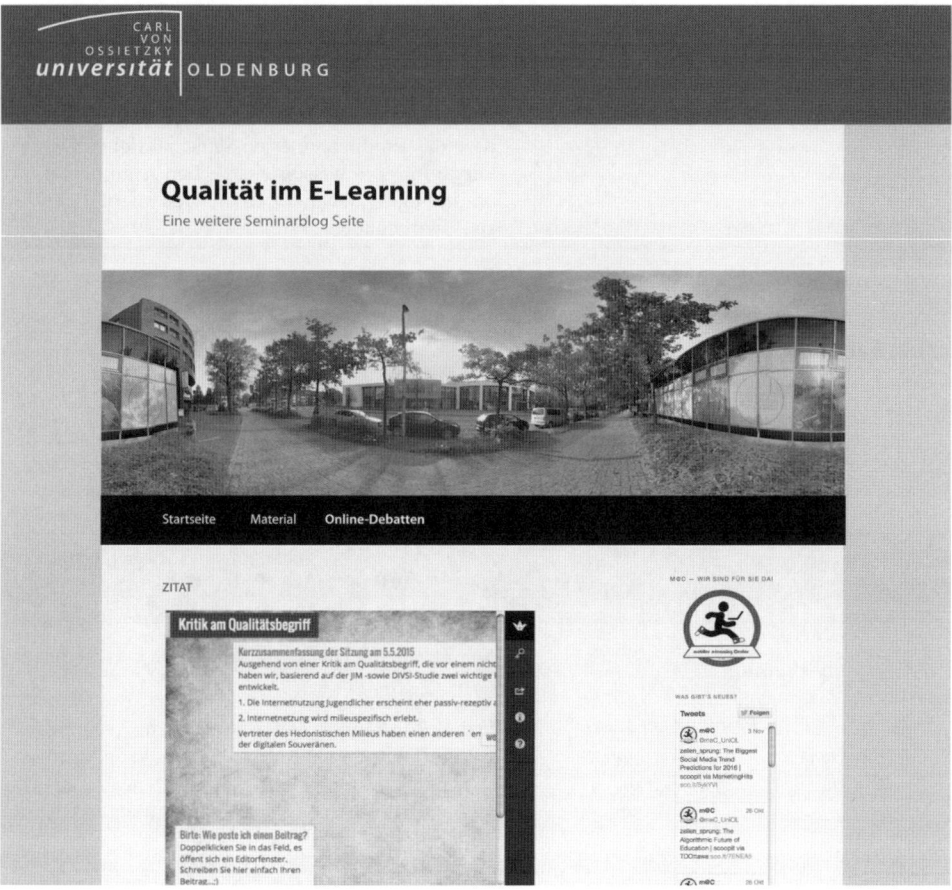

Abbildung 5.28: Der Seminarblog mit eingebetteter Padlet-Pinnwand, Lehrveranstaltung „Evaluation von e-Learning" (Sommersemester 2015, Stand vom 08.07.2015).

Im Folgenden wird nicht die Lehrveranstaltung, sondern die Twitterdebatte im Rahmen des didaktischen Rahmenmodells für das forschende Lernen mit digitalen Medien verortet.

5.4.4 Einordnung der Lehrveranstaltung in das didaktische Rahmenmodell zum forschenden Lernen

	Stufe 1 (eingeschränktes forschendes Lernen)
A. Heuristische Phase *Studierende entwickeln ein Erkenntnisinteresse und formulieren eine eigene Fragestellung bzw. Forschungsfrage.*	*Studierende geben Antworten auf vorgegebene Fragen, definieren Begriffe etc., die in einem Forschungsfeld/in einem Forschungsprojekt wichtig sind. Studierende nutzen eine gegebene Struktur, um diese Fragen zu beantworten.* Die Studierenden waren aufgefordert, sich mit einer vorgegebenen Diskussionsfrage auseinanderzusetzen. In den Debatten stand dabei weniger die eigene Position der Studierenden im Fokus, sondern das Einüben einer wissenschaftlichen Diskurskultur und wissenschaftlichen Argumentationsstrategie. Daher waren die Debattierthemen stark vorgegeben.
	Entfällt
B. Forschungsdesign *Auseinandersetzung mit einem erkenntnisangemessenen Forschungsdesign.*	Diese Kategorie entfällt, da die Studierenden sich aufgrund der Fokussierung auf eine wissenschaftliche Diskurskultur und wissenschaftlicher Argumentation nicht mit einem Forschungsdesign auseinandersetzten.
	Stufe 5 (offenes Forschen)
C. Datenerhebung *Studierende recherchieren bereits vorhandene Informationen/Daten oder generieren eigene Daten.*	*Studierenden erheben selbstständig und eigenverantwortlich Daten.* Das Recherchieren von Material, um Argumente für die Twitterdebatte zu sammeln, kann als eine Form nicht empirischer Datenerhebung verstanden werden. Diese Phase führten die Studierenden vollkommen selbstständig durch.

	Stufe 1 (eingeschränktes forschendes Lernen)
D. Evaluierung & Reflexion *Studierende unterziehen die Daten einer kritischen Analyse anhand wiss. Qualitätsmerkmale.*	*Studierende prüfen kritisch Daten/Informationen nach vorgegeben Kriterien.* Die recherchierten Daten wurden auf ihre Eignung hin geprüft, ob sie als potentielle Argumente für die eigene Position in der Twitterdebatte eingesetzt werden können. Aus dieser Perspektive waren die Kriterien durch die Debatte bereits vorgegeben.
	Stufe 2 (angeleitetes forschendes Lernen)
E. Analyse & Synthese *Analyse der Daten, in Bezug auf die Forschungsfrage.*	*Analyse und Auswertung vorgegebener Daten/Informationen nach vorgegebenen Auswertungsstrategien bzw. -kriterien.* Im Zuge der Twitterdebatte fallen die Phasen E und F zusammen. In der dialogischen Präsentation von Argument und Gegenargument wurden die Rechercheergebnisse zugleich präsentiert und auch ausgewertet, da die Argumente gezielt auf das jeweilige Argument der anderen Gruppe eingingen. Durch diese Kontextualisierung konnten die Daten erst angemessen analysiert und in einen argumentativen Erkenntniszusammenhang gestellt werden.
	Stufe 2 (angeleitetes forschendes Lernen)
F. Ergebnisse & Ergebnispräsentation *Wie lassen sich die Ergebnisse verstehen? Welche Forschungsfragen könnten an diese Ergebnisse anschließen?*	*Studierende sind mit der Fachsprache vertraut, setzen sie bei der Ergebnispräsentation ein und können Begriffe verstärkt in Bezug zueinander setzen.* Die Ergebnisse der Twitterdebatte wurden auf dem Seminarblog abgebildet und waren so allen Studierenden zugänglich, die an der Lehrveranstaltung teilgenommen hatten. Der Vollzug der Twitterdebatte lässt sich hierbei als performative Ergebnisgenerierung und -präsentation verstehen.

Tabelle 5.4: Einordnung der Lehrveranstaltung „*Evaluation von e-Learning*" in das didaktische Rahmenmodell für forschendes Lernen (Sommersemester 2015, eigene Darstellung).

Phase	Vorbereitung	Durchführung	Durchführung	Durchführung
Frage	*War das von Ihnen gewählte Online-Tool für Ihre Arbeit angemessen und hilfreich?*	*Waren Sie zufrieden mit der Rolle des Dozenten? Welche Verbesserungsvorschläge haben Sie?*	*Wie sind Sie in der Gruppe vorgegangen, um ein Argument in 140 Zeilen zu formulieren?*	*Wie konnten Sie sich bei dem Erarbeiten der Antworten in der Gruppe einbringen?*
PKZ 1	Ja. Padlet eignete sich m.E. sehr gut in der ersten gruppeninternen Phase, da es eine kompakte und übersichtliche Darstellung von Argumenten ermöglicht, was den Rückgriff auf diese während der Onlinedebatte erleichtert. Außerdem können Bilder und Videos eingebettet werden, was auch genutzt wurde. Dadurch, dass wir die einzelnen Posts mit unseren Namen versehen haben, hatte man bei Rückfragen in der Onlinedebatte einen konkreten Ansprechpartner. Bei der Kozma-Clark-Debatte in dem anderen Seminar des Moduls nutzte unsere Gruppe Google Drive und dadurch, dass wir teils synchron daran arbeiteten, war in der Onlinedebatte nicht immer klar, wer was verfasst hatte, wenn Unklarheiten bestanden. Padlet wurde in der vorangegangenen Lehrveranstaltung vorgestellt, so dass das Tool allen Gruppenmitgliedern bekannt war. Außerdem ist für die Nutzung keine Registrierung erforderlich, wie bspw. bei Google Drive, was der Zugänglichkeit abträglich gewesen wäre.	Der Dozent hat sich während der Debatte auf die Eröffnung und das Abschließen der Debatte beschränkt. Eine sehr deutliche Präsenz hätte den Argumentationsaustausch behindert, sodass die zurückhaltende Rolle in meinen Augen gut gewählt war. Vielleicht hätte man im letzten Drittel der Debatte noch ein oder zwei gezielte und auch schwierige Fragen an die Gruppen stellen können, um der Diskussion zum Ende nochmal etwas Schwung zu verleihen.	Zunächst wurde über die Bedeutung des Arguments der anderen Gruppe diskutiert. Daraus wurden dann ein Gegenargument entwickelt, auch unter Rückgriff auf das Padlet. Dieses hat dann meist ein Gruppenmitglied mündlich formuliert und die Schriftführerin hat versucht, das Argument in 140 Zeichen unterzubringen. Dies wurde dann noch einmal mit der Gruppe abgestimmt und ggf. verändert. Diesem Prozess ging jedoch auch eine Diskussion voraus, die stattfand, während die andere Debattiergruppe ihr Argument verfasste, so dass teilweise auch im Vorhinein eine grobe Argumentationslinie bestand.	In die Entwicklung unserer Antworten konnte ich mich sehr gut einbringen und in meiner Wahrnehmung konnten sich alle Gruppenmitglieder etwa im gleichen Maße einbringen.
PKZ 2	Ja. Absprachen wurden schnell bearbeitet/Fragen beantwortet	unterschiedliche Arbeitsweisen - PPP/Metaplankarten/Diskussion, bessere Lesbarkeit der Folien während der Vorführung im Seminar – weniger Zeichen/kontrastreicher Farben bzw. klassisch schwarz-weiß	Keine Angabe	Vorschläge unterbreiten – Formulierungen ausarbeiten

PKZ 3	Ja. Zum einen konnte man gemeinsam die Argumente erstellen, zum anderen hatte es eine Kommentarfunktion, die hilfreich zur Abstimmung und bei Verständnisfragen war.	Die offene und unkomplizierte Art, sowie die Rücksichtnahme und Integration studentischer Hinweise und Veränderungsvorschläge. Die Betreuung war angemessen. Der Dozent war jederzeit erreichbar, das haben wir zwar nicht genutzt, aber es war gut, diese Sicherheit im Hintergrund zu haben.	Es wurde aus den Argumenten ein Vorschlag abgeleitet. Die Kernidee stammte dann von einer Person, wurde aber von der Gruppe diskutiert und entsprechend ergänzt, umgestellt und verfeinert.	Gut, durch die kleine Gruppengröße.
PKZ 4	Ja. Jeder konnte sehr leicht Texte posten. Es war übersichtlich und einfach zu erkennen, wer was geschrieben hat. Das Posten von Videos und Bildern war ebenfalls ohne größeren Aufwand oder technisches Verständnis möglich.	Die Care-Pakete und die Kommunikationsweise bei Twitter	Nach dem Lesen des anderen Arguments schloss sich ein kurzer Augenblick der Aufregung, dass die andere Gruppe es so nicht formulieren könnte, an. Dann wurden relativ frei Argumente formuliert, bis ein Argument von den Anderen bestätigt oder erweitert wurde. Dann schrieb die Person am Laptop das Argument auf. Es wurde gegebenenfalls anschließend noch gekürzt oder umformuliert. Zum Abschluss wurde es einmal vorgelesen und von allen Gruppenmitgliedern bestätigt, bevor es abgeschickt wurde.	Da wir innerhalb der Gruppe zunächst frei Argumente gesammelt haben, konnte ich meine Argumente frei einbringen.
PKZ 5	Ja. Die Informationen konnten gesammelt und ergänzt werden. Jeder Teilnehmende konnte die Texte zunächst für sich bearbeiten und die gesammelten Information im Padlet einstellen, bzw. das Eingestellte ergänzen.	Die Dozenten waren während der Debatte ansprechbar und die Studierenden waren gut versorgt (Care-Pakete).	Das Argument wurde von allen Gruppenmitgliedern zusammengetragen und von der Person am Laptop „mitgeschrieben". Wenn der Tweet zu lang war, wurde eine Kürzung von allen diskutiert bzw. der Tweet umgeschrieben.	Als ein gleichberechtigter Diskussionsteilnehmer.

Tabelle 5.5: Tabellarische Ansicht eines Ausschnitts aus der Evaluation der Lehrveranstaltung „Qualität im e-Learning".

Phase	Durchführung	Reflexion	Reflexion	Reflexion
Frage	*Empfanden Sie die Zeichenbegrenzung als ein Hindernis?*	*Wo sehen Sie die Vor- und Nachteile der Twitter-Debatte?*	*Würden Sie als Lehrperson eine Online-Debatte durchführen? Wenn ja, welches Tool würden Sie nutzen?*	*In welcher Phase hatten Sie den Eindruck, dass Sie Ihr Wissen und Ihre Kompetenzen erweitern?*
PKZ 1	Ja. Dadurch, dass man die Argumente entsprechend reduzieren musste, ging einerseits etwas Informationsgehalt verloren, den man in einem längeren Argument unterbringen hätte können. Vor allem empfand ich die Begrenzung aber als hinderlich, da man keinen expliziten Bezug zu dem vorangegangenen Argument der anderen Debattiergruppe ausführen konnte.	Den größten Vorteil einer Onlinedebatte via Twitter sehe ich darin, dass sich die Debatte auf den wesentlichen Inhalt konzentriert. Dadurch können Argumente nicht durch Rhetorik oder auch Körpersprache diskriminiert oder aufgewertet werden. Einen wesentlichen Nachteil sehe ich darin, dass bei einer face-to-face-Debatte der Austausch von Argumenten unmittelbar erfolgt und Rückfragen möglich sind, was es deutlich erleichtert, einen gemeinsamen Konsens zu erarbeiten.	Ja. Twitter halte ich für ein sehr gut geeignetes Tool zur Durchführung einer Onlinedebatte. Ein schriftlicher Austausch über forenähnliche Tools führt zu extensiveren Texte, in denen sich mehr Inhalte unterbringen lassen. Allerdings verliert sich dabei der Lerneffekt, welcher sich in der Reduktion eines Arguments auf die wesentlichen Inhalte verortet.	Meine Kompetenzentwicklung verorte ich vor allem in der Vorbereitung der Argumente durch deren Erarbeitung anhand der Studienmaterialien sowie in der gruppeninternen Diskussion zur Formulierung der Twitter-Argumente. Den Zweck des Austausches mit der anderen Gruppe über Twitter sehe ich in erster Linie darin, dass dies die anderen Lernprozesse anstößt.
PKZ 2	Ja. Teilweise mussten die Antworten gekürzt oder umgestellt werden, so dass nicht unbedingt DER Inhalt dargestellt werden konnte, der vorher gruppenintern diskutiert wurde.	Nachteil: Ich kann das Gegenüber nicht beobachten (Gestik, Mimik).	Nein, ich bevorzuge Gruppendiskussionen/Beobachtungen. Dadurch habe ich die Möglichkeit, die anderen einzuschätzen, direkte Reaktion sind möglich, ohne 140 Zeichen oder Wartezeiten.	Während der gruppeninternen Gespräche.
PKZ 3	Nein. Es war gut, nur Kernaussagen nennen zu können. Das machte die Debatte lebendig, auch wenn es durch die vorhergehende, gruppeninterne Präzisierung der Aussage länger dauerte, bis diese gepostet wurde.	Vorteil: Wir konnten die Argumente genau überlegen und untereinander Verständnisfragen klären, was wir direkt vor der anderen Gruppe wohl nicht so gemacht hätten. Nachteil: Dadurch war die Diskussion etwas langsam. Die Zeit, in der man auf das Argument der anderen wartet, ist langweilig. Das Erstellen der eigenen Argumente, was genau so viel Zeit in Anspruch nimmt, aber sehr kurzweilig.	Ja. Ich finde es gut, dass die Studierenden „es auf den Punkt bringen" mussten.	Durch die Diskussion während des Verfassens des Posts in der Gruppe. Hier wurde solange diskutiert und gegenseitig erklärt, bis die Kernaussage gefunden wurde. Dadurch wurde die gesamte Theorie verständlich. Zudem habe ich noch für mich wieder gelernt, mich in Diskussionen zu beteiligen und genau hinzuhören, was die andere Person meinen.

PKZ 4	Nein. Es hat einen gewissen Reiz ausgemacht seine Argumente zu begrenzen. Es war dadurch nicht einfach möglich, längere Texte aus der Vorbereitung zu kopieren. Außerdem mussten so keine langen Lesezeiten der Argumente eingeplant werden. Es war überraschend, dass die Argumente meistens automatisch nicht länger als 140 Zeichen waren.	Der Vorteil ist, dass es eine neue Form ist und es damit eine Abwechslung zum klassischen Seminaralltag darstellt. Der Nachteil ist sicherlich, dass der Austausch der Argumente länger dauert und in einer Plenumsdiskussion mehr Argumente ausgetauscht werden könnten. Während der Twitterdebatte können längere Wartezeiten entstehen, wenn auf die Argumente der anderen Gruppe gewartet werden muss. Diese Phasen werden mit zunehmender Gruppengröße immer länger und können den Gesamteindrck der Twitterdebatte negativ beeinflussen.	Ja. Da ich bisher nur eine Twitterdebatte kennengelernt habe, würde ich wohl dieses Tool nutzen. Ich würde es aber nur bei den Themen einsetzen, die sehr konträr sind, da es dann leichter zu einer Diskussion kommt.	Meine Kompetenzen haben sich zum einen in der Vorbereitungsphase erweitert und zum anderen beim Twittern in der Gruppe, da man dort sein eigenes Verständnis vertiefen konnte und die Möglichkeit hatte, mit den Anderen darüber zu sprechen, ob sie bestimmte Aspekte ähnlich verstanden haben.
PKZ 5	Nein. Durch die begrenzte Zeichenanzahl war man „gezwungen", sein Argument prägnant zu formulieren. Ich glaube, dass diese Begrenzung einen Austausch in der Gruppe, wie der Tweet zu formulieren ist, fördert und den Austausch zwischen den Gruppen zielführend gestaltet.	Vorteile: „Zwang" zur prägnanten Argumentformulierung; evtl. räumliche Flexibilität Nachteile: Im Vergleich würde ich dagen, dass eine face-to-face-Diskussion tiefer geht, da bei der Twitterdebatte viel Zeit für „technisches" (Kennenlernen von twitter, Übertragungszeit von twitter, ...) verwendet wurde/werden musste. Gefühlt wurden in den 90 min. Twitterdebatte deutlich weniger Argumente und Ansichten ausgetauscht als in einer gleichlangen Diskussion im Plenum. Zudem bringt eine Online-Debatte in der durchgeführten Form keine räumliche Flexibilität. Durch die Arbeit in Gruppen könnten sich einzelne Mitglieder auch nicht oder nur sehr wenig beteiligen.	Nein. Weil ich finde, dass in einer Diskussion im Plenum in derselben Zeit wesentlich mehr Argumente ausgetauscht werden können und die Diskussion „tiefer" reicht.	Während der Vorbereitung beim lesen der Texte und im Nachgang der Twitterdebatte, als drei Seminarteilnehmer ins Gespräch (face-to-face) über die Debatte gekommen sind.

Tabelle 5.6: Tabellarische Ansicht eines Ausschnitts aus der Evaluation der Lehrveranstaltung „*Qualität im e-Learning*".

5.4.5   Darstellung und Interpretation der Evaluationsergebnisse

An der Lehrveranstaltung „*Evaluation von e-Learning*" haben neun Masterstudierende teilgenommen, der Rücklauf der Evaluationsbögen betrug n=5. Vor dem Hintergrund der Anzahl der Rückmeldung wurde für die Darstellung der Evaluationsergebnisse das „prototypische Modell einer Profilmatrix" (Kuckartz 2014, S. 73f.) gewählt.

Eine solche Profilmatrix wird v.a. im Rahmen qualitativer Inhaltsanalyse eingesetzt. So wird es möglich, die Äußerungen der Studierenden als Antworten auf die Fragen auf einer horizontalen und vertikalen Ebene abzubilden (vgl. Tabelle *5.5* & Tabelle *5.6*).

Die horizontale Ebene ermöglicht eine eher „fallorientierte Perspektive", da alle Äußerungen einer Person zu den jeweiligen Fragen erfasst werden können. Die vertikale Perspektive gibt eine systematische Übersicht über die Äußerungen aller fünf Studierenden zu einem bestimmten Thema (vgl. Kuckart 2014, S. 74).

Da in der hier vorliegenden Darstellung der Lehrveranstaltung die Twitterbebatte im Vordergrund steht, werden lediglich die Evaluationsergebnisse präsentiert, die sich auf die Twitterdebatte beziehen. Auf eine (Re-)Konstruktion des konjunktiven Raumes der gesamten Lehrveranstaltung wird hier verzichtet. In der anschließenden Auswertung stand folglich eine Interpretation der Ergebnisse im Fokus, die es ermöglichte, das Bedeutungsmuster des konjunktiven Raums zu (re-)konstruieren, im Rahmen dessen sich die Twitterdebatte entfaltete. Eine fallorientierte „horizontale Perspektive" wird dabei ausgeblendet.

Die Medienwahl für die Sammlung von Argumenten ergibt sich daraus, welche Medien bekannt sind. Das Arbeiten mit kollaborativen Medien erscheint zumindest hier (noch) nicht in den universitären Alltag eingebettet zu sein. Dies zeigt sich auch daran, dass mit dem Padlet ein kollaboratives Schreibtool genutzt wird, das in einer anderen Veranstaltung kurz vorher von Seiten der Lehrperson vorgestellt wurde.

> PKZ 01:   Padlet wurde in der vorangegangenen Lehrveranstaltung vorgestellt, sodass das Tool allen Gruppenmitgliedern bekannt war. Außerdem ist für die Nutzung keine Registrierung erforderlich, wie bspw. bei Google Drive, was der Zugänglichkeit abträglich gewesen wäre.

Aus der Perspektive akademischer Medienbildung ergibt sich die Konsequenz, dass die Medienwahl von der Lehrperson impulsgebend gesteuert werden sollte, in diesem Fall beispielsweise durch das Vorstellen mehrerer kollaborativer, onlinebasierter Schreibtools.

Aus der Äußerung von PKZ 01 zur Frage („War das von Ihnen gewählte Online-Tool für Ihre Arbeit angemessen und hilfreich?") lässt sich schließen, dass, sobald erste Erfahrungen mit e-Learning-Tools gemacht werden, sich eine Dynamik in der Mediennutzung entwickelt. Dies zeigt sich u.a. darin, dass PKZ 01 nach einer ersten Nutzung von Etherpad und Google Drive beide kollaborativen Schreibtools auf ihre Usability für kollaborative Schreibprozesse hin reflektierte.

> PKZ 01:   Ja. Padlet eignete sich m.E. sehr gut in der ersten gruppeninternen Phase, da es eine kompakte und übersichtliche Darstellung von Argumenten ermöglicht, was den Rückgriff auf diese während der Onlinedebatte erleichtert. Außerdem können Bilder und Videos eingebettet werden, was auch genutzt wurde. Dadurch, dass wir die einzelnen Posts mit unseren Namen versehen haben, hatte man bei Rückfragen in der Onlinedebatte einen konkreten Ansprechpartner. Bei der Kozma-Clark-Debatte in dem anderen Seminar des Moduls nutzte unsere Gruppe Google Drive und dadurch, dass wir teils synchron daran arbeiteten, war in der Onlinedebatte nicht immer klar, wer was verfasst hatte, wenn Unklarheiten bestanden.

Die onlinegestützte Debatte versammelte alle Gruppenmitglieder präsentisch in einem Raum und bildete die Argumente des anderen Debattierteams auf der Twitterwall ab. Die Angaben der Studierenden verweisen darauf, dass dieses Szenario ein kollaboratives Arbeiten im Sinne eines sozio-konstruktivistischen lerntheoretischen Verständnisses realisierte.

> PKZ 04:   Nach dem Lesen des anderen Arguments schloss sich ein kurzer Augenblick der Aufregung, dass die andere Gruppe es so nicht formulieren könnte, an. Dann wurden relativ frei Argumente formuliert, bis ein Argument von den anderen bestätigt oder erweitert wurde. Dann schrieb die Person am Laptop das Argument auf. Es wurde gegebenenfalls anschließend noch gekürzt oder umformuliert. Zum Abschluss wurde es einmal vorgelesen und von allen Gruppenmitgliedern bestätigt, bevor es abgeschickt wurde.

Der Hinweise von PKZ 04 auf die Frage („Wie sind Sie in der Gruppe vorgegangen, um ein Argument in 140 Zeilen zu formulieren?"), lässt sich so deuten, dass die Argumente des anderen Debattierteams als Gesprächsherausforderung angenommen wurden und kollaborative Aushandlungsprozesse initiierte. Diese sozial-konstruktivistischen Dynamiken zeigen sich auch darin, dass die Studierenden das Gefühl hatten, sich in die Gruppenarbeit einbringen zu können. Die Antworten auf die Frage „Empfanden Sie die Zeichenbegrenzung als ein Hindernis?" zeigen auf, dass der medial begründete Zwang die Auseinandersetzungsprozesse in der Gruppe mit definierte, da die Zielvorgabe der 140 Zeichen eine inhaltliche Verdichtung der Argumente erforderte.

Bei der Antwort von PKZ 05 auf die Frage: „Wo sehen Sie die Vor- und Nachteile der Twitterdebatte?" klingt eine konstruktive Wendung des Verbs „zwingen" an:

> PKZ 05:   Vorteile: „Zwang" zur prägnanten Argumentformulierung; evtl. räumliche Flexibilität, Nachteile: Im Vergleich würde ich dagen, dass eine face to face Diskussion tiefer geht, da bei der Twitterdebatte viel

> Zeit für „technisches" (Kennenlernen von twitter, Übertragungszeit von twitter, …) verwendet wurde /werden musste. Gefühlt wurden in den 90 Min Twitterdebatte deutlich weniger Argumente und Ansichten ausgetauscht als in einer gleichlange Diskussion im Plenum. Zudem bringt eine Online-Debatte in der durchgeführten Form keine räumliche Flexibilität. Durch die Arbeit in Gruppen könnten sich einzelne Mitglieder auch nicht oder nur sehr wenig beteiligen.

Der „Zwang" wird positiv konnotiert, da er eine bestimmte Art der Auseinandersetzung fördert, die so nicht vorausgesetzt zu sein schien (sonst würde die mediale Struktur der 140 Zeilen nicht zu einer Auseinandersetzung „zwingen"). Diese konstruktive Wende des Begriffs „Zwingen" lässt sich als eine Aktualisierung der normativen Selbsttätigkeit verstehen. Die Antworten auf die die Frage: „Wo sehen Sie die Vor- und Nachteile der Twitterdebatte?" lassen darauf schließen, dass eine präsentische Arbeit in Gruppen die volle Konzentration auf die Twitterdebatte sowie einen intensiven Austausch der Argumente ermöglichte. In diesem Kontext erscheint die Wartezeit auf das Argument des anderen Debattierteams ebenso als ein strukturelles Problem wie der Wegfall der para- sowie nonverbalen Kommunikationsdimension. Der Wegfall dieser Dimensionen wird von PKZ 01 in der Antwort auf diese Frage konstruktiv gedeutet.

> PKZ 01: Den größten Vorteil einer Onlinedebatte via Twitter sehe ich darin, dass sich die Debatte auf den wesentlichen Inhalt konzentriert. Dadurch können Argumente nicht durch Rhetorik oder auch Körpersprache diskriminiert oder aufgewertet werden. Einen wesentlichen Nachteil sehe ich darin, dass bei einer face to face Debatte der Austausch von Argumenten unmittelbar erfolgt und Rückfragen möglich sind, was es deutlich erleichtert einen gemeinsamen Konsens zu erarbeiten.

Die Argumentation von PKZ 01 lässt sich so ausdeuten, dass im Sinne Habermas durch die Fokussierung auf den rationalbasierten Diskurs, der durch die Twitterwall abgebildet wird, sophistische Strategien wegfallen, allerdings verhindert die Asynchronität einen Konsens. Dies ist aber auch der Struktur der Twitterdebatte geschuldet, die einen Austausch von Argumenten fordert und ein dialektisches Zusammenführen der Pro- und Kontrapositionen erschwert. Zusammenfassend lässt sich festhalten, dass die Twitterdebatte sich in folgendem Spannungsverhältnis verorteten lässt:

Zum einen wird durch die Twitterdebatte eine durch den „medial bedingten Zwang" eine intensive Auseinandersetzung initiiert, in der sich alle Gruppenmitglieder einbringen können. Diese intensive Auseinandersetzung kostet Zeit, was für das andere Debattierteam jeweils Wartezeiten mit sich bringt.

Auf der anderen Seite wurde gerade die Phase der Auseinandersetzung mit den Argumenten des anderen Debattierteams zum großen Teil (n=4) als die „lernreichste" Phase wahrgenommen (vgl. Antworten auf die Frage „Wo sehen Sie die Vor- und Nachteile der Twitterdebatte?"). Vor dem Hintergrund der ersten Evaluationsergebnisse lassen sich also bei der Durchführung einer Twitterdebatte folgende Aspekte benennen, die das Lernerlebnis prägen:

- intensive Diskussion der Argumente versus lange Wartezeiten und
- medial bedingte Konzentration auf die Argumente versus Verkürzung der Argumente aufgrund des „medial bedingten Zwanges".

Die Ambivalenz der studentischen Einschätzung der Twitterdebatte zeigt sich darin, dass drei Studierende als Lehrende eine Twitterdebattte durchführen, die anderen beiden Studierenden hingegen hierauf verzichten würden. Dennoch eignet sich dieses didaktische Lernszenario als ein Instrument, um diskursive Auseinandersetzungen sowie die kritischen Erarbeitungen von eigenen Positionen zu ermöglichen und den Einsatz digitaler Medien in formalen Bildungskontexten zu trainieren.

5.5   Digitale Ergebnispräsentation des forschenden Lernens
`forsch!´ – Das studentische Online-Journal der Carl von Ossietzky Universität Oldenburg

Dass das forschende Lernen ein zutiefst soziales Ereignis ist, lässt sich nicht lediglich an der kollaborativen Dimension ablesen, die die Stufen A – E des didaktischen Rahmenmodells auszeichnen. Auch die Ergebnispräsentation (Stufe G) ist ein zentraler Teil des forschenden Lernens (vgl. Tabelle *3.3 „Didaktisches Rahmenmodell für forschendes Lernen mit digitalen Medien"*). Ein Merkmal forschenden Lernens ist dementsprechend darin zu sehen, dass Forschungsergebnisse, die im Rahmen des Lernprozesses gewonnen wurden, anderen kommuniziert werden. Um dies zu leisten wurde `forsch!´ – *Das studentische Online-Journal der Carl von Ossietzky Universität* ins Leben gerufen. Ein Kerngedanke von `forsch!´ besteht darin, dass die Ergebnisse studentischer Lern- und Forschungsleistungen nicht lediglich Lehrenden beispielsweise in Form von Prüfungsleistungen zugänglich sind. Daher bietet `forsch!´ Studierenden in allen Forschungsphasen universitätsweit und fakultätsübergreifend die Möglichkeit, ihre Ergebnisse des forschenden Lernens zu präsentieren. Zugleich können Studierende erste Erfahrungen mit dem Prozess des wissenschaftlichen Publizierens machen.

5.5.1   Digitale Veröffentlichungsplattform

Bei der Konzeptionierung von `forsch!´ wurde der zunehmenden Digitalisierung der Wissenschaft, wie sie sich u.a. in dem Ansatz der e-Science manifestiert, entsprochen, in dem `forsch!´ als Online-Journal eingerichtet wurde. So ermöglicht ʾforsch!ʹ eine Annäherung an digitalbasierte Veröffentlichungspraktiken, wie sie sich im wissenschaftlichen Feld u.a. in Form von Open Acess Journals etabliert haben (vgl. dazu Kergel, Heidkamp & Muckel 2014).

Erschien die erste Ausgabe im Januar 2015 noch über WordPress, das als Blogsystem auch die Grundlage des Seminarblogs bildet, erscheint die zweite Ausgabe Ende 2015 über Open Journal Systems (OJS). Als Open Source Software stellt Open Journal Systems die meistgenutzte Software für Open-Access Journale dar. Mit der zweiten Ausgabe erhält ʾforsch!ʹ eine ISSN-Nummer und wird dementsprechend auch von der Deutschen Nationalbibliothek erfasst. Die Gestaltung der Webpräsenz orientiert sich an der Farbgebung der Carl von Ossietzky Universität Oldenburg. So wird symbolisch die Zugehörigkeit zu der Universität unterstrichen. Das Logo – die Eule Emma – wurde im Zuge eines ausgeschriebenen studentischen Wettbewerbs entwickelt und soll die Wiedererkennbarkeit von ʾforsch!ʹ sicherstellen.

5.5.2   Textformate

Um der Vielfältigkeit des forschenden Lernens angemessen entsprechen zu können, wurden in ʾforsch!ʹ folgende fünf Textformate eingerichtet: wissenschaftlicher Artikel, Essay, Exposé, experimentelles Format, Abstracts von prämierten Abschlussarbeiten (Bachelor und Master).

- Im Textformat „*wissenschaftliche Artikel*" werden Beiträge veröffentlicht, die mittels wissenschaftlicher Methoden einer Forschungsfrage nachgehen und/oder Forschungsergebnisse präsentieren.

- Das Textformat „*Essay*" ist für wissenschaftliche Essays vorgesehen – also für Texte, in denen Autor/inn/en diskursiv ihre Positionen zu (aktuellen) Fragestellungen entfalten.

- In der Textrubrik „*Exposé*" können geplante Forschungsprojekte präsentiert werden. Im Rahmen eines Exposés soll dabei eine Forschungsfrage vorgestellt sowie ein Überblick über den Forschungsstand gegeben werden. Zudem ist der vorgesehene Methodeneinsatz zu begründen und (soweit möglich) sollte eine erste Aussicht auf die erwarteten Ergebnisse gegeben werden.

- Unter der Rubrik „*Experimentelles Format*" können Forschungsergebnisse in verschiedenen medialen Formen der Darstellung präsentiert werden (z.B. in Form von Podcasts, Vodcasts, Visualisierungen etc.). Gerade aufgrund der digitalen Struktur des Journals ist es möglich, unkonventionelle Ergebnispräsentationen wie Vod- oder Podcasts zu realisieren.

- Die Abstracts prämierter Bachelor- oder Master-Arbeiten werden auch in ʾforsch!ʹ veröffentlicht. Es besteht dabei die Möglichkeit, die

Abschlussarbeit in einem von `forsch!´ bereit gestellten Webspace hochzuladen und diese Abschlussarbeit mit dem in `forsch!´ präsentierten Abstract zu verlinken. So haben die Leser/innen Zugang zu der vollständigen Forschungsarbeit.

Abbildung 5.29: Aktuelle Version von `forsch!´ – Das studentische Online-Journal der Carl von Ossietzky Universität, http://openjournal.uni-oldenburg.de/index.php/forsch/ (zugegriffen am 11.10.2015).

5.5.3   Begutachtungsverfahren

Jeder eingereichte Artikel wird einem Review-Verfahren unterzogen. Dies erscheint als relevant, um zu gewährleisten, dass die Artikel wissenschaftlichen

Qualitätsstandards genügen. Zudem wird es den Studierenden durch das Review-Verfahren ermöglicht, erste Erfahrungen mit einem wissenschaftlichen Begutachtungsprozess zu sammeln und sich so in der Rolle als wissenschaftliche/r Autor/in einzuüben.

Das Begutachtungsverfahren ist so organisiert, dass in einem ersten Schritt ein Fachgutachten erstellt wird. Ist der eingereichte Beitrag im Rahmen einer Lehrveranstaltung entstanden, wird hierzu die betreffende Lehrperson gebeten, den Artikel zu begutachten. Im Anschluss an das Fachgutachten reviewed ein/e Herausgeber/in des Journals mit Bezug auf das Fachgutachten den studentischen Artikel. Der/die Herausgeber/in entscheidet, ob der Artikel noch eine oder mehrere Überarbeitungsschleifen durchlaufen oder direkt veröffentlicht werden kann. Die Ausgabe wird quasi „letzter Hand" vom Herausgeber/innen-Team bestätigt.

5.5.4   Das Team

Die erste Ausgabe von `forsch!´` wurde in Zusammenarbeit mit einem Herausgeber/innen-Team, der FLiF-Projektkoordination, der FLiF-Vertretungsprofessur und dem FLiF-Teilprojekt *e-Didaktik & e-Science* organisiert. Das Teilprojekt *e-Didaktik und e-Science* war durch die Koordination des Journals und der Redaktionsleitung an `forsch!´` beteiligt und ist im Herausgeber/innen-Team vertreten.

Diese Organisationsstruktur wurde nach dem Erscheinen der ersten Ausgabe modifiziert, indem ein „Chief-Editor" installiert wurde, der eng mit einem „Journal-Manager" zusammenarbeitet. Eine wesentliche Aufgabe des Chief-Editors besteht darin, bei der Einreichung zu prüfen, ob ein Beitrag die inhaltlichen sowie formalen Voraussetzungen erfüllt, um den Review-Prozess zu durchlaufen. Der Begutachtungs- und Redaktionsprozess sowie die Webemaßnahmen und technische Umsetzung werden von dem Journal-Manager organisiert. Es ist vorgesehen, dass die Funktion des Chief-Editors im Herausgeber/innen-Team wechselt, während für die Rolle des Journal-Managers eine halbe Stelle eingerichtet wurde.

Das studentische Online-Journal `forsch!´` ermöglicht es, die Ergebnisse des forschenden Lernens der Öffentlichkeit zu präsentieren. Hierdurch kann auch die Sichtbarkeit des forschenden Lernens fakultätsübergreifend gesichert werden. Zudem schreibt sich `forsch!´` zunehmend in die Universitätslandschaft ein, beispielsweise indem in Kooperation mit der Zentralen Studienberatung (ZSB) Schreibwerkstätten speziell für `forsch!´`-Autor/inn/en angeboten werden.

6 Ausblick

Im Rahmen dieses Buches wurde ein Bogen von der epistemologischen Fundierung über die Konzeptionierung und Implementierung bis hin zur Evaluation eines forschenden Lernens mit digitalen Medien gespannt.

Dieser Weg von der theoretischen Grundlegung bis hin zu einer Reflexion der Praxisergebnisse zeigt die Komplexität des Ansatzes eines forschenden Lernens mit digitalen Medien in einer Zeit anhaltender medialer Transformationen. Ein zentraler Aspekt der didaktischen Dimension des forschenden Lernens mit digitalen Medien besteht darin, bildungstheoretisch fundiert ein emanzipatives Lernen in einer Zeit tiefgreifender medialer und damit auch gesellschaftlicher Transformationen zu ermöglichen. Wissenschaft vollendet sich im zweifelnden Forschen und nicht in der Formulierung von finalen Forschungsergebnissen. So stellt das Buch in dem Bemühen, das forschende Lernen mit digitalen Medien besser zu verstehen, einen im besten Sinne ‚zweifelnden Beitrag' zu dem „Spiel der Wissenschaften" (Popper 1974, S. 26) dar.

Literaturverzeichnis

Albrecht, S., Fraas, C., Gerth, M., Herbst, S., Kahnwald, N., Kawalek, J, Köhler, T., Pentzold, C., Saupe, V., Schwendel, J. Stark, A, Weller, A. & Welz, T. (2011). Web 2.0 in der akademischen Praxis. Herausforderungen und strategische Optionen. In T. Köhler & J. Neumann (Hrsg.), *Wissensgemeinschaften. Digitale Medien – Öffnung und Offenheit in Forschung und Lehre* (S. 375–377). Münster: Waxmann.

Amiel, T. & Reeves, T. C. (2008). Design-Based Research and Educational Technology: Rethinking Technology and the Research Agenda. *Educational Technology & Society* 11(4), 29–40.

Arnold, P. (2005). Einsatz digitaler Medien in der Hochschullehre aus lerntheoretischer Sicht. URL: https://www.e-teaching.org/didaktik/theorie/lerntheorie/arnold.pdf (zugegriffen am 19.07.2015).

Arnold, P., Killian, L., Thillosen, A. & Zimmer, G. (2011). *Handbuch E-Learning. Lehren und Lernen mit digitalen Medien.* Bielefeld: Bertelsmann.

Aschenbrenner, A., Blanke, T., Dunn, S., Kerzel, M., Rapp, A. & Zielinski, A. (2007). Von e-Science zu e-Humanities – Digital vernetzte Wissenschaft als neuer Arbeits- und Kreativbereich für Kunst und Kultur. *Bibliothek* (1), S. 11–21.

Attwell, G. (2007). Personal Learning Environments – the future of eLearning? *Elearning papers* 2(1), 1–8.

Bäcker, E. M., Cendon, E. & Mörth, A. (2011). Das E-Portfolio für Professionals. Zwischen Lerntagebuch und Kompetenzfeststellung. *Zeitschrift für e-learning*, 3, 37–50.

BAK – Bundesassistentenkonferenz (2009). *Forschendes Lernen – Wissenschaftliches Prüfen: Ergebnisse der Arbeit des Ausschusses für Hochschuldidaktik* (Neuaufl. nach der 2. Aufl. 1970). Schriften der Bundesassistentenkonferenz: Bd. 5. Bielefeld: Webler.

Bandura, A. (1993). Perceived self-efficacy in cognitive development and functioning. *Educational Psychologist* 28, 117–148.

Bauer, R. & Phillipi, T. (2001). *Einstieg ins E-Learning.* Nürnberg: Bildung und Wissen.

Berg, C. (2006). *Selbstgesteuertes Lernen im Team.* Berlin: VS Springer.

Biebricher, T. (2012). Neoliberalismus zur Einführung. Hamburg: Junius.

Bohnsack, R. (2003). Dokumentarische Methode und sozialwissenschaftliche Hermeneutik. *Zeitschrift für Erziehungswissenschaft 7* (Beiheft 6), 550–570.

Bormann, C. v. (1974). Kritik. In H. Krings, H. M. Baumgartner & C. Wild (Hrsg.), *Handbuch philosophischer Grundbegriffe Bd. 2* (S. 807–823). München: Kösel.

Bourdieu, P. (1999). *Die Regeln der Kunst. Genese und Struktur des literarischen Feldes.* Frankfurt am Main: Suhrkamp.

Breuer, F. (2010). *Reflexive Grounded Theory: Eine Einführung für die Forschungspraxis.* Wiesbaden: VS Springer.

Bröckling, U. (2013). *Das unternehmerische Selbst. Soziologie einer Subjektivierungsform.* Frankfurt am Main: Suhrkamp.

Bryan, A. (2004). Going nomadic: Mobile learning in higher education. *Educause review* 39(5), 29–35.

Bührmann, A. D. & Schneider, W. (2008). *Vom Diskurs zum Dispositiv. Eine Einführung in die Dispositivanalyse.* Bielefeld: Transcript.

Burkart, R. (2002). Kommunikationswissenschaft. Wien: Böhlau.

Butler, J. (1997). *The psychic life power. Theories in Subjection.* Standford: Standford University Press.

Carter, V. (1996). Do media influence learning? Revisiting the debate in the context of distance education. *Open Learning: The Journal of Open and Distance Learning* 11(1), 31–40.

Coelen, T. (1996). *Pädagogik als „Geständniswissenschaft". Zum Ort der Erziehung bei Foucault.* Frankfurt am Main: Peter Lang.

Corpus, J. H., McClintic-Gilbert, M. S. & Hayenga, A. O. (2009). Within years changs in children's intrinsic and extrinsic motivational orientations: Contextual predictors and academic outcomes. *Contemporary Educational Psychology* 34, 154–166.

Cotten, W., Loecker, L. & Brickenweel G. (2009). A Journey Through a Design-Based Research Project URL: http://ro.uow.edu.au/cgi/viewcontent.cgi?article=2308&context= edupapers (zugegriffen am 18.05.2015).

Dalsgaard, C. (2005). Pedagogical Quality in e-Learning. *Eleed* 1(1) URL: https://eleed.campussource.de/archive/1/78 (zugegriffen am 30.5.1015).

Deleuze, G. (1996). Die Immanenz: Ein Leben … In F. Balke & J. Vogl (Hrsg.), *Gilles Deleuze – Fluchtlinien der Philosophie* (S. 29–33). München: Fink.

Deleuze, G. (2005). Postskriptum über die Kontrollgesellschaften In H. Breit, M. Rittberger & M. Sertl (Hrsg.), *Kontrollgesellschaft und Schule* (S. 7–14). Insbruck: Studien.

Deleuze, G. & Guattari, F. (1972). *Anti-Ödipus. Kapitalismus und Schizophrenie I.* Frankfurt am Main: Suhrkamp.

de Witt, C. (2013). Vom E-Learning zum Mobile Learning – wie Smartphones und Tablet PCs Lernen und Arbeit verbinden. In C. de Witt & A. Sieber (Hrsg.), *Mobile Learning. Potenziale, Einsatzszenarien und Perspektiven des Lernens mit mobilen Endgeräten* (S. 13–26). Wiesbaden: VS Springer.

de Witt, C. & Sieber, A. (Hrsg.) (2013). *Mobile Learning. Potenziale, Einsatzszenarien und Perspektiven des Lernens mit mobilen Endgeräten.* Wiesbaden: VS Springer.

Dewey, J. (1993). *Demokratie und Erziehung.* Weinheim: Beltz.

Dewey, J. (2008). *Logik die Theorie der Forschung.* Frankfurt am Main: Suhrkamp.

Dietrich, S. (1999). Selbstgesteuertes Lernen – eine neue Lernkultur für die institutionelle Erwachsenenbildung? In S. Dietrich & E. Fuchs-Brüninghoff et al. (Hrsg.), *Selbstgesteuertes Lernen auf dem Weg zu einer neuen Lernkultur* (S. 14–23). Frankfurt am Main: Institut für Erwachsenenbildung.

Dittler, U., Kindt, M. & Schwarz, C. (Hrsg.) (2007). *Online-Communieties als soziale Systeme. Wikis, Weblogs und Social Software im E-Learning*. Münster: Waxmann.

Downes, S. (2005). E-Learning 2.0. *e-learn-magazine*, URL: www.elearnmag.org/sub page.cfm?section=articles&article=29-1 (zugegriffen am 01.06.2015).

Easterday, M., Lewis, D. R. & Gerber, E. (2014). Design-Based Research Process: Problems, Phases, and Applications. URL: http://egerber.mech.northwestern.edu/wp content/uploads/2012/11/DesignBasedRese arch_Gerber.pdf. (zugegriffen am 18.5.2015).

Ehlers, U.-D. (2011). *Qualität im E-Learning aus Lernersicht*. Wiesbaden: VS Springer.

Feierabend, S., Plankenhorn, T. & Rathgeb, T. (2014). JIM 2014 Jugend, Information, (Multi-) Media. Basisstudie zum Medienumgang. URL: http://www.sainetz.at/doku mente/JIM-Studie_2014.pdf. (zugegriffen am 26.07.2015).

Fichten, W. (2013), *Über die Umsetzung und Gestaltung Forschenden Lernens im Lehramtsstudium*. Verschriftlichung eines Vortrags auf der Veranstaltung „Modelle Forschenden Lernens" in der Bielefeld School of Education 2012 (Vortrag). URL: http://www.unioldeburg.de/fileadmin/user_upload/diz/download/Publikationen/Lehr erbildung_Online/ Fichten_01_2013_Forschendes_Lernen.pdf (zugegriffen am 13.08.2015).

Fischer, H. (2014). *E-Learning im Lehralltag. Analyse der Adoption von E-Learning-Innovationen in der Hochschullehre*. Wiesbaden: VS Springer.

Flick, U. (2009). *Qualitative Evaluationsforschung: Konzepte – Methoden – Umsetzung*. Reinbek bei Hamburg: Rowolth.

Flick, U. (2010). *Qualitative Sozialforschung. Eine Einführung*. Reinbek bei Hamburg: Rowolth.

Foucault, M. (1977). *Überwachen und Strafen: die Geburt des Gefängnisses*. Frankfurt am Main: Suhrkamp.

Foucault, M. (1978). *Dispositive der Macht: Über Sexualität, Wissen und Wahrheit*. Berlin: Merve.

Foucault, M. (1987). Nachwort. In H. L. Dreyfus & P. Rabinow (Hrsg.): *Michel Foucault. Jenseits von Strukturalismus und Hermeneutik* (S. 243–264). Frankfurt am Main: Athenäum.

Freire, P. (1973). *Pädagogik der Unterdrückten. Bildung als Praxis der Freiheit*. Reinbek bei Hamburg: Rowolth.

Freinet, C. (2000). *Pädagogische Werke Bd. 2*. Paderborn. Schöningh.

Friedman, D. B., Crews, T. B., Caicedo, J. M., Besley, J. C., Weinberg, J. & Freeman, M. L. (2010). An Exploration Into Inquiry-Based Learning by a Multidisciplinary Group of Higher Education Faculty. *Higher Education* 59(6), 765–783.

Fuhrmann, M. (2002). *Bildung: Europas kulturelle Identität*. Stuttgart: Reclam.

Gaiser, B. (2008). *Lehre im Web 2.0 - Didaktisches Flickwerk oder Triumph der Individualität?* URL: http://www.e-teaching.org/didaktik/kommunikation/08-09-12_Gai ser_Web_2.0.pdf (zugegriffen am 05.09.2014).

Gaiser, B. & Thillosen, A. (2009). Hochschullehre 2.0 zwischen Wunsch und Wirklichkeit. In N. Apostolopoulos, H. Hoffmann, V. Mansmann & A. Schwill (Hrsg.) *E-Learning 2009. Lernen im digitalen Zeitalter* (S. 185–196). Münster: Waxmann.

Gergen, K. J. & Gergen, M. (2009). *Einführung in den sozialen Konstruktionismus.* Heidelberg: Carl-Auer.

Giddens, A. (1976). *Interpretative Soziologie. Eine kritische Einführung.* Frankfurt am Main: Campus.

Greif, S. & Kurtz, H.-J. (1998). *Handbuch Selbstorganisiertes Lernen.* Göttingen: Verlag für Angewandte Psychologie.

Grell, P. & Rau, F. (2011). Partizipationslücken – Social Software in der Hochschullehre. *Medien-Pädagogik 21.* URL: http://www.medienpaed.com/globalassets/medienpaed/21/grell_rau1111.pdf. (zugegriffen am 18.10.2015).

Grotlüschen, A. (2010). *Erneuerung der Interessetheorie. Die Genese von Interesse an Erwachsenen- und Weiterbildung.* Wiesbaden: VS Springer.

Grünewald, F., Mazandarani, E., Meinel, C., Teusner, R., Totschnig, M. & Willems, C. (2013). openHPI: Soziales und Praktisches Lernen im Kontext eines MOOC. In A. Breiter & C. Rensing (Hrsg.), *DeLFI 2013 – die 11. E-Learning Fachtagung Informatik* (S. 143–154). Bonn: Gesellschaft für Informatik.

Habermas, Jürgen (1983). *Moralbewußtsein und kommunikatives Handeln.* Frankfurt am Main: Suhrkamp.

Häcker, T. (2007). Portfolio – ein Medium im Spannungsfeld zwischen Optimierung und Humanisierung des Lernens. In M. Gläser-Zikuda & T. Hascher (Hrsg.), *Lernprozesse dokumentieren, reflektieren und beurteilen. Lerntagebuch und Portfolio in Bildungsforschung und Bildungspraxis* (S. 63–85). Bad Heilbrunn: Klinkhardt.

Hanson, V. (2015). Zuspitzung. Die Auswirkungen der digitalen Medien auf die Wissenschaftspraxis. In A. Nordmann, H. Radder & G. Schiemann (Hrsg.), *Strukturwandel der Wissenschaft. Positionen zum Epochenbruch* (S. 159–172). Weilerswist: Velbrück.

Hastedt, H. (2012). Einleitung. In H. Hastedt (Hrsg.) *Was ist Bildung. Eine Textanthologie* (S. 7-28) Stuttgart: Reclam.

Hastedt, H. (2012). *Was ist Bildung. Eine Textanthologie.* Stuttgart: Reclam.

Heidkamp, B. (2014). E-Science und forschendes Lernen. In O. Zawacki-Richter, D. Kergel, N. Kleinefeld, P. Muckel, J. Stöter & K. Brinkmann (Hrsg.), *Teaching Trends 14. Offen für neue Wege: Digitale Medien in der Hochschule* (S. 51–69). Münster: Waxmann.

Heidkamp, B. & Kergel, D. (2014). Good Practice: e-Portfolio und forschungsbasiertes Lernen. *Greifswalder Beiträge zur Hochschullehre.* 2(1), S. 70–74.

Heidkamp, B. & Kergel, D. (2016). Der ‚Digital Turn' – Von der Gutenberg-Galaxis zur e-Science. Perspektiven für ein forschendes Lernen in Zeiten digital gestützter Wissensproduktion. In D. Kergel & B. Heidkamp (Hrsg.), Forschendes Lernen 2.0. Partizipatives Lernen zwischen Globalisierung und medialem Wandel (im Druck): Wiesbaden: VS Springer.

Heise, N. (2011). Alles neu macht das Netz? – Ethik der Internetforschung. Eine qualitativ-heuristische Befragungsstudie. In T. Köhler & J. Neumann (Hrsg.), *Wissensgemeinschaften. Digitale Medien – Öffnung und Offenheit in Forschung und Lehre* (S. 339–341). Münster: Waxmann.

Hidi, S. & Renninger, K. A. (2006). The four-phases model of interest development. *Educational Psychologist* 41, 111–127.

Hochmuth, H., Kartsovnik, Z., Vaas, M. & Nisto, N. (2009). Podcasting im Musikunterricht. Eine Anwendung der Theorie forschenden Lernens. In N. Apostolopoulos, H. Hoffmann, V. Mansmann & A. Schwill (Hrsg.), *E-Learning 2009. Lernen im digitalen Zeitalter* (S. 246–255). Münster: Waxmann.

Hoffmann, D. (1978). *Kritische Erziehungswissenschaft*. Stuttgart: Kohlhammer.

Hofhues, S., Mayrberger, K. & Ranner, T. (2011). Lehren und Lernen unter vernetzten Bedingungen gestalten: Qualitäts- oder Komplexitätssteigerung? In T. Köhler & J. Neumann (Hrsg.), *Wissensgemeinschaften. Digitale Medien - Öffnung und Offenheit in Forschung und Lehre* (S. 146–156). Münster: Waxmann.

Höhne, T. (2006). Evaluation als Medium der Exklusion. Eine Kritik an disziplinärer Standardisierung im Neoliberalismus. In S. Weber & S. Maurer (Hrsg.), *Gouvernementalität und Erziehungswissenschaft. Wissen – Macht – Transformation* (S. 197–218). Wiesbaden: VS Springer.

Huber, L. (2009). *Warum Forschendes Lernen nötig und möglich ist*. URL: http://www.fh-potsdam.de/fileadmin/user_upload/forschen/material-publikation/Hu ber_Warum_Forschendes_Lernen_noetig_und_moeglich_ist.pdf (zugegriffen am 23.08.2015).

Huber, L. (2013a). Die weitere Entwicklung des Forschenden Lernens. Interessante Versuche – dringliche Aufgaben. In L. Huber, M. Kröger & H. Schelhowe (Hrsg.), *Forschendes Lernen als Profilmerkmal einer Universität. Beispiele aus der Universität Bremen* (S. 21–36). Bielefeld: Webler.

Huber, L. (2013b). Methodische Anregungen für den Umgang mit pragmatischen Schwierigkeiten im Forschenden Lernen. In L. Huber, M. Kröger & H. Schelhowe (Hrsg.), *Forschendes Lernen als Profilmerkmal einer Universität. Beispiele aus der Universität Bremen* (S. 247–255). Bielefeld: Webler.

Huber, L. (2014). Forschungsbasiertes, Forschungsorientiertes, Forschendes Lernen: Alles dasselbe? Ein Plädoyer für eine Verständigung über Begriffe und Unterscheidungen im Feld forschungsnahen Lehrens und Lernens. *Das Hochschulwesen. Forum für Hochschulforschung, -praxis und -politik* 62, 22–29.

Hug, T. (2012). Kritische Erwägungen zur Medialisierung des Wissens im digitalen Zeitalter. In B. Kossek & M. F. Peschl (Hrsg.), *Digital Turn. Zum Einfluss digitaler Medien auf Wissensgenerierungsprozesse von Studierenden und Hochschullehrenden* (S. 23–46). Wien. Vienna University Press.

Hutchings, W. (2006). Principles of Enquiry-Based Learning. URL: http://www.ceebl. manchester.ac.uk/resources/papers/ceeblgr002.pdf (zugegriffen am 12.8.2015).

Hutchings, W. (2007). Enquiry-Based Learning: Definitions and Rationale, Centre for Exellence in Enquiry-Based Learning. URL: http://www.campus.manchester. ac.uk/ceebl/resources/papers/hutchings2007_definingebl.pdf. (zugegriffen am 15.7.2015).

Jäger, M. (1998). *Die Philosophie des Konstruktivismus auf dem Hintergrund des Konstruktionsbegriffs*. Hildesheim: Olms.

Jenkins, A. (2006). Principles of Enquiry-Based Learning. URL: http://www.ceebl. manchester.ac.uk/resources/papers/ceeblgr002.pdf (zugegriffen am 18.7.2015).

Jenkins, A., Healey, M. & Zetter, R. (2007). Linking teaching and research in disciplines and departments. URL: http://www.heacademy.ac.uk/assets/York/documents/ LinkingTeachingAndResearch_April07.pdf (zugegriffen am 18.7.2015).

Kalz, M., Specht, M., Klamma, R., Chatti, M. A. & Kober, R. (2007). Kompetenzentwicklung in Lernnetzwerken für das lebenslange Lernen. In U. Dittler, M. Kindt & C. Schwarz (Hrsg.), *Online-Communities als soziale Systeme. Wikis, Weblogs und Social Software im E-Learning* (S. 181–197). Münster: Waxmann.

Kant, I. (1956). *Kritik der reinen Vernunft*. Hamburg: Meiner.

Kelly, U. (2012). Studying Dialogue – Some Reflections. *Journal of Dialogue Studies* 1(1), 51–62.

Kergel, D. (2010). Momente präsubjektiver Identität in den epistemologischen Konzepten Hegels, Deleuzes und Bourdieus. In H. R. Yousefi, H.-M- Scheidgen & H. Oosterling (Hrsg.), *Von der Hermeneutik zur interkulturellen Philosophien. Festschrift für Heinz Kimmerle zum 80. Geburtstag* (S. 265–284). Nordhausen: Bautz.

Kergel, D. (2011). Two aspects of Descartes: the post-structuralistic career of the „I". In J. Zeller & M. Rasmussen (2011), *Descartes som Filosof* (S. 124–135). Aalborg: Aalborg Universitets Forlag.

Kergel, D. (2013a). *Rebellisch aus erkenntnistheoretischem Prinzip. Möglichkeiten und Grenzen angewandter Erkenntnistheorie*. Frankfurt am Main: Peter Lang.

Kergel, D. (2013b). On Facebook and Google identities. In J. Pelkey & L. G. Sbrocchi (Hrsg.) *Yearbook of the Semiotic Society of America* (S. 185–194). Legas: Ottowa.

Kergel, D. (2013c). PLEs and epistemological practice The meaning of Self organization competency for PLE based learning. In I. Buchem, G. Attwell & E. Turet (Hrsg.). *The PLE-Conference 2013. Learning and Diversity in the Cities of the Future* (S. 302–312). Berlin: Beuth Hochschule für Technik.

Kergel, D. (2014), Forschendes Lernen 2.0 – lerntheoretische Fundierung und Good Practice. In O. Zawacki-Richter, D. Kergel, N. Kleinefeld, P. Muckel, J. Stöter & K. Brinkmann (Hrsg.), *Teaching Trends 14. Offen für neue Wege: Digitale Medien in der Hochschule* (S. 37–50). Münster: Waxmann.

Kergel, D. (2016). Glücklich forschend Lernen – wissenschaftstheoretische Überlegungen zum forschenden Lernen. In D. Kergel & B. Heidkamp (Hrsg.), *Forschendes Lernen 2.0. Partizipatives Lernen zwischen Globalisierung und medialem Wandel* (in Druck). Springer: Wiesbaden.

Kergel, D. Heidkamp, B. & Muckel, P. (2014). Das studentische Online-Journal `forsch!´ als Tool forschenden Lernens im Kontext von e-Science. In N. Apostolopoulos, H. Hoffmann, U. Mußmann, W. Coy & Andreas Schwill (Hrsg.) *GML 2014. Grundfragen Multimedialen Lehrens und Lernens. Der Qualitätspakt E-Learning im Hochschulpakt 2020* (S. 251–263). Münster: Waxmann.

Kleimann, B., Göcks, M. & Özkilic, M. (2008). Studieren im Web 2.0. Studienbezogene Web- und E-Learning-Dienste. URL: https://hisbus.his.de/hisbus/docs/hisbus21. pdf (zugegriffen am 28.09.2015).

Konrad, K. (2014). *Lernen lernen – allein und mit anderen. Konzepte, Lösungen, Beispiele.* Wiesbaden: VS Springer.

Konrad, K. & Traub, S. (2011). *Selbstgesteuertes Lernen: Grundwissen und Tipps.* Baltmannsweiler: Scheider.

Kraft, S. (1999). Selbstgesteuertes Lernen. Problembereiche in Theorie und Praxis. *Zeitschrift für Pädagogik* 45(6), 833–845.

Krause, U.-M. (2007). *Feedback und kooperatives Lernen.* Münster: Waxmann.

Krüger, H. H. (2000). Stichwort: Qualitative Forschung in der Erziehungswissenschaft. *Zeitschrift für Erziehungswissenschaft* 3(3), 323–342.

Kuhlmann, C. (2013). *Erziehung und Bildung. Einführung in die Geschichte und Aktualität pädagogischer Theorien.* Wiesbaden: VS Springer.

Kuhn, T. S. (1973). *Die Struktur wissenschaftlicher Revolutionen.* Frankfurt am Main: Suhrkamp.

Laal, M. & Laal, M. (2012). Collaborative learning: what is it? *Procedia-Social and Behavioral Sciences* 31, 491–495.

Lamprecht, J. (2012). *Rekonstruktiv-responsive Evaluation in der Praxis.* Wiesbaden: VS Springer.

Lehr, C. (2012). *Web 2.0 in der universitären Lehre. Ein Handlungsrahmen für die Gestaltung technologiegestützter Lernszenarien.* Boizenburg: Vwh.

Leitz, I. (2015). *Motivation durch Beziehung.* Wiesbaden: VS Springer.

Mannheim, K. (1964). *Wissenssoziologie.* Neuwied: Luchterhand.

Mannheim, K. (1980). *Strukturen des Denkens.* Frankfurt am Main: Suhrkamp.

Mason, R. & Rennie, F. (2010). Evolving Technologies. In K.-E. Rudestam & J. Schoenholtz-Read (Hrsg.), *Handbook of Online Learning.* (S. 91–128). Los Angeles: Sage.

Masschelein, J. (1991). *Kommunikatives Handeln und pädagogisches Handeln: Die Bedeutung der Habermasschen kommunikationstheoretischen Wende für die Pädagogik.* Weinheim: Deutscher Studien Verlag.

Masschelein, J. (2003). Trivialisierung von Kritik. Kritische Erziehungswissenschaft weiterdenken. In D. Benner, M. Borrelli, F. Heyting & C. Winch (Hrsg.), *Zeitschrift für Pädagogik,* Beiheft 46. Kritik in der Pädagogik (S. 124–141). Weinheim: Beltz.

Mayberger, K. (2013). E-Portfolios in der Hochschule – zwischen Ideal und Realität. In D. Miller & B. Volk. *E-Portfolio an der Schnittstelle von Studium und Beruf* (S. 60–72). Münster: Waxmann.

Mayring, P. (2010). *Qualitative Inhaltsanalyse. Grundlagen und Rechniken.* Weinheim: Beltz.

McCaslin, M. & Good, T. L. (1996). Moving beyond management as sheer compliance: Helping students to develop goal coordination strategies. *Educational Horizons* 76, 169–176.

Mersch, D. (2006). *Einführung in die Medientheorie.* Hamburg: Junius.

Meyer, T. (2014). Die Bildung des (neuen) Mediums – Mediologische Perspektiven der Medienbildung. In W. Marotzki & N. Meder (Hrsg.), *Perspektiven der Medienbildung* (S. 149–170). Wiesbaden: VS Springer.

Miller, D. (2005). Was hat e-Learning mit Moral zu tun? In D. Horster & J. Oelkers (Hrsg.), *Pädagogik und Ethik* (S. 259–275). Wiesbaden: VS Springer.

Moebius, S. (2008). Macht und Hegemonie: Grundrisse einer poststrukturalistischen Analytik der Macht. In S. Moebius & A. Reckwitz (Hrsg.), *Poststrukturalistische Sozialwissenschaft* (S. 158–174). Frankfurt am Main: Suhrkamp.

Motiwalla, L. F. (2007). Mobile learning: A framework and evaluation. *Computers & Education* 49(3), 581–596.

Muckel, P. & Kergel, D. (2013). Einführung: Forschendes Lernen mit digitalen Medien. In O. Zawacki-Richter, D. Kergel, N. Kleinefeld, P. Muckel, J. Stöter & K. Brinkmann (Hrsg.), *Teaching Trends 14. Offen für neue Wege: Digitale Medien in der Hochschule* (S. 13–18). Münster: Waxmann.

Nenniger, P., Straka, G. A., Spevacek, G. & Wosnitza, M. (1996). Die Bedeutung motivationaler Einflußfaktoren für selbstgesteuertes Lernen. *Unterrichtswissenschaft* 24(3), S. 250–266.

Neumann, S. & Honig, M.-S. (2009). Das Maß der Dinge. Qualitätsforschung im pädagogischen Feld. In B. Friebertshäuser, M. Rieger & L. Wigger (Hrsg.), *Reflexive Erziehungswissenschaft. Forschungsperspektiven im Anschluss an Pierre Bourdieu* (S. 191–210). VS Springer.

Nohl, A.-M. (2013). *Interview und dokumentarische Methode. Anleitungen für die Forschungspraxis*. Wiesbaden: VS Springer.

Nordmann, A. (2014). Das Zeitalter der Technowissenschaften. In A. Nordmann, H. Radder & G. Schiemann (Hrsg.), *Strukturwandel der Wissenschaft. Positionen zum Epochenbruch* (S. 24-38). Weilerswist: Velbrück.

O'Reilly, T. (2006). Web 2.0 Compact Definition: Trying Again. URL: http://radar.oreilly.com/archives/2006/12/web-20-compact.html (zugegriffen am 18.05.2015).

Palm, G. (2004). *Cyber Medien Wirklichkeit. Virtuelle Welterschließungen*. Hannover: Heise.

Petko, D. (2013). Lerntagebuch schreiben mit Weblogs. Didaktische Grundlagen und technische Entwicklungen am Beispiel von lerntagebuch.ch. In D. Miller & B. Volk. (Hrsg.), *E-Portfolio an der Schnittstelle von Studium und Beruf* (S. 206–214). Münster: Waxmann.

Popper, K. R. (1974). *Logik der Forschung*. Tübingen: Mohr.

Porst, R. (2014). *Fragebogen. Ein Arbeitsbuch*. Wiesbaden: VS Springer.

Rachwal, T. (2016). Unheard-of Inquieries. Approaches to Places and Spaces in Education. In D. Kergel & B. Heidkamp (Hrsg.), *Forschendes Lernen 2.0. Partizipatives Lernen zwischen Globalisierung und medialem Wandel* (in Druck). Wiesbaden: VS Springer.

Radder, H. (2015). Wissenschaft und ihre jüngere Geschichte. Vom Epochenbruch zu neuen, nichtlokalen Mustern. In A. Nordmann, H. Radder & G. Schhiemann (Hrsg.), *Strukturwandel der Wissenschaft. Positionen zum Epochenbruch* (S. 97–111). Weilerswist: Velbrück.

Ravenscroft, A. (2011). Dialogue and connectivism: A new approach to understanding and promoting dialoguc-rich networked learning. *The International Review of Research in Open and Distributed Learning* 12(3), 139–160.

Reckwitz, A. (2008). Subjekt/Identität. Die Produktion und Subversion des Individuums. In S. Moebius & A. Reckwitz (Hrsg.), *Poststrukturalistische Sozialwissenschaften* (S. 75–92). Frankfurt am Main: Suhrkamp.

Reeves, T. C. (2000). Enhancing the worth of instructional technology research through "design experiments" and other development research strategies. URL: http://www. teknologipendidikan.net/wp-content/uploads/2009/07/Enhancing-the-Worth-of-Instructional-Technology-Research-through3.pdf (zugegriffen am 12.12.2014).

Reich, K. (1996). Systemisch-konstruktivistische Didaktik. Eine allgemeine Zielbestimmung. In R. Voss (Hrsg.), *Die Schule neu erfinden* (S. 70–91). Neuwied: Luchterhand.

Reich, K. (2008). *Konstruktivistische Didaktik. Das Lehr- und Studienbuch mit Onlinemethodenpool.* Weinheim: Beltz.

Reihenberg, F. & Vollmeyer, R. (2012). *Motivation.* Stuttgart: Kohlhammer.

Reinmann, G. (2009). Wie praktisch ist die Universität? Vom situierten zum Forschenden Lernen mit digitalen Medien. URL: http://gabi-reinmann.de/wp-content/uploads/2009/08/Artikel_Forschendes_situiertes_Lernen09.pdf. (zugegriffen am 14.7.2015).

Reinmann, G. (2010). Forschendes Lernen mit digitalen Medien: Gedanken aus einer Perspektive der Lebensspanne (Vortrag). URL: http://gabi-reinmann.de/wp-content/uploads/2010/06/Vortrag_Augsburg_Juni-10.pdf. (zugegriffen am 12.8.2015).

Reinmann, G. (2011). Forschendes Lernen und wissenschaftliches Prüfen: die potentielle und faktische Rolle der digitalen Medien. In T. Meyer, W.-H. Tan, C. Schwalbe & R. Appelt (Hrsg.), *Medien & Bildung Institutionelle Kontexte und kultureller Wandel* (S. 291–305). Wiesbaden: VS Springer.

Reinmann, G. & Sippel, S. (2013). Königsweg oder Sackgasse? E-Portfolios für das forschende Lernen. In Meyer, K. Mayrberger, S. Münte-Goussar & C. Schwalbe (Hrsg.), *Kontrolle und Selbstkontrolle. Zur Ambivalenz von E-Portfolios in Bildungsprozessen* (S. 185-202). Wiesbaden: VS Springer.

Reinmann, G., Hartung, S. & Florian, A. (2014). Akademische Medienkompetenz im Schnittfeld von Lehren, Lernen, Forschen und Verwalten. *Grundbildung Medien in pädagogischen Studiengängen,* 319–332.

Rigby, C. S., Deci, E. L., Patrick, B. C. & Ryan, M. A. (1992). Beyond the Intrinsic-Extrinsic Dichotomy: Self-Determination. *Motivation and Emotion* 16(3), 165–185.

Rohrkemper, M. & Corno, L. (1988). Success and failure on classrooms tasks: Adaptive learning and classroom teaching. *Elementary School Journal* 88, 297–312.

Rohlfs, C., Harring, M. & Palentien, C. (2014). Bildung, Kompetenz, Kompetenz-Bildung. In C. Rohlfs, M. Harring & C. Palentien (Hrsg.), *Kompetenz-Bildung Soziale, emotionale und kommunikative Kompetenzen von Kindern und Jugendlichen* (S. 11–22). Wiesbaden: VS Springer.

Rosendahl, J. (2010). *Selbstreguliertes Lernen in dualer Ausbildung. Lerntypen und Bedingungen.* Bielefeld: Bertelsmann.

Şahin, M. (2012). Pros and cons of connectivism as a learning theory. *International Journal of Physical and Social Sciences* 2(4), 437–454.

Schaible, T. D. & Jacobs, A. (1975). Feedback III: Sequence effects: Enhancement of feedback acceptance and group attractiveness by manipulation of the sequence and valence of feedback. *Small Group Behavior* 6(2), 151–173.

Schiefner, M. (2011). Social Software und Universitäten: eine kritische Analyse des Status quo. In T. Meyer, W.-H. Tan, C. Schwalbe & R. Appelt (Hrsg.), *Medien & Bildung Institutionelle Kontexte und kultureller Wandel* (S. 307–323). Wiesbaden: VS Springer.

Schmidt, J. W. (1998). *Geltung und Struktur: Die Geltung der Kategorien und Anschauungsformen bei Kant und Piaget.* Würzburg: Königshausen.

Schulte, J., Keil, R. & Oberhoff, A. (2011). Unterstützung des ko-aktiven Forschungsdiskurses durch Synergien zwischen E-Learning und E-Science. In T. Köhler & J. Neumann (Hrsg.), *Wissensgemeinschaften. Digitale Medien – Öffnung und Offenheit in Forschung und Lehre* (S. 81–91). Münster: Waxmann.

Schwalbe, C. (2011). Die Universität der Buchkultur im digital vernetzten Medium. In T. Meyer, W.-H. Tan, C. Schwalbe & R. Appelt (Hrsg.), *Medien & Bildung Institutionelle Kontexte und kultureller Wandel* (S. 179–192). Wiesbaden: VS Springer.

Schwarz, C. (2004). Evaluation als modernes Ritual (Vortrag). URL: http://bds-soz. de/BDS/texte/schwarz_evaluation.pdf (zugegriffen am 14. 10. 2015)

Semmer, N. K. & Jacobshagen, N. (2010). Feedback im Arbeitsleben – eine Selbstwert-Perspektive. *Gruppendynamik und Organisationsberatung* 41(1), 39–55.

Seiler-Schiedt, E. (2013). Digitale Medien als Brücken zwischen Forschung und Lehre: Wie unterstützen Informations- und Kommunikationstechnologien die Forschungsuniversität? In C. Bremer & D. Krömker (Hrsg.), *E-Learning zwischen Vision und Alltag: zum Stand der Dinge* (S. 266–276). Münster: Waxmann.

Sharples, M., Taylor, J. & Vavoula, G. (2005). Towards a theory of mobile learning. *Proceedings of mLearn 2005* 1(1), 1–9.

Siebert, H. (1998). *Pädagogischer Konstruktivismus.* Neuwied: Luchterhand.

Siemens, G. (2004). Connectivism: A learning theory for the digital age. *International journal of instructional technology and distance learning* 2(1), 3–10.

Sippel, S., Kamper, M., & Florian, A. (2011). Studierende zur E-Portfolio-Arbeit befähigen. *Zeitschrift für E-Learning, Lernkultur und Bildungstechnologie* 3, 8–19.

Spinath, B. (2011). Lernmotivation. In H. Reinders, H. Ditton, C. Gräsel & B. Gniewosz (Hrsg.), *Empirische Bildungsforschung. Strukturen & Methoden* (S. 45–55). Wiesbaden: VS Springer.

Specht, M., Kalz, M. & Börner, D. (2013). Innovation und Trends für Mobiles Lernen. In C. de Witt & A. Sieber (Hrsg.), *Mobile Learning Potenziale, Einsatzszenarien und Perspektiven des Lernens mit mobilen Endgeräten* (S. 55–74). Wiesbaden: Springer.

Turner, J. C. (1997). Starting right. Strategies for engaging young literacy learners. In J. T. Guthrie & A. Wigfield (Hrsg.), *Reading engagement. Motivating readers through integrated instruction* (S. 183–204). Newark: International Reading Association.

Wells, A. (2010), An Investigation of Inquiry-Based Learning in the Inclusive Classroom. URL: http://umanitoba.ca/faculties/education/media/Wells-10.pdf. (zugegriffen am 10.09.2015).

Willison, J. & O'Regan, K. (2007). Commonly known, commonly not known, totally unknown: a framework for students becoming researchers. *Higher Education Research & Development* 26(4), 393–409.

Winkel, S., Petermann, F. & Petermann, U. (2006). *Lernpsychologie*. Paderborn: Schöningh

Zawacki-Richter, O. (2015). Zur Mediennutzung im Studium – unter besonderer Berücksichtigung heterogener Studierender. *Zeitschrift für Erziehungswissenschaft* 4(14), S. 1–23.

Zimmermann, B. J. & Schunk, D. H. (Hrsg.) (2011). *Handbook of self-regulation and performance*. New York: Routledge.